Grund, Grenzen und Wirkungsweise des § 105 InsO

Schriften zum Wirtschaftsrecht, Steuerrecht und Zivilprozeßrecht

Herausgegeben von Jürgen Costede

Band 14

PETER LANG
Frankfurt am Main · Berlin · Bern · Bruxelles · New York · Oxford · Wien

Oliver Wiegmann

Grund, Grenzen und Wirkungsweise des § 105 InsO

PETER LANG
Europäischer Verlag der Wissenschaften

Bibliografische Information Der Deutschen Bibliothek
Die Deutsche Bibliothek verzeichnet diese Publikation in der Deutschen Nationalbibliografie; detaillierte bibliografische Daten sind im Internet über <http://dnb.ddb.de> abrufbar.

Zugl.: Kiel, Univ., Diss., 2003

D 8
ISSN 1433-0296
ISBN 3-631-52364-5

www.peterlang.de

Vorwort

Die vorliegende Arbeit wurde im Wintersemester 2003/2004 von der rechtswissenschaftlichen Fakultät der Christian-Albrechts-Universität zu Kiel als Dissertation angenommen. Rechtsprechung und Literatur befinden sich auf dem Stand von Januar 2004.

Die Arbeit beschäftigt sich mit bei Insolvenzeröffnung noch nicht erfüllten, gegenseitigen Verträgen, bei denen bereits Teilleistungen erbracht wurden. § 105 InsO versetzt den Insolvenzverwalter im Vergleich zum alten Konkursrecht in die für ihn günstige Lage, die Vertragserfüllung für die Zukunft verlangen zu können, ohne zugleich die Vergütung für die bereits erbrachten Teilleistungen des Vertragspartners voll aus der Masse vergüten zu müssen.

Meinem Doktorvater, Herrn Prof. Dr. Smid, gilt mein besonderer Dank. Er hat den Anstoß für die Arbeit gegeben und sie durch zahlreiche Anregungen und die Gewährung der notwendigen Freiräume stets gefördert. Danken möchte ich auch Herrn Prof. Dr. Trunk für die Erstellung des Zweitgutachtens. Nicht zuletzt danke ich Frau Bettina Klein, die mir als Sekretärin meines Doktorvaters jederzeit freundlich und hilfreich zur Seite stand, wenn es darum ging, die prozeduralen Fragen der Dissertation zu klären.

Göttingen, im April 2004 Oliver Wiegmann

Inhaltsübersicht

Inhaltsverzeichnis

Abkürzungsverzeichnis

a.A.	anderer Ansicht
Abs.	Absatz
Abschn.	Abschnitt
AcP	Archiv für die civilistische Praxis
a.F.	alte Fassung
AGB	Allgemeine Geschäftsbedingungen
Anm.	Anmerkung
BauR	Baurecht
BB	Betriebsberater
BBG	Bräutigam/Blersch/Goetsch
Bd.	Band
BGB	Bürgerliches Gesetzbuch
BGBl.	Bundesgesetzblatt
BGH	Bundesgerichtshof
BGHZ	Entscheidungen des Bundesgerichtshofs in Zivilsachen
BT	Bundestag
DB	Der Betrieb
ders.	derselbe
d.h.	das heißt
Diss.	Dissertation
DJ	Deutsche Justiz
Dok.	Dokumentation
DRiZ	Deutsche Richerzeitung
DZWIR	Deutsche Zeitschrift für Wirtschafts- und Insolvenzrecht
Einf.	Einführung
Einl.	Einleitung
EL	Ergänzungslieferung

EnWG	Energiewirtschaftsgesetz
ET	Energiewirtschaftliche Tagesfragen
EWiR	Entscheidungen zum Wirtschaftsrecht
f. (ff.)	folgende
FK	Frankfurter Kommentar
FS	Festschrift
gem.	gemäß
GesO	Gesamtvollstreckungsordnung
ggf.	gegebenenfalls
HGB	Handelsgesetzbuch
HK	Heidelberger Kommentar
h.M.	herrschende Meinung
HRR	Höchstrichterliche Rechtsprechung
hrsg.	herausgegeben
InsO	Insolvenzordnung
InVo	Insolvenz und Vollstreckung
i.V.m.	in Verbindung mit
JA	Juristische Ausbildung
JR	Juristische Rundschau
JuS	Juristische Schulung
JW	Juristische Wochenschrift
JZ	Juristenzeitung
KO	Konkursordnung
KTS	Konkurs, Treuhand, Sicherung
LG	Landgericht
LM	Lindenmaier-Möhring
LZ	Leipziger Zeitschrift für Deutsches Recht
MDR	Monatsschrift für Deutsches Recht

m.E.	meines Erachtens
Müko	Münchener Kommentar zum Bürgerlichen Gesetzbuch/ zur Insolvenzordnung
NJW	Neue Juristische Wochenschrift
NZI	Neue Zeitschrift für das Recht der Insolvenz und Sanierung
OLG	Oberlandesgericht
RegE	Regierungsentwurf
RG	Reichsgericht
RGBl.	Reichsgesetzblatt
RGZ	Entscheidungen des Reichsgerichts in Zivilsachen
Rn.	Randnummer
S.	Seite
Sp.	Spalte
u.a.	unter anderem
v.	von
VersR	Versicherungsrecht
vgl.	vergleiche
VglO	Vergleichsordnung
VOB	Verdingungsordnung für Bauleistungen
VVG	Versicherungsvertragsgesetz
WM	Wertpapier-Mitteilungen, Zeitschrift für Wirtschaft und Bankrecht
WPrax	Wirtschaftsrecht und Praxis
ZakDR	Zeitschrift der Akademie für Deutsches Recht
ZfIR	Zeitschrift für Immobilienrecht
ZInsO	Zeitschrift für das gesamte Insolvenzrecht
ZIP	Zeitschrift für Wirtschaftsrecht
ZZP	Zeitschrift für Zivilprozeß

A. Praktische Bedeutung des § 105 InsO

§ 105 Satz 1 InsO behandelt den Gegenleistungsanspruch des Vertragspartners, wenn dieser zur Zeit der Eröffnung des Insolvenzverfahrens bereits Teilleistungen erbracht hat. § 105 Satz 1 InsO bestimmt, daß der Vertragspartner, sofern die geschuldeten Leistungen teilbar sind, mit diesem Anspruch stets Insolvenzgläubiger ist, auch wenn der Insolvenzverwalter wegen der noch ausstehenden Leistungen die Erfüllung des Vertrages verlangt.

Die praktische Relevanz der Vorschrift soll einleitend anhand einiger Fallkonstellationen dargestellt werden:

I. Sukzessivlieferungsvertrag nach BGH, Urteil vom 27.02.1997 ("Sachsenmilch")[1]

In dem richtungsweisenden sogenannten „Sachsenmilch"-Fall hatte der BGH im Jahre 1997 über einen Fall zu entscheiden, in dem die Klägerin aufgrund eines Milchlieferungsvertrages die (spätere) Schuldnerin mit Milch belieferte. Die Klägerin begehrte von dem Insolvenzverwalter die Bezahlung der bis zu der Eröffnung des Gesamtvollstreckungsverfahrens gelieferten Milchmengen. Der Verwalter lehnte dies unter Hinweis darauf, daß er an dem Vertrag nur für die Zukunft festhalten wolle, ab.

Der BGH entschied, dass die Klägerin ihren Zahlungsanspruch lediglich als Konkursforderung geltend machen könne. Dieses Ergebnis ergebe sich unmittelbar aus Sinn und Zweck des § 17 KO bzw. § 9 Abs. 1 Satz 1 GesO. Anderenfalls hätte die Masse Aufwendungen für solche Leistungen zu erbringen, die nicht ihr, sondern dem Gemeinschuldner zugeflossen seien. Das gefundene Ergebnis hielt der BGH für den Vertragspartner auch nicht unbillig oder gar unzumutbar, weil ohne die Erfüllungswahl des Verwalters, auf die kein Anspruch bestehe, die der Vorleistung entsprechende Gegenforderung ebenfalls Konkursforderung geblieben wäre. Durch die Erfüllungswahl könne der auf vorkonkursliche Leistungen entfallende Gegenleistungsanspruch nicht zu einer Forderung gegen die Masse aufgewertet werden, weil dies für den Vertragspartner ein unverdientes Geschenk zu Lasten der übrigen Konkursgläubiger sei.

Durch § 105 Satz 1 InsO ist das vom BGH durch Auslegung des § 17 KO gewonnene Ergebnis ausdrücklich Gesetzesinhalt geworden. Mit seiner Entscheidung hat der BGH sich gegen seine bisherige Rechtsprechung und gegen das im Gel-

---

[1] in ZIP 1997, 688ff.; siehe auch LG Erfurt, Urteil vom 22.04.1999, ZIP 1999, 1453, 1455, zuletzt BGH, Urteil vom 25.04.2002, NJW 2002, 2783ff.

tungsbereich der Konkursordnung vorherrschende Schrifttum gestellt.[2] Die gegenteilige Auffassung findet aufgrund des § 105 Satz 1 InsO in der Insolvenzordnung keine positivrechtliche Stütze mehr. Der BGH hat durch die „Sachsenmilch"-Entscheidung damit bereits vor Inkrafttreten der Insolvenzordnung deutlich gemacht, daß er die Rechtsfolgenanordnung des § 105 Satz 1 InsO für richtig hält. Wegen § 105 Satz 1 InsO werden die Grundsätze der „Sachsenmilch"-Entscheidung über Milchzulieferverträge hinaus künftig auf sämtliche Sukzessivlieferungsverträge Anwendung finden.

II. Sonderabnehmervertrag nach BGH, Urteil vom 01.07.1981 [3]

Besondere Bedeutung wird § 105 Satz 1 InsO auf sogenannte Sonderabnehmerverträge bzw. -kundenverträge, eine Spielart des Sukzessivlieferungsvertrages, erlangen, bei denen der Vertragspartner und der spätere Schuldner im Gegensatz zu allgemeinen Tarifkunden spezielle Sonderkonditionen vereinbart haben. Typisches Beispiel sind hier Stromlieferungsverträge zu Vorzugspreisen:

> Die Klägerin belieferte aufgrund eines Stromlieferungsvertrages in einem im Jahre 1981 vom BGH entschiedenen Rechtsstreit die (spätere) Gemeinschuldnerin als Sondervertragskundin mit Strom. Der beklagte Konkursverwalter teilte der Klägerin mit, daß er in den laufenden Strombezugsvertrag nicht eintrete. Die Klägerin verlangte von dem Konkursverwalter nunmehr die Bezahlung der bereits vor Konkurseröffnung gelieferten Strommengen. Der Konkursverwalter lehnte dies ab, weil er die Erfüllung des Stromlieferungsvertrages abgelehnt habe. Die Klägerin war hingegen der Ansicht, daß der Konkursverwalter stillschweigend die Erfüllung des Vertrages verlangt habe, weil der Konkursverwalter den "automatisch" weiter gelieferten Strom abgenommen habe.

Der BGH ist der Argumentation der Klägerin nicht gefolgt.

> Der Konkursverwalter habe ungeachtet der noch ungeklärten Regelung der künftigen Vertragsbeziehungen den Strom abnehmen können, weil er wegen des in § 6 Energiewirtschaftsgesetz a.F. (EnWG; seit dem Inkraftreten des Gesetzes zur Neuregelung des Energiewirtschaftsgesetzes am 29.04.1998:
>
> § 10 EnWG) geregelten Kontrahierungszwangs der Energieversorgungsunternehmen einen Anspruch auf Stromlieferung und Abschluß eines neuen Belieferungsvertrages besitze, auch wenn er die Erfüllung des Vertrages abgelehnt habe. Der BGH führt hierzu weiter aus, daß dieser Anspruch allerdings nicht mehr zu einem Vertragsschluß zu den vormals vereinbarten Sonderkundenbedingungen führe, sondern lediglich zu einem Stromvertrag nach allgemeinen Tarifbedingungen.

---

[2] siehe unten Teil B. I. 4.
[3] in NJW 1981, 2195f.

Genau hier greift nunmehr die Regelung des § 105 Satz 1 InsO ein.

§ 105 Satz 1 InsO ermöglicht es dem Insolvenzverwalter, den Vertrag zu den bisherigen Sonderkonditionen weiterlaufen zu lassen, auch wenn er die Erfüllung der bei Eröffnung des Insolvenzverfahrens noch ausstehenden Zahlungen verweigert. Der Strombelieferer ist mit diesem Anspruch lediglich Insolvenzgläubiger. Daß § 105 Satz 1 InsO gerade Fälle der vorgenannten Art erfassen soll, wird in der amtlichen Begründung des Regierungsentwurfes ausdrücklich hervorgehoben.[4] Der Insolvenzverwalter ist also nicht mehr darauf angewiesen, die noch ausstehenden Rechnungen voll zu begleichen, wenn er auf die vereinbarten Sonderkonditionen nicht verzichten will.[5]

Dem Insolvenzverwalter wird durch § 105 Satz 1 InsO somit ein entscheidendes Instrumentarium zur Stärkung der Insolvenzmasse zur Verfügung gestellt.[6]

III. Bauvertrag nach BGH, Urteil vom 04.05.1995[7]

§ 105 Satz 1 InsO findet nur dann Anwendung, wenn die beiderseits geschuldeten Leistungen teilbar sind.[8]

Nach der herkömmlichen Definition des Reichsgerichtes ist eine Leistung teilbar, wenn ein beliebiger Leistungsanteil seinem Wesen und seinem Wert anteilig der Gesamtleistung entspricht, d.h. sich nur der Größe, nicht der Beschaffenheit nach von ihm unterscheidet.[9]

Daß durch diese Abgrenzungsformel bei weitem nicht sämtliche Unklarheiten beseitigt sind, mag eine Entscheidung des BGH aus dem Jahre 1995 verdeutlichen:

> Durch VOB-Bauvertrag wurde die (spätere) Gemeinschuldnerin von der Bundesrepublik Deutschland mit der Durchführung von Rohbauarbeiten beauftragt. Mit der Klage verlangte der Konkursverwalter den Werklohn für die bis zur Eröffnung des Konkursverfahrens geleisteten Arbeiten. Die beklagte Bundesrepublik lehnte dies unter Hinweis auf eine Aufrechnung mit vorkonkurslichen Steuerforderungen ab.

Der BGH hat eine Aufrechnung für zulässig erachtet.

---

[4] Begründung zu § 119 RegE, abgedruckt bei *Kübler/Prütting*, RWS-Dok.18, S. 296.

[5] zu der diesbezüglichen Kritik siehe unten Teil B. IV. 1.

[6] dazu Teil B. II.

[7] in LM Nr.31 zu § 17 KO; bestätigt durch BGH, Urteil vom 22.02.2001, ZIP 2001, 1380f.

[8] dazu unten Teil C. I. 1.

[9] RG, Urteil vom 18.08.1937, RGZ 155, 306, 313.

Soweit der Gemeinschuldner einen gegenseitigen Vertrag bereits vor Konkurseröffnung erfüllt, die Masse mithin keine Leistungen mehr zu erbringen habe, sei es nicht gerechtfertigt, die Masse vor einer Aufrechnung gegen diesen Teil des Gegenleistungsanspruches zu schützen. Bei teilweise erbrachten Leistungen des Gemeinschuldners werde somit die auf diesen Teil entfallende Gegenleistung weder durch die Eröffnung des Konkursverfahrens noch durch das Erfüllungsverlangen des Konkursverwalters berührt. Dem Interesse an Masseerhaltung und Massemehrung sei ausreichend gedient, wenn die Aufrechnung nur gegenüber solchen Forderungen unzulässig sei, die mit Mitteln der Masse, also nach Verfahrenseröffnung, werthaltig geworden seien.[10]

Diese Sichtweise beruht auf einer wirtschaftlichen Betrachtungsweise. Die Masse soll für diejenigen Leistungen, die nicht ihr, sondern dem Schuldner zugeflossen sind, keine Gegenleistungen erbringen müssen, aber wegen dieser Leistungen auch nicht privilegiert werden.[11]

Die aus dieser Sichtweise folgende Aufspaltung eines einheitlichen Vertragsverhältnisses sei dem geltenden Recht nicht fremd. So zerfalle ein VOB-Bauvertrag, falls dieser vom Auftraggeber wegen Konkurses des Auftragnehmers gekündigt werde, gemäß § 8 Nr. 2 Abs. 2 i.V.m. § 6 Nr. 5 VOB/B in einen erfüllten Teil, für den grundsätzlich die vereinbarte Vergütung zu zahlen sei, und in einen nicht ausgeführten Teil, für den an die Stelle des Erfüllungs- ein Schadensersatzanspruch trete. Ferner finde eine Aufspaltung auch gemäß § 36 Abs. 2 VglO statt. Offensichtlich nimmt der BGH hier bereits aufgrund der einschlägigen Vorschriften der VOB/B eine Teilbarkeit der Leistungen an.

In einer früheren Entscheidung hat der BGH[12] jedoch bereits 1976 betont, daß eine Leistung nicht schon dann als teilbar im Sinne von § 36 Abs. 2 VglO angesehen werden könne, wenn sich der Umfang und die Art der Teilleistung zu einem bestimmten Stichtag tatsächlich feststellen und auch berechnen lassen, weil dies fast immer so sei und ansonsten für § 36 Abs. 1 VglO kein Raum verbleibe.

Für die Vertragsabwicklung nach einer Kündigung eines VOB-Bauvertrages reicht es hingegen jedoch bereits aus, wenn sich der Wert erbrachter Teilleistungen nach der Leistungsbeschreibung oder gar der Kalkulation des Unternehmers bemessen, also letztlich schätzen läßt.[13] Es existiert somit eine Diskrepanz zu den vom BGH zu § 36 Abs. 2 VglO aufgestellten Grundsätzen.[14]

---

[10] so zuletzt der BGH im Urteil vom 25.04.2002, NJW 2002, 2783, 2786, im sog. „Segelboot"-Fall, Urteil vom 22.02.2001, ZIP 2001, 1380f. und im Urteil vom 18.10.2001, NZI 2002, 95f.

[11] vgl. unten B. I. 1.

[12] BGH, Urteil vom 21.10.1976, BGHZ 67, 242, 248f.

[13] *Ingenstau/Korbion*, VOB Teil B, § 6 VOB/B, Rn.90.
Krull, NZI 1998, 66f.; *ders.* in InVo 1998, 180, 182.

[14] mittlerweile bejaht der BGH weitergehend allgemein die Teilbarkeit von Bauleistungen, vgl. Urteil vom, 25.04.2002, NJW 2002, 2783f; Urteil vom 22.02.2001, ZIP 2001, 1380, 1382, dazu ausführlich unten Teil C. I. 5 c).

Es zeigt sich also, daß der Anwendungsrahmen des § 105 Satz 1 InsO trotz der in der Vergleichsordnung schon seit 1935 existierenden Parallelnorm des § 36 Abs. 2 VglO und der hierzu vorliegenden Rechtsprechung nicht präjudiziert ist. Dem Tatbestandsmerkmal der Teilbarkeit wird hier entscheidende Bedeutung zukommen, weil eine extensive oder restriktive Auslegung der Teilbarkeit die Reichweite und damit letztlich auch die Wirkungsweise der Norm erheblich determinieren wird.

IV. Miet-/Pachtvertrag nach BGH, Urteil vom 10.03.1994[15]

Um das Merkmal der Teilbarkeit der Leistungen ging es auch in einem 1994 vom BGH entschiedenen Rechtsstreit:

> Die Klägerin verpachtete der späteren Vergleichsschuldnerin eine Tankstelle. Die Schuldnerin verpflichtete sich, bei Ablauf des Vertrages die von ihr errichteten Gebäude zu beseitigen und das Grundstück in den ursprünglichen Zustand zu versetzen. Durch Liquidationsvergleich wurde das Vergleichsverfahren über das Vermögen der Vergleichsschuldnerin aufgehoben und deren Vermögen auf den Beklagten unter Übernahme sämtlicher Verpflichtungen übertragen. Nachdem dieser das Pachtverhältnis gekündigt hatte, verlangte die Klägerin Schadensersatz dafür, daß der Beklagte das Grundstück nicht in den bei Pachtbeginn vorhandenen Zustand versetzt hat.

Für den Rechtsstreit entscheidend war, ob der Wiederherstellungsanspruch der Klägerin vom Vergleich erfasst wurde.

> Der BGH bejahte zunächst, daß der Pachtvertrag ein gegenseitiger Vertrag sei, der unter § 36 Abs. 1 VglO falle. Die Pflicht zur Wiederherstellung des ursprünglichen Zustandes stehe auch in einem Austauschverhältnis, wenn -wie hier- die Erfüllung mit erheblichen Kosten verbunden sei. Der Wiederherstellungsanspruch werde somit vorliegend von § 36 Abs. 1 VglO erfasst und nehme somit grundsätzlich nicht am Vergleich teil. Fraglich war jedoch, ob der Anwendungsbereich des § 36 Abs. 2 VglO eröffnet war und der Wiederherstellungsanspruch somit entgegen § 36 Abs. 1 VglO doch am Vergleichsverfahren teilnahm.

Der BGH hatte daher zu untersuchen, ob die Wiederherstellung einer Miet- bzw. Pachtsache eine teilbare Leistung darstellt:

> Die dem Mieter oder Pächter vereinbarungsgemäß als Hauptpflicht obliegende Wiederherstellung sei der Gebrauchsgewährung zugeordnet. Der Vermieter oder Verpächter überlasse seine Sache dem Mieter oder Pächter nur deshalb zum Gebrauch, weil er davon ausgehen könne, daß sein Vertragspartner die damit einhergehenden Veränderungen zum Ende des Vertrages beseitige und die Sache in dem ursprünglichen Zustand zurückgebe. Sobald eine -von mehreren- Veränderungen vorgenommen worden sei, stehe der dadurch ausgelöste

[15] in ZIP 1994, 715ff.

Wiederherstellungsanspruch in einer Wechselbeziehung zu dem bis dahin gewährten Gebrauch. Sei nun dieser Tatbestand vor der Eröffnung des Vergleichsverfahrens verwirklicht worden, so sei es gerechtfertigt, den entsprechenden Teil des Wiederherstellungsanspruches, ungeachtet der Fortsetzung des Vertrages, als Vergleichsforderung einzustufen, so wie auch der Anspruch auf bis dahin geschuldeten Miet- oder Pachtzins Vergleichsforderung bleibe.

Da vorliegend die Veränderungen bereits vor Eröffnung des Vergleichsverfahrens vorgenommen wurden, war der Anwendungsbereich des § 36 Abs. 2 VglO eröffnet, so dass der Wiederherstellungsanspruch an dem Vergleich teilnahm und die Klägerin somit keinen Schadensersatz beanspruchen konnte. [16]

Das vorhergehende Beispiel zeigt, daß gegenseitige Verträge durchaus teilbare Leistungen beinhalten können, deren Teilbarkeit aber allein aufgrund einer rein gegenständlichen Sichtweise nicht ohne weiteres zu erfassen ist. Die Feststellung, ob und wann eine teilbare Leistung vorliegt, kann somit je nach den Umständen des Einzelfalles sehr komplex sein. Dies macht es erforderlich, dem Kriterium der Teilbarkeit im Sinne des § 105 Satz 1 InsO hinreichend klare Konturen zu verleihen.

V. Leasingvertrag

Problematisch kann die Anwendung des § 105 Satz 1 InsO auf Leasingverträge werden. Relevant ist an dieser Stelle lediglich die Insolvenz des Leasingnehmers. Der Leasingnehmer schuldet während der vereinbarten Vertragslaufzeit die Leasingraten im Gegenzug dafür, daß der Leasinggeber dem Leasingnehmer den Gebrauch des Leasinggutes überläßt und dessen Finanzierung übernommen hat. Entscheidet sich der Insolvenzverwalter des Leasingnehmers für die Fortsetzung des Leasingvertrages, so stellt sich auch hier die Frage nach der rechtlichen Behandlung der bis zur Verfahrenseröffnung aufgelaufenen rückständigen sowie der nach Eröffnung des Insolvenzverfahrens fällig werdenden Leasingraten.

Der BGH hat diese Frage bislang noch nicht entscheiden müssen, auch einschlägige Urteile von Instanzgerichten liegen nicht vor. Der BGH hat jedoch mehrfach, betont, daß die Leasingraten nicht nur das Entgelt für eine zeitlich begrenzte Nutzungsüberlassung seien, sondern zugleich für die vom Leasinggeber erbrachte Finanzierungsleistung,[17] so daß der Leasinggeber nach der Gebrauchsüberlassung lediglich noch verpflichtet sei, den Leasingnehmer nicht in der Nutzung zu stören

---

[16] näheres unten Teil C. I. 5 d).

[17] BGH, Urteil vom 28.03.1990, BB 1990, 1017ff.; BGH, Urteil vom 30.09.1987, NJW 1988, 198f.; BGH, Urteil vom 14.12.1989, ZIP 1990, 180ff.; BGH, Urteil vom 03.06.1992, BGHZ 118, 282, 290.

und ihn bei etwaigen Störungen durch Dritte zu unterstützen.[18] Wegen des Finanzierungszwecks des Leasingvertrages sowie dessen im voraus festgelegten Zahlungsmodalitäten seien Leasingraten für bewegliche Gegenstände in der festgelegten Grundmietzeit damit regelmäßig betagte und nicht befristete Forderungen.[19] Aufgrund dieser vom BGH herausgearbeiteten Grundsätze werden in der Literatur verschiedene Ansichten über die Anwendung des § 105 Satz 1 InsO vertreten. Diese reichen von der Ablehnung der Anwendbarkeit des § 105 Satz 1 InsO über dessen uneingeschränkte Anwendung hin bis zur der Aussage, daß selbst nach Verfahrenseröffnung fällig werdende Leasingraten nicht uneingeschränkt Masseverbindlichkeiten seien.[20] Für die gesamte Leasingbranche ergeben sich durch die An- bzw. Nichtanwendung des § 105 Satz 1 InsO somit zwangsläufig erhebliche unterschiedliche Auswirkungen.

Die vorhergehenden Beispiele haben bereits ausschnittsweise gezeigt, daß § 105 Satz 1 InsO große praktische Relevanz bei der Abwicklung bereits teilweise erfüllter gegenseitiger Verträge besitzt. Seine Auswirkungen sind dabei sowohl vom jeweiligen Einzelfall als auch vom jeweiligen besonderen Vertragstypus abhängig. Mangels aktueller höchstrichterlicher Rechtsprechung sind in diesem Bereich noch viele Problemkomplexe ungeklärt.

Im folgenden soll auf den Grund, die Wirkungsweise und die Grenzen des § 105 InsO im einzelnen eingegangen werden.

---

[18] BGH, Urteil vom 14.12.1989, ZIP 1990, 180, 185.

[19] BGH, Urteil vom 30.01.1997, ZIP 1997, 513ff; BGH, Urteil vom 14.12.1989, ZIP 1990, 180, 182; BGH, Urteil vom 28.03.1990, BB 1990, 1017, 1019; BGH, Urteil vom 03.06.1992, BGHZ 118, 282, 290.

[20] ausführlich unten Teil C. I. 5. e).

B. Entstehungsgeschichte und Gesetzeszweck des § 105 Satz 1 InsO

I. Historische Entwicklung der Vorschrift

§ 105 Satz 1 InsO findet in der Konkursordnung keine Entsprechung. Die Vorschrift orientiert sich an der Regelung des § 36 Abs. 2 VglO.

1. Insolvenzrechtsreform

§ 105 InsO entspricht wörtlich § 119 des Regierungsentwurfes

(RegE), § 113 des Referentenentwurfes sowie § 113 des Diskussions-entwurfes.[21] Auch 2.4.1.10 des ersten Berichtes der Kommission für Insolvenzrecht entsprach bereits weitgehend dem jetzigen Wortlaut.[22] Die jeweiligen Begründungen der einzelnen Entwürfe sind daher auch im wesentlichen deckungsgleich. In der amtlichen Begründung zu § 119 RegE wird der Zweck der Vorschrift wie folgt beschrieben:[23]

" Satz 1 übernimmt den Gedanken des § 36 Abs. 2 VglO. Bei Verträgen über teilbare Leistungen, insbesondere über die fortlaufende Lieferung von Waren oder Energie, kann der Insolvenzverwalter für die Zukunft Erfüllung verlangen, ohne dadurch auch für die Vergangenheit zur vollen Erfüllung verpflichtet zu werden. Der Vertragspartner muß den Anspruch auf die Gegenleistung für seine Leistungen aus der Vergangenheit als Insolvenzgläubiger geltend machen, unabhängig davon, ob der Verwalter die Erfüllung wählt oder diese ablehnt.

Im Wortlaut der Konkursordnung hat dieser Gedanke keinen Niederschlag gefunden. Rechtsprechung und Lehre haben jedenfalls für Energielieferungsverträge auf anderen Wegen ähnliche Ergebnisse erreicht: Nach einer früher verbreiteten Auffassung sind diese Verträge als sogenannte Wiederkehrschuldverhältnisse aufzufassen. Sie bilden eine Kette ständig wiederholter Einzelverträge, mit der Folge, daß der Bezug von Energie für die Zukunft den Konkursverwalter nicht verpflichtet, aus der Konkursmasse Zahlungsrückstände des Schuldners zu begleichen. Heute wird überwiegend die Ansicht vertreten, zwar sei auch bei Energielieferungsverträgen § 17 KO auf den gesamten Vertrag anwendbar; der Verwalter könne jedoch durch Ablehnung der Erfüllung die Pflicht zur Zahlung von Rückständen vermeiden, und das Versorgungsunternehmen sei dennoch auf Grund öf-

---

[21] § 113 Referentenentwurf, S.65; § 113 Diskussionsentwurf, S.56.

[22] 1. Kommissionsbericht, S.226.

[23] Begründung zu § 119 RegE, abgedruckt bei *Kübler/Prütting*, RWS-Dok. 18, S.296.

fentlich-rechtlichen Kontrahierungszwanges zum sofortigen Abschluß eines neuen Vertrages verpflichtet. Bisherige Sonderkonditionen brauche das Versorgungsunternehmen allerdings nicht aufrechtzuerhalten.

Die Übernahme der Regelung der Vergleichsordnung macht diese Konstruktion überflüssig. Sie gewährleistet zugleich, daß der Verwalter die Möglichkeit hat, Verträge über die fortlaufende Lieferung von Waren oder Energie im Insolvenzverfahren zu den gleichen Bedingungen fortzusetzen. Die Fortführung eines Unternehmens im Insolvenzverfahren wird erleichtert. Der Vertragspartner, der seine Rückstände nur als Insolvenzforderungen geltend machen kann, wird im Vergleich zu den anderen Gläubigern nicht unzumutbar belastet, da er für die Zeit von der Eröffnung des Verfahrens an die vereinbarte Gegenleistung voll aus der Masse erhält.

In Satz 2 wird klargestellt, daß der Vertragspartner des Schuldners die ihm durch Satz 1 auferlegte Einschränkung seiner Rechtsstellung auch nicht dadurch kompensieren kann, daß er die Rückgabe der von ihm erbrachten Teilleistung aus der Insolvenzmasse verlangt. Auch soweit ihm für den Fall der Nichterfüllung durch den Schuldner ein gesetzliches oder vertragliches Rücktrittsrecht zusteht, kann er sich nicht durch Ausübung dieses Rücktrittsrechts nach der Verfahrenseröffnung einen Masseanspruch auf Rückgewähr seiner Teilleistung verschaffen (vgl. § 26 Satz 1 KO, § 36 Abs. 2 VglO)."

§ 105 Satz 1 InsO beseitigt zunächst die unterschiedliche Behandlung teilweise erfüllter gegenseitiger Verträge in Konkurs und Vergleich. Durch die Übernahme des Rechtsgedankens des § 36 Abs. 2 VglO hat sich der Gesetzgeber entgegen der vorherrschenden Auffassung[24] im Geltungsbereich der Konkursordnung für die bisherige Rechtsanwendung nach der Vergleichsordnung entschieden. § 105 Satz 1 InsO schafft damit einen gegenüber der Konkursordnung massefreundlicheren Zustand. Dies kommt unter anderem auch dadurch zum Ausdruck, daß der Insolvenzverwalter nunmehr die Möglichkeit besitzen soll, an Sonderkundenverträgen festzuhalten, ohne rückständige Forderungen aus der Masse begleichen zu müssen. § 105 Satz 1 InsO dient darüber hinaus in besonderem Maße dem Grundsatz der Gläubigergleichbehandlung, weil nunmehr auch vorleistende Gläubiger aus gegenseitigen Verträgen, die Teilbarkeit der Leistungen unterstellt, mit dem ihrer Vorleistung entsprechenden Gegenanspruch lediglich Insolvenzgläubiger sind. Dies führt wiederum dazu, daß das Insolvenzverwalterwahlrecht zukünftig gestärkt wird, weil es dem Insolvenzverwalter nach § 105 Satz 1 InsO möglich ist, gegenseitige Verträge zu erfüllen, ohne zugleich die nur dem Schuldner zugeflossenen Leistungen voll aus der Masse vergüten zu müssen.

---

[24] dazu sofort unten Teil B. I. 4.

§ 105 Satz 1 InsO verwirklicht darüber hinaus die seit 1995 vom BGH zum Schutz der Masse vertretene wirtschaftliche Betrachtungsweise bei der Behandlung nicht vollständig erfüllter gegenseitiger Verträge: die Masse hat für Leistungen, die nicht ihr, sondern wirtschaftlich dem Schuldner zugeflossen und von diesem verbraucht worden sind, keine Gegenleistungen an den Vertragspartner zu erbringen. Umgekehrt soll der Masse für die von ihr erbrachte Leistung auch die Gegenleistung ungeschmälert zustehen. Aufrechnungen des Vertragspartners sind daher nur gegen den Teil des Masseanspruches möglich, der aus vor-insolvenzlicher Leistungserfüllung durch den Schuldner resultiert, weil die Masse insoweit keine Aufwendungen zu erbringen hat.[25]

Nach der Rechtsprechung des BGH hätte es der Regelung des § 105 Satz 1 InsO zur Erreichung der vorerwähnten Ziele gar nicht bedurft. Denn der BGH[26] hat bereits vor Inkrafttreten der Insolvenzordnung aus einer Auslegung des § 17 KO das Ergebnis gewonnen, daß nur diejenigen Leistungen voll aus der Masse zu befriedigen sind, die ihr und nicht dem Schuldner zugeflossen sind. § 105 Satz 1 InsO ist daher nach der Rechtsprechung des BGH lediglich eine explizite Klarstellung eines ohnehin § 103 InsO innewohnenden Rechtsgedankens.[27]

Die Begründung hebt als Geltungsbereich der Regelung zwar explizit Energielieferungsverträge hervor. Sie spricht jedoch auch allgemein von Verträgen über die fortlaufende Lieferung von Waren, so daß die Begründung ohne weiteres Spielraum für eine weitergehende Anwendbarkeit der Norm auf sämtliche Dauerschuldverhältnisse läßt.[28]

Schließlich sollte durch die Neuregelung des § 105 Satz 1 InsO die Konstruktion der sog. Wiederkehrschuldverhältnisse entbehrlich werden.[29]

---

[25] so in der „Segelboot“-Entscheidung vom 22.02.2001, ZIP 2001, 1380f. und in der „Sachsenmilch“-Entscheidung vom 27.02.1997, ZIP 1997, 688ff; erstmals Urteil vom 04.05.1995, LM Nr. 31 zu § 17 KO. Zuletzt hat der BGH mit Urteil vom 27.05.2003, ZIP 2003, 1208f. von rein insolvenzgemäßer Abwicklung gesprochen. Eine wirtschaftliche Betrachtungsweise vertritt der BGH auch bei der Gläubigerbenachteiligung im Rahmen der Anfechtung, vgl. hierzu Urteil vom 28.03.1985, WM 1985, 733f.; Urteil vom 15.12.1994, ZIP 1995, 134f.; kritisch hierzu Kübler/Prütting-Paulus, § 129 InsO, Rn.14; Jaeger/Henckel, § 29 KO, Rn.2.

[26] in der „Sachsenmilch“-Entscheidung vom 27.02.1997, ZIP 1997, 688ff.

[27] ebenso BBG-*Goetsch*, § 105 InsO, Rn.7; a.A. wohl *Scheffler*, ZIP 2001, 1182, 1187f., siehe dazu unten B. III. 1.

[28] siehe unten Teil C. I. 4.

[29] siehe dazu sofort Teil B. I. 3.

2. § 36 Abs. 2 VglO

Da § 105 Satz 1 InsO in erster Linie die Zielrichtung von § 36 Abs. 2 VglO in die Insolvenzordnung überträgt, lohnt sich ein näherer Blick auf Entstehungsgeschichte sowie Sinn und Zweck des § 36 Abs. 2 VglO.

§ 36 Abs. 2 VglO ist in die Vergleichsordnung vom 26.02.1935 neu aufgenommen worden.

Nach der amtlichen Begründung bestimmt die Vorschrift aus Billigkeitsgründen, daß bei einem noch nicht vollständig erfüllten Vertrag der Gläubiger vom Vergleich betroffen wird, wenn er teilbare Leistungen schuldet und diese bei Eröffnung des Verfahrens bereits teilweise bewirkt hat.[30]

Diese nicht näher erläuterten Billigkeitserwägungen resultierten vor allem aus der Tatsache, daß nach der (alten) Vergleichsordnung vom 05.07.1927 Gläubiger aus gegenseitigen, bei Verfahrenseröffnung beiderseits nicht vollständig erfüllten Verträgen am Vergleichsverfahren grundsätzlich nicht teilnahmen.

Die Vergleichsordnung von 1927 regelte die Abwicklung von gegenseitigen, noch nicht vollständig erfüllten Verträgen vielmehr parallel zu den Vorschriften der Konkursordnung. Gemäß § 4 VglO von 1927 fand eine Teilnahme von Forderungen am Vergleich bei beiderseitig nicht vollständig erfüllten Verträgen nicht statt; Schuldner und Gläubiger besaßen lediglich das Recht zur Erfüllungsablehnung bzw. Kündigung gemäß §§ 28-30 VglO von 1927.

Zwar wurde schon im Rahmen der Beratungen der Vergleichsordnung vom 05.07.1927 im Rechtsausschuß des Reichstages[31] eine Teilung von gegenseitigen Verträgen diskutiert, letztlich hat man hiervon jedoch mit dem Hinweis darauf, die Vergleichsordnung dem Konkursrecht anpassen zu wollen, abgesehen.

Dies hatte aber in der Praxis eine Schmälerung des für den Vergleich verfügbaren Vermögens zur Folge und gefährdete so häufig das Zustandekommen des Vergleiches. Ferner widersprach diese Regelung ohne ausreichende Begründung dem Grundsatz möglichst gleichmäßiger Behandlung aller Gläubiger des Vergleichsschuldners.[32]

Gerade bei den praktisch bedeutsamen Energielieferungsverträgen hatte die Vergleichsordnung von 1927 in Verbindung mit dem faktischen Zwang zum Weiterbezug der erforderlichen Energiemengen häufig zum Scheitern der Vergleichsbemühungen infolge einer Aufzehrung der verfügbaren Mittel durch die Befriedi-

---

[30] amtliche Begründung zur Vergleichsordnung vom 26.02.1935, DJ 1935, 389, 390.
[31] vgl. *Kiesow*, § 4 VglO, Anm.18; *Gutewort*, S.8.
[32] *Kilger/K.Schmidt*, § 36 VglO, Anm.5; *Vogels*, DJ 1935, 373, 375; *Bley/Mohrbutter*, § 36 VglO, Rn.48; *Böhle-Stamschräder/Kilger*, § 36 VglO, Anm.5; *Vogels/Nölte*, § 36 VglO, Abschn.V; *Gutewort*, S.9.

gung der betroffenen Gläubiger geführt.[33] Ferner lag es im Interesse des Schuldners, die Erfüllung des Vertrages nicht im ganzen ablehnen zu müssen, um nicht die Weiterführung der Geschäfte zu vereiteln.[34]

Ziel des Gesetzgebers war es somit, die Stellung der übrigen Gläubiger zu stärken und die Sanierungschancen des schuldnerischen Unternehmens zu verbessern.

Das Reichsgericht und der BGH haben den Zweck des § 36 Abs. 2 VglO folgerichtig darin gesehen, daß es im Interesse der gleichmäßigen Behandlung aller Gläubiger verhindert werden soll, daß die für die Erfüllung eines Vergleichs verfügbaren Mittel geschmälert werden und dadurch das Zustandekommen des Vergleiches erschwert wird.[35] Die Literatur zu § 36 Abs. 2 VglO hat den Gesetzeszweck entsprechend formuliert.[36]

Auch § 36 Abs. 2 VglO dient damit in erster Linie dem Schutz der Masse. Ferner spricht die Begründung zu § 36 Abs. 2 VglO mit dem Grundsatz gleichmäßiger Befriedigung sämtlicher Gläubiger einen weiteren wesentlichen Aspekt an, der für alle vorleistenden Gläubiger in gleicher Weise Geltung beansprucht.[37]

3. Wiederkehrschuldverhältnis - Sukzessivlieferungsvertrag

Schließlich sollte mit der Einführung des § 36 Abs. 2 VglO ebenso wie bei § 105 Satz 1 InsO der Streit über die Unterscheidung zwischen Sukzessivlieferungsverträgen und Wiederkehrschuldverhältnissen beseitigt werden,[38] der sich aufgrund der in der Konkursordnung und in der Vergleichsordnung von 1927 bestehenden Rechtssituation entwickelt hatte. Um die dieser Unterscheidung zugrundeliegende Bedeutung näher erfassen zu können, soll zunächst die Struktur des Dauerschuldverhältnisses näher beleuchtet werden.

Dauerschuldverhältnisse sind Schuldverhältnisse, deren Abwicklung sich nicht in einem einmaligen Leistungsaustausch erschöpft, sondern einen bestimmten oder unbestimmten Zeitraum ausfüllt, in dem ständig neue Leistungs- oder Unterlassungs-, Neben- und Schutzpflichten entstehen. Inhaltlich sind Dauerschuldverhältnisse dadurch geprägt, daß sie entweder ein dauerndes Verhalten oder in be-

---

[33] *Langhein*, ZIP 1985, 385, 389.
[34] Entwurf einer Vergleichsordnung, Berlin 1933, S.46.
[35] RG, Urteil vom 18.8.1937, RGZ 155, 306, 312; RG, Urteil vom 13.9.1935, RGZ 148, 326, 335; BGH, Urteil vom 21.10.1976, BGHZ 67, 242, 247.
[36] *Kilger/K.Schmidt*, § 36 VglO, Anm.5; *Vogels*, DJ 1935, 373, 375; *Bley/Mohrbutter*, § 36 VglO, Rn.48; *Böhle-Stamschräder/Kilger*, § 36 VglO, Anm.5; *Vogels/Nölte*, § 36 VglO, Abschn.V.; *Langhein*, ZIP 1985, 385, 389.
[37] *Häsemeyer*, KTS 1982, 507, 576.
[38] Entwurf einer Vergleichsordnung, Berlin 1933, S.46; *Bley/Mohrbutter*, § 36 VglO, Rn.46; *Henckel*, ZZP 84 (1971), 447, 462.

stimmten Zeitabschnitten wiederkehrende Leistungen zum Inhalt haben. Dauerschuldverhältnisse werden somit durch eine zeitliche Komponente und das Merkmal ständiger Pflichtanspannung gekennzeichnet. Entscheidend ist, daß der Umfang der Gesamtleistung von der Länge der Zeit abhängt, während derer der Leistungsaustausch fortgesetzt werden soll.[39]

Gesetzlich normierte Dauerschuldverhältnisse sind etwa Miete, Pacht, Leihe, Verwahrung oder der Dienstvertrag. Daneben gibt es Dauerschuldverhältnisse, die sich aufgrund von Parteivereinbarungen aus diesen typischen Verträgen fortentwickelt haben, die aber keine charakteristische Bezeichnung für eine fest umrissene Anzahl von Vertragstypen darstellen. Zu nennen sind hier unter anderem der Sukzessivlieferungsvertrag und das Wiederkehrschuldverhältnis.[40]

a) Sukzessivlieferungsvertrag

Der Sukzessivlieferungsvertrag ist ein Kauf- oder Werklieferungsvertrag, der auf die Erbringung einer Leistung in zeitlich aufeinanderfolgenden Raten nach Bedarf oder auf Abruf gerichtet ist, der nach dem wechselseitig bindenden Willen der Parteien aber ein einheitliches Ganzes bildet.[41]

Der Sukzessivlieferungsvertrag tritt in zwei Erscheinungsformen auf:

Beim Ratenlieferungsvertrag ist die Gesamtleistungsmenge von vorneherein fest vereinbart worden, die aber nur nach Abruf oder in vorher fest bestimmten Zeitabschnitten, z.B. nach Baufortschritt in Teilen angeliefert und bezahlt wird. Es handelt sich somit bei Ratenlieferungsverträgen um gestreckte Kauf- oder Werklieferungsverträge. Der Ratenlieferungs- oder auch Teillieferungsvertrag ist, da er eine von vorneherein fest bestimmte Gesamtleistungsmenge zum Gegenstand und somit das Zeitmoment keinen Einfluß auf den Inhalt und den Umfang der Leistung, sondern nur auf ihre Art und Weise hat, kein Dauerschuldverhältnis.[42]

Im Gegensatz dazu wird der Bezugs- oder auch Dauerlieferungs-vertrag auf unbestimmte oder aber auf längere Zeit ohne Festlegung einer bestimmten Liefermenge geschlossen. Die Leistungsmenge richtet sich nach dem jeweiligen Bedarf des Abnehmers.[43] Beim Bezugsvertrag fehlt also die Vorstellung einer Teilung einer

---

[39] *Larenz*, Schuldrecht I, § 2 VI; *Palandt*-Heinrichs, Einl. vor § 241 BGB, Rn.17; *Michalski*, JA 1979, 401f; *Soergel-Teichmann*, § 241, Rn.6.
[40] *Michalski*, JA 1979, 401f.
[41] RG, Urteil vom 13.09.1935, RGZ 148, 326, 330; *Musielak*, JuS 1979, 96f; *Gottwald-Huber*, § 36, Rn.2.
[42] *Larenz*, Schuldrecht I, § 2 VI, *Gottwald-Huber*, § 36, Rn.2; *Palandt-Heinrichs*, Einf. § 305, Rn.27; *Fikentscher*, § 8, Rn.36; *Michalski*, JA 1979, 401ff.
[43] *Musielak*, JuS 1979, 96f; *Michalski*, JA 1979, 401, 403; *Künne*, KTS 1958, 93f.; Müko-*Emmerich*, vor § 275 BGB, Rn.329; *Palandt-Heinrichs* Einf. § 305, Rn.26.

von vorneherein mengenmäßig genau bestimmten Leistung. Die fortlaufend zu erbringenden Leistungen besitzen daher wirtschaftlich und rechtlich eine gewisse Selbständigkeit; sie sind keine Teilleistungen im Sinne des § 266 BGB, sondern Erfüllung dessen, was der Vertragspartner zur Zeit der Lieferung schuldet. Der Annahme eines Bezugsvertrages steht die Vereinbarung einer festen Laufzeit oder die Festlegung des Umfanges der einzelnen Raten nicht entgegen, sofern nur die Gesamtleistung unbestimmt ist. Zwar könnte man aus beiden Werten die Höhe der Gesamtleistung errechnen, mangels ausdrücklicher Angabe der Gesamtleistung steht aber der Umstand der Bedarfsdeckung beispielsweise dann im Vordergrund, wenn dem Abnehmer das Recht eingeräumt wird, je nach Bedarf auch kleinere oder größere Mengen abzunehmen.[44] Da der Bezugsvertrag eine ständige Leistungsbereitschaft voraussetzt, ist er ein echtes Dauerschuldverhältnis.[45] Als Beispiele für Bezugsverträge sind Energielieferungsverträge, Bierbezugsverträge oder Milchlieferverträge zu nennen.

Keine Sukzessivlieferungsverträge sind hingegen Verträge, bei denen die Lieferung des Vertragsgegenstandes auf einmal erfolgt, der Abnehmer seine Gegenleistung aber in Raten erbringen kann, wie typischerweise beim Verbraucherkreditgeschäft.[46]

b) Wiederkehrschuldverhältnis

Demgegenüber wurden Schuldverhältnisse, die kraft einer, wäre es auch nur stillschweigenden Wiederholung des Vertragschlusses fort und fort für weitere Zeitabschnitte oder für weitere Bezugsmengen neu entstehen, also nicht ein für alle mal begründet sind, im Anschluß an *Jaeger*[47] als sogenannte Wiederkehrschuldverhältnisse bezeichnet.[48] Der entscheidende Unterschied des Wiederkehrschuld-

---

Die Terminologie ist im einzelnen uneinheitlich:
nach *Heinrichs* in *Palandt*, Einf. § 305, Rn.27 ist der Ratenlieferungsvertrag, obschon kein Dauerschuldverhältnis, ein "echter" Sukzessivlieferungsvertrag. *Fikentscher*, § 8, Rn.35f. will hingegen für Ratenlieferungsverträge den Ausdruck Sukzessivlieferungsvertrag vermeiden. "Echte" Sukzessivlieferungsverträge seien vielmehr nur Dauerlieferungsverträge mit gleichbleibend großen Leistungen, Verträge mit sich je nach Bedarf wandelnden Leistungen seien Bezugs- oder auch Bedarfsdeckungsverträge. *Emmerich* in Müko, vor § 275, Rn.329 wiederum faßt nur die Ratenlieferungsverträge als Sukzessivlieferungsverträge auf, bei denen es sich im Gegensatz zu den Bezugsverträgen, die echte Dauerschuldverhältnisse darstellten, nur um bloße langfristige Verträge mit zeitlich aufgespaltenen Teilleistungen handele.

[44] *Fikentscher*, § 8, Rn.36; *Michalski*, JA 1979, 401, 403.

[45] *Gottwald-Huber*, § 36, Rn.2; *Palandt*-Heinrichs Einf. § 305, Rn.26.

[46] *Fuchs-Wissemann*, S.105.

[47] in LZ 1912, Sp. 286ff.

[48] RG, Urteil vom 13.09.1935, RGZ 148, 326, 330; RG, Urteil vom 13.09.1935, JW

verhältnisses zum Sukzessivlieferungsvertrag liegt nach *Jaeger* darin begründet, daß das Wiederkehrschuldverhältnis auf Grund der Parteiabreden keine dauernden wechselseitigen Bindungen zwischen den Vertragsparteien vorsehe sowie kein einheitlicher Verpflichtungsgrund vorliege, der die einzelnen Vertragsleistungen zu einer inneren Einheit verbinde.[49]

Das Wiederkehrschuldverhältnis beruht also anders als der Sukzessivlieferungsvertrag nicht auf einem Einheitsvertrag, sondern es setzt aus einer Reihe von aufeinanderfolgenden jeweils selbständigen Schuldverhältnissen zusammen.[50] Bei einer Reihe fortlaufender Wiederkehrschuldverhältnisse ist daher eine, in der Regel stillschweigende, Einigung über die jeweils auszutauschenden Leistungen stets erneut erforderlich und begriffsnotwendig. Das Erfordernis eines jeweils erneuten Vertragsschlusses führt dazu, daß jede Vertragspartei selbständig bestimmen kann, ob sie sich von dem Wiederkehrschuldverhältnis einseitig lösen möchte.[51] Für die Annahme eines Wiederkehrschuldverhältnisses ist es aber auch ausreichend, daß sich zwar eine Vertragspartei zum späteren Abschluß eines Vertrages verpflichtet, die andere Vertragspartei aber berechtigt sein soll, die Lieferung abzulehnen.[52]

Die praktische Relevanz der Unterscheidung von Sukzessivlieferungsvertrag und Wiederkehrschuldverhältnis und gleichzeitig auch der Grund für die Schaffung des Wiederkehrschuldverhältnisses zeigt sich in ihrer unterschiedlichen konkursrechtlichen Behandlung.

Wegen der Einordnung des Sukzessivlieferungsvertrages als einheitliches Schuldverhältnis und wegen des Fehlens einer § 36 Abs. 2 VglO entsprechenden Regelung in der Konkursordnung und auch in der Vergleichsordnung vom 05.07.1927

1935, 3614, 3616; OLG Braunschweig, Urteil vom 04.10.1929, JW 1930, 1427ff; OLG Stettin, Urteil vom 16.10.1929, JW 1930, 1429f.; *Smid*, § 105 InsO, Rn.5; *Oetker*, S.125; *Jaeger/Henckel*, § 17 KO, Rn.85; *Kuhn/Uhlenbruck*, § 17 KO, Rn.27; *Ullmann*, S.4; *ders.* in JW 1933, 2634; *Bley/Mohrbutter*, § 36 VglO, Rn.46.

[49] RG, Urteil vom 13.09.1935, RGZ 148, 326, 332; *Jaeger*, LZ 1912, Sp. 286, 295. *Oetker*, S.125.

[50] *Gottwald-Huber*, § 36, Rn.3; *Gutewort*, S.8.

[51] *Ullmann*, S.21f.

[52] RG, Urteil vom 13.09.1935, RGZ 148, 326, 332; *Michalski*, JA 1979, 401, 403. Nicht einheitlich beantwortet wird die Frage, ob die einzelnen Wiederkehrschuldverhältnisse durch einen Grund- oder Rahmenvertrag miteinander verbunden sein müssen. Für das Erfordernis eines Rahmenvertrages sprechen sich u.a. *Larenz*, Schludrecht I, § 2VI, Fn.45; *Michalski*, JA 1979, 401, 403; *Bydlinski*, FS-Hämmerle, 31, 42; *Soergel-Teichmann*, § 241, Rn.7, dagegen *Oetker*, S.125, *Fikentscher*, § 8, Rn.37 und *Behrens*, S.40ff. aus. *Fuchs-Wissemann*, S.25 hält den Begriff des Wiederkehrschuldverhältnisses neben dem des Rahmenvertrages und der durch ihn verbundenen Einzelverträge gar für entbehrlich.

konnte der Verwalter nur zwischen Erfüllung und Nichterfüllung des gesamten Sukzessivlieferungsvertrages wählen, auch wenn eine Vertragspartei schon den größten Teil ihrer Leistungen erbracht hat. Dies hatte zur Folge, daß auch die bereits vor Verfahrenseröffnung bewirkten, aber noch unbezahlten Teilleistungen des Vertragspartners als Masseschuld zu erfüllen waren.[53] Da es sich bei dem Wiederkehrschuldverhältnis hingegen nicht um ein einheitliches Dauerschuldverhältnis, sondern um eine Vielzahl lose miteinander verbundener, einzelner Schuldverhältnisse handelt, konnte der Konkursverwalter sein Erfüllungsverlangen auf die Zukunft beschränken. Nur die Forderung des Vertragspartners aus dem bei Verfahrenseröffnung laufenden Wiederkehrschuldverhältnis mußte der Verwalter bei Erfüllungswahl aus der Masse befriedigen. Forderungen des Vertragspartners, die aus vorkonkurslichen Teilleistungen und damit aus einem früheren, bereits erledigten Wiederkehrschuldverhältnis resultierten, brauchte der Verwalter hingegen trotz seiner Erfüllungswahl nur als Konkurs- bzw. Vergleichsforderung zu bedienen, weil der Vertragspartner mit dem diesen Teilleistungen entsprechenden Betrag seiner Forderung aus den bereits erledigten Schuldverhältnissen am Konkurs- bzw. Vergleichsverfahren teilnehmen konnte und mußte.[54] Daß die Einordnung eines Vertrages als Wiederkehrschuldverhältnis für die Masse somit erheblich günstiger war, liegt auf der Hand.

Insbesondere wurden Verträge über die fortlaufende Lieferung von Energie als Wiederkehrschuldverhältnisse aufgefaßt, um dem Verwalter die Fortführung des schuldnerischen Unternehmens oder das Zustandekommen eines Vergleichs überhaupt erst zu ermöglichen.[55]

Die Anerkennung der Figur des Wiederkehrschuldverhältnisses[56] ist genauso wie die Abgrenzung von Sukzessivlieferungsverträgen und Wiederkehrschuldverhältnissen stets umstritten geblieben:

---

[53] *Bley/Mohrbutter*, § 36 VglO, Rn.46; *Kuhn/Uhlenbruck* § 17 KO Rn.23b; *Musielak*, JuS 1979, 96, 98.

[54] *Kilger/K.Schmidt*, § 36 VglO, Anm.5; *Bley/Mohrbutter*, § 36 VglO, Rn.46; *Gutewort*, S.8; *Musielak*, JuS 1979, 96, 98; *Gottwald-Huber*, § 36, Rn.4. Nur *Bendix*, JW 1928, 1125f. hat auch eine Teilung von Sukzessivlieferungsverträgen vertreten.

[55] *Jaeger*, JZ 1912, Sp.286, 294ff., der diese Verträge überhaupt zum Anlaß für die Begründung der Konstruktion des Wiederkehrschuldverhältnisses nahm; *Oetker*, S.125.

[56] neben *Jaeger*, LZ 1912, Sp.286ff. wurde die Konstruktion des Wiederkehrschuldverhältnisses bejaht von *Jaeger/Lent*, § 17 KO, Anm.18a; *Ullmann*, JW 1933, 2634; *Mentzel/Kuhn*, § 17 KO, Rn.27; *Wolff*, § 17 KO, Anm.8; *Bleyer*, § 17 KO, Anm.4; *Fischer*, NJW 1954, 379 sowie *Künne*, KTS 1958, 93f; abgelehnt wurde sie u.a. von OLG Köln, Urteil vom 24.04.1930,JW 1931, 2169; OLG Königsberg, Urteil vom 21.05.1931, JW 1931, 3150; LG Paderborn; Urteil vom 07.12.1950, MDR 1951, 303; LG Hagen, Urteil vom 13.03.1958, KTS 1958, 91f.

So nahmen etwa *Baur*[57] und *Mentzel/Kuhn/Uhlenbruck*[58] ein Wiederkehrschuldverhältnis bereits dann an, wenn die Gesamtmenge der über einen längeren Zeitraum zu erbringenden Leistungen unbestimmt war. *Lent*[59] ging demgegenüber auch bei unbestimmter Leistungsmenge noch von einem einheitlichen Vertrag aus. *Henckel*[60] wiederum wollte den Begriff des Wiederkehrschuldverhältnisses auf Energieversorgungsverträge beschränken. Nur für diesen Vertragstypus sei der Begriff geschaffen worden, weil man verhindern wollte, daß ein fortlaufender Energieverbrauch durch den Konkursverwalter nach Verfahrenseröffnung als Erfüllungswahl gedeutet wurde mit der Folge, daß der Konkursverwalter die rückständigen Gegenleistungen für die Zeit vor Konkurseröffnung in vollem Umfang hätte tilgen müssen. Dieses Ziel lasse sich aber auch ohne den Begriff des Wiederkehrschuldverhältnisses erreichen, weil gemäß § 6 EnWG[61] a.F. Energieversorgungsunternehmen einem Kontrahierungszwang unterlägen. Der Konkursverwalter könne hiernach die Erfüllung des alten Vertrages ablehnen und mit dem Versorgungsunternehmen für die Dauer des Konkursverfahrens einen neuen Vertrag abschließen. Das Versorgungsunternehmen könne gemäß § 6 EnWG a.F. den Vertragsschluß nicht davon abhängig machen, daß der Konkursverwalter den alten Vertrag erfülle.[62]

Der Konkursverwalter besaß bei dieser Konstruktion freilich nicht mehr die Möglichkeit, an einem vom Gemeinschuldner mit dem Energieversorger geschlossenen Sonderkundenvertrag festzuhalten, weil der Kontrahierungszwang lediglich Energielieferungsverträge zu allgemein gültigen Tarifen erfaßt.[63] Aufgrund dieser Argumentation ist der Begriff des Wiederkehrschuldverhältnisses schließlich in der Literatur[64] überwiegend für entbehrlich und auch vom BGH nie für entscheidungserheblich gehalten worden.[65]

---

[57] in *Baur/Stürner*, 11. Auflage 1983, Rn.995.
[58] 9.Auflage, § 17 KO, Rn.27.
[59] *Jaeger/Lent*, § 17 KO, Rn.18b.
[60] *Jaeger/Henckel*, § 17 KO Rn.86; *ders.* in ZZP 84 (1971), 447, 461.
[61] dazu ausführlich unten Teil B. V. 3.
[62] *Jaeger/Henckel*, § 17 KO, Rn.86; *ders.* in ZZP 84 (1971), 447, 461f.; *Kuhn/Uhlenbruck* § 17 KO, Rn.27.
[63] BGH, Urteil vom 01.07.1981, NJW 1981, 2195f.; BGH, Urteil vom 19.10.1960, KTS 1961, 8, 11; zu den mit der Anwendung des Kontrahierungszwanges verbundenen Unwägbarkeiten siehe unten Teil B. V. 3.
[64] *Jaeger/Henckel*, § 17 KO, Rn.86; *ders.* in ZZP 84 (1971), 447, 462; *Kuhn/Uhlenbruck* § 17 KO, Rn.27; *Häsemeyer*, KTS 1973 2,11; *Jauernig*, 20.Auflage 1996, § 48 II; *Baur/Stürner*, Rn.9.8; *Larenz*, Schuldrecht I, § 2 VI, Fn.45; *Medicus*, § 2, Rn.13; a.A. unter Hinweis auf den nicht immer geltenden Kontrahierungszwang *Fikentscher*, § 8, Rn.37.
[65] BGH, Urteil vom 25.09.1952, BB 1952, 868f.; BGH, Urteil vom 19.10.1960, KTS 1961,8f.; BGH, Urteil vom 01.07.1981, NJW 1981, 2195f.

Durch die Einführung des § 36 Abs. 2 VglO in die Vergleichsordnung vom 26.02.1935 ist die Unterscheidung zwischen Sukzessivlieferungs-verträgen und Wiederkehrschuldverhältnissen für das Vergleichsverfahren bereits seit 1935 hinfällig geworden, weil beide Arten von Dauerschuldverhältnissen ohne weiteres unter den Tatbestand des § 36 Abs. 2 VglO subsumiert werden konnten und der Vertragspartner mit seinem Anspruch auf vor Verfahrenseröffnung erbrachte Teilleistungen unabhängig davon, ob sie aus einem Sukzessivlieferungsvertrag oder aus einem Wiederkehrschuldverhältnis resultierten, stets Vergleichsgläubiger war. § 105 Satz 1 InsO übernimmt die Regelung des § 36 Abs. 2 VglO in das neue Insolvenzrecht, so daß sich nunmehr einheitlich für das gesamte Insolvenzverfahren die Notwendigkeit einer Unterscheidung von Wiederkehrschuldverhältnis und Sukzessivlieferungsvertrag erledigt hat und es der Konstruktion des Wiederkehrschuldverhältnisses nicht mehr bedarf. Das Wiederkehrschuldverhältnis ist damit nur noch als Episode der Rechtshistorie von Interesse.

4. Konkursordnung

Schließlich soll noch auf die einschlägige Rechtslage bei teilbaren Leistungen im Geltungsbereich von Konkurs- und Gesamtvollstreckungsordnung eingegangen werden:

Im Geltungsbereich der Konkursordnung vertraten Literatur und Rechtsprechung mangels einer § 36 Abs. 2 VglO entsprechenden Vorschrift nahezu einhellig den Standpunkt, der Konkursverwalter habe bei Erfüllungswahl gemäß §§ 17, 59 Abs. 1 Nr. 2 KO den ganzen Vertrag als Masseschuld zu erfüllen, unabhängig davon, ob der Vertragspartner bereits Teilleistungen erbracht habe.[66] Der Konkursverwalter könne den einheitlichen Vertrag nicht in einzelne Teile zerlegen und nur für die Zeit nach Konkurseröffnung Erfüllung verlangen, während er den Vertragspartner für die vor Konkurseröffnung erbrachten Teilleistungen auf die Quote verweise; § 36 Abs. 2 VglO sei im Konkursverfahren nicht entsprechend anzuwenden.[67]

Diese Grundsätze wurden durch die gerade angesprochene Konstruktion des Wiederkehrschuldverhältnisses zwar anfänglich von Teilen der Literatur und der Rechtsprechung eingeschränkt, überwiegend wurden Wiederkehrschuldverhält-

---

[66] RG, Urteil vom 09.05.1902, RGZ 51, 281ff.; RG, Urteil vom 22.12.1905, RGZ 62, 201ff.; RG, Urteil vom 03.07.1914, RGZ 85, 221f.; BGH, Urteil vom 19.10. 1960, KTS 1961, 8f.; Jäger/*Henckel* § 17 KO, Rn.84; *Häsemeyer*, KTS 1973, 2, 11f; *Kuhn/Uhlenbruck*, § 17 KO, Rn.23b; *Hess*, § 17 KO, Rn.5; a.A. mit beachtlichen Gründen *Oetker*, Dauerschuldverhältnis, S.133.

[67] BGH, Urteil vom 19.10.1960; KTS 1961, 8f.; *Bley/Mohrbutter*, § 36 VglO, Rn.47; Jäger/*Henckel*, § 17 KO, Rn.84.

nisse schließlich jedoch für entbehrlich gehalten, weil § 6 EnWG a.F., entsprechende Bestimmungen in Landkreis- und Gemeindeordnungen, § 26 GWB und unter Umständen auch § 826 BGB der Masse ausreichenden Schutz gewährten.[68]

Erst durch das eingangs bereits näher angesprochene Urteil vom 27.02.1997 ("Sachsenmilch") ist der BGH von diesen Grundsätzen abgewichen und hat quasi im Vorgriff auf die Regelung des § 105 Satz 1 InsO entschieden, daß aus Sinn und Zweck des § 17 KO folge, daß der vorleistende Vertragspartner mit dem seiner Teilleistung entsprechenden Anspruch auf die Gegenleistung lediglich Konkursgläubiger sei.

5. Gesamtvollstreckungsordnung

Im Geltungsbereich der Gesamtvollstreckungsordnung vom 23.05.1991 wurde die Ansicht vertreten, die Erfüllungswahl des Verwalters erfasse auch rückständige Zahlungsbeträge, so daß diese aus der Masse gemäß § 13 Abs. 1 Nr. 1 GesO zu erfüllen seien.[69] *Haarmeyer/Wutzke/Förster* sprachen sich hingegen aus Gründen des Masseschutzes und der Gleichbehandlung der Gläubiger für eine Behandlung als Gesamtvollstreckungsforderung aus. Zur Frage der Rückgabe von Teilleistungen befürworteten sie darüber hinaus eine entsprechende Anwendung der Neuregelung des § 105 Satz 2 InsO.[70]

Zwei Entscheidungen des OLG Dresden vom 04.12.1995[71] (Vorinstanz zu BGH, Urteil vom 27.02.1997 "Sachsenmilch") und vom 28.03.1996[72] gehen ebenfalls davon aus, daß die Ansprüche der Gläubiger aus Sukzessivlieferungsverträgen hinsichtlich der bis zur Verfahrenseröffnung erfolgten Leistungen lediglich Gesamtvollstreckungs- und keine Masseforderungen darstellten. Diese Auffassung ist vom BGH im „Sachsenmilch"-Urteil dann auch für den Geltungsbereich der Konkursordnung bestätigt worden. Anders als der BGH hat der 2. Senat des OLG Dresden in der Vorinstanz seine Entscheidung aber nicht aus einer identischen Auslegung des § 9 GesO und des § 17 KO gewonnen, sondern er hat im Gegenteil aus dem nach seiner Auffassung nicht mit § 17 KO deckungsgleichen Regelungsgehalt des § 9 GesO geschlossen, daß § 9 GesO anders als § 17 KO dem Gesamtvollstreckungsverwalter die Möglichkeit einräume, bei einer rechtlich einheitlichen Vereinbarung Vertragserfüllung nur für die Zukunft zu verlangen, weil die Gesamtvollstreckungsordnung in stärkerer Weise als die Konkursordnung eine

---

[68] Jäger/*Henckel*, § 17 KO, Rn.86; *Kuhn/Uhlenbruck*, § 17 KO, Rn.27; *Häsemeyer*, KTS 1973, 2, 11

[69] *Smid*, § 9 GesO, Rn.7 und 68; *Hess/Binz/Wienberg*, § 9 GesO, Rn.45.

[70] in § 9 GesO, Rn.18a bis 18c.

[71] in ZIP 1995, 2001ff.

[72] in ZIP 1996, 715ff.

Sanierung des Gemeinschuldners anstrebe und dieser Normzweck auch auf § 9 GesO ausstrahle. Ferner hat sich der 2. Senat auf die § 105 InsO zugrundeliegenden gesetzgeberischen Erwägungen gestützt, die auf § 9 GesO übertragbar seien. Interessanterweise hat der 7. Senat des OLG Dresden in der Entscheidung aus dem Jahr 1996 genau wie der BGH aus einer Auslegung des § 17 KO, die auf § 9 GesO übertragbar sei, die Erkenntnis gezogen, der Normzweck des § 17 KO gebiete es nicht zwingend, Forderungen von Gläubigern aus Sukzessivlieferungsverträgen einheitlich zu behandeln. Letztlich hat damit bereits der 7. Senat des OLG Dresden 1996 und nicht erst der BGH 1997 die Abkehr von der vorherrschenden Auffassung der einheitlichen Vertragserfüllung gemäß § 17 KO eingeleitet, wenngleich es nur in der Autorität des BGH lag, diese Sichtweise auf die Konkursordnung zu übertragen.

II. Gesetzeszweck

Dem Rechtsgedanken des § 36 Abs. 2 VglO folgend, dient § 105 Satz 1 InsO vordringlich dem Schutz der Masse.[73] Die Regelung gewährleistet, daß der Verwalter bei teilbaren Leistungen nur in der Höhe zu Leistungen aus der Masse verpflichtet ist, wie der Masse aus der noch unerfüllten Leistungsbeziehung nach Verfahrenseröffnung Gegenleistungen zufließen.[74] Umgekehrt bedeutet dies, daß die Masse auch keine Aufwendungen zu tragen braucht, die ihr nicht in Form einer adäquaten Gegenleistung wieder zu gute kommen. Ferner ist es Sinn der Neuregelung des § 105 Satz 1 InsO, dem Insolvenzverwalter die Erfüllungswahl von Dauerschuldverhältnissen und damit die Inanspruchnahme günstiger Vertragskonditionen entgegen der bisherigen Rechtslage häufiger zu ermöglichen,[75] vor allem der Masse bei Sukzessivlieferungs- und Sonderabnehmerverträgen mit Versorgungsunternehmen deren Konditionen auch für künftige Leistungen zu sichern.[76]

Dieser Zweck des § 105 Satz 1 InsO ist nahezu unbestritten,[77] wenngleich man ihn wie vor allem *Marotzke* auch sehr kritisch betrachtet: Hauptzweck des § 105

---

[73] der BGH spricht in seiner „Saudi-Arabien“-Entscheidung vom 13.03.2003, DZWIR 2003, 291, 293 davon, dass die bestmögliche und gemeinschaftliche, d.h. gleichmäßige und anteilige Befriedigung der Insolvenzgläubiger der Hauptzweck des Insolvenzverfahrens ist.

[74] *Nerlich/Römermann-Balthasar*, § 105 InsO, Rn.4; *Kübler/Prütting-Tintelnot*, § 105 InsO, Rn.2.

[75] *Hess*, § 105 InsO, Rn.4.

[76] Begründung zu § 119 RegE, abgedruckt bei *Kübler/Prütting*, RWS-Dok.18, S. 296; *Smid*, § 105 InsO, Rn.1; *Kübler/Prütting-Tintelnot*, § 105 InsO, Rn.2; FK-*Wegener*, § 105 InsO, Rn.1.

[77] nur *Scheffler*, ZIP 2001, 1182, 1187 sieht den Hauptzweck des § 105 Satz 1 InsO darin, dem Vertragspartner nach Erfüllungswahl des Insolvenzverwalters die Einrede des nichterfüllten Vertrages gemäß § 320 BGB aus der Hand zu schlagen, siehe dazu unten B. V. 1.

Satz 1 InsO sei es, den Energielieferanten hinsichtlich künftiger Lieferungen, die er an den Insolvenzverwalter zu erbringen habe, auch dann noch an einem mit dem Schuldner vereinbarten Vorzugspreis zu binden, wenn er für die vor Verfahrenseröffnung erbrachten Lieferungen mit der Quote abgespeist werde.[78]

§ 105 Satz 1 InsO ist sanierungsfreundlich, weil bestehende Verträge zu den bisherigen Vertragskonditionen weiter laufen und die Masse davor geschützt wird, Leistungen aus der Masse zu erbringen, für die ihr keine äquivalenten Gegenleistungen zurückfließen. § 105 Satz 1 InsO verhilft damit dem Ziel der Insolvenzrechtsreform, Maßnahmen gegen die Massearmut zu ergreifen, indem möglichst viele Verfahren eröffnet, durchgeführt und erfolgreich abgewickelt werden können,[79] zur Durchsetzung. Ferner entspricht die Vorschrift dadurch, daß sie alle vorleistenden Gläubiger derselben Rechtsfolge unterwirft, dem Grundsatz der Gläubigergleichbehandlung und damit dem Hauptanliegen eines jeden Insolvenzverfahrens, vgl. § 1 Satz 1 InsO.[80]

Schließlich schafft § 105 Satz 1 InsO im Bereich der teilweise erbrachten Leistungen einen einheitlichen Rechtszustand, den die Rechtsprechung für den Geltungsbereich von Konkurs- und Gesamtvollstreckungsordnung in den letzten Jahren vor Inkrafttreten der Insolvenzordnung zwar schon vorweggenommen hat,[81] der aber im Gegensatz zur herrschenden Literaturansicht stand. Angesichts der Eindeutigkeit der gesetzlichen Regelung werden sich jedenfalls diesbezüglich keine entgegengesetzten Standpunkte mehr vertreten lassen.

III. Kontext der Regelung im Rahmen der §§ 103ff. InsO

1. Auswirkungen der unterschiedlichen Sichtweisen im Rahmen des § 103 InsO auf § 105 Satz 1 InsO

§ 105 InsO steht in der Insolvenzordnung im zweiten Abschnitt des dritten Teils, welcher in den §§ 103-128 InsO vor allem die Erfüllung der Rechtsgeschäfte regelt.

---

[78] in HK, § 105 InsO, Rn.3; *ders.* in Gegenseitige Verträge, Rn. 4.158ff.; *ders.* in Anm. zu BGH vom 27.02.1997 "Sachsenmilch" LM Nr.24 zu GesO; *ders.* in *Leipold,* Insolvenzrecht im Umbruch, S.183,189ff.

[79] *Uhlenbruck*, Die neuen Insolvenzgesetze, S.43f.; *Kepplinger*, S.7.

[80] zuletzt BGH, Urteil vom 20.01.2000, ZIP 2000, 364f.; Kreft, FS-Uhlenbruck, 387f. und 395 sowie unten B. IV. 2.

[81] BGH, Urteil vom 27.02.1997, ZIP 1997, 688ff; BGH, Urteil vom 04.05.1995, LM Nr.31 zu § 17 KO; OLG Dresden, Urteil vom 28.03.1996, ZIP 1996, 715ff.; OLG Dresden, Urteil vom 04.12.1995, ZIP 1995, 2001ff.

Zentralnorm ist § 103 InsO, welcher in der Konkursordnung § 17 entsprach. § 17 KO gehörte zu den am heftigst umstrittenen Vorschriften der Konkursordnung. Gleichwohl hat es der Gesetzgeber unterlassen, von einigen Änderungen redaktioneller Natur[82] abgesehen, durch die Insolvenzrechtsreform eine eindeutige Klärung der Rechtslage herbeizuführen. Es ist daher davon auszugehen, daß sich der Streit um das Verständnis des Verwalterwahlrechtes im Rahmen des § 17 KO bei § 103 InsO fortsetzen wird.[83]

Die Problematik braucht an dieser Stelle lediglich in ihren Grundzügen dargestellt zu werden, weil die verschiedenen Standpunkte über die Sichtweise des § 103 InsO für Tatbestand und Rechtsfolge des § 105 Satz 1 InsO im Ergebnis ohne Bedeutung sind, so daß sich eine nähere Auseinandersetzung mit der Problematik im Rahmen dieser Untersuchung erübrigt.

a) Meinungsstand

Die Rechtsprechung[84] und mit ihr die überwiegende Ansicht in der Literatur[85] vertraten bis 1988 den Standpunkt, daß die Eröffnung des Konkursverfahrens keine Auswirkungen auf noch nicht vollständig erfüllte gegenseitige Verträge habe. Der Erfüllungsanspruch des Vertragspartners ändere sich, indem er zur Konkursforderung werde, die grundsätzlich nur noch konkursmäßig verfolgt und befriedigt werden könne. Erst die Erfüllungsablehnung gestalte die beiderseitigen Erfüllungsansprüche in einen Anspruch auf Schadensersatz wegen Nichterfüllung um. Der Erfüllungsablehnung kam somit gestaltende Wirkung zu.

Der BGH[86] nahm von dieser Auffassung in zwei Entscheidungen aus dem Jahre 1988 Abstand und vertrat im Folgenden[87] die Ansicht, bereits der Verfahrenser-

---

[82] *Tintelnot*, ZIP 1995, 616f; *Nerlich/Römermann-Balthasar*, § 103 InsO, Rn.1; a.A. *Jauernig*, § 78 II.

[83] ebenso *Nerlich/Römermann*, § 103 InsO, Rn.1.

[84] RG, Urteil vom 15.02.1884, RGZ 11, 49, 51; RG, Urteil vom 01.02.1932, RGZ 135, 167, 170; BGH, Urteil vom 13.07.1967, BGHZ 48, 203, 205; BGH, Urteil vom 05.05.1977, BGHZ 68, 379, 380; BGH, Urteil vom 14.12.1983, BGHZ 89, 189, 195; BGH, Urteil vom 16.01.1986, BGHZ 96, 392, 395; BGH, Urteil vom 09.07.1986, BGHZ 98, 160, 169.

[85] *Jaeger/Lent*, § 17 KO, Rn.41; *Baur/Stürner*, Rn. 9.3; *Häsemeyer*, NJW 1977, 737, 738f.; Kilger, § 17 KO, Anm. 4c; *Mentzel/Kuhn*, § 17 KO, Rn.36; *Mohrbutter*, NJW 1968, 1125f.

[86] BGH, Urteil vom 11.02.1988, BGHZ 103, 250ff; BGH, Urteil vom 20.12.1988, BGHZ 106, 236; ansatzweise bereits in BGH, Urteil vom 14.12.1983, BGHZ 89, 189, 194.

[87] BGH, Urteil vom 21.11.1991, BGHZ 116, 156, 158; BGH, Urteil vom 04.05.1995, LM Nr.31 zu § 17 KO; BGH, Urteil vom 27.02.1997, ZIP 1997, 688ff.

öffnung als solcher komme gestaltende Wirkung zu, mit der Folge, daß die beiderseitigen Erfüllungsansprüche erlöschen ("Erlöschenstheorie").

Die Erfüllungsablehnung bestätige lediglich noch den bereits kraft Gesetzes eingetretenen Zustand, gestaltende Wirkung habe nur noch das Erfüllungsverlangen des Verwalters. Durch dieses entstünden die erloschenen Erfüllungsansprüche mit dem ursprünglichen Inhalt neu, das Erfüllungsverlangen besitze mithin "novierende Wirkung."[88]

Mit seiner Entscheidung vom 25.04.2002 hat der BGH die "Erlöschenstheorie" aufgegeben und betont, dass die Verfahrenseröffnung keine materiell-rechtliche Umgestaltung des gegenseitigen Vertrages zur Folge habe, sondern bewirke, dass der Vertragspartner seine ausstehenden Erfüllungsansprüche,soweit es sich nicht um Ansprüche auf die Gegenleistung für schon erbrachte Leistungen handelt, nicht durchsetzen kann. Mit Erfüllungswahl werde diesen Ansprüchen die Rechtsqualität von "originären" Masseverbindlichkeiten beigelegt.[89]

Nach nunmehr überwiegender Literaturansicht[90] besteht die Rechtslage, die durch die Erfüllungsablehnung des Verwalters verbindlich bestätigt wird, nicht in dem Erlöschen der beiderseitigen Erfüllungsansprüche, sondern darin, daß der Vertragspartner des Schuldners mit seiner Forderung Insolvenzgläubiger werde. Der Bestand der Erfüllungsansprüche werde demnach nicht berührt. Gegenstand der Befriedigung sei bei Erfüllungsablehnung der vertragliche Erfüllungsanspruch in insolvenzmäßiger Gestalt. Die Erfüllungswahl wirke in dem Sinne gestaltend, daß sie die Gegenforderung haftungsrechtlich privilegiere, die Erfüllungsablehnung gestalte nur insofern, als sie die Wahlfreiheit des Verwalters beende.

b) Auswirkungen auf § 105 Satz 1 InsO

Die unterschiedlichen Sichtweisen führen vor allem dann zu verschiedenen Ergebnissen, wenn die Forderung des Schuldners gegen den Vertragspartner abgetreten wurde oder mit einem Pfandrecht belegt ist. Nach Auffassung des BGH steht Sicherungsrechten Dritter an der Forderung des Schuldners § 91 InsO entgegen mit der Folge, daß der Vertragspartner nicht an den Zessionar oder an den Pfandrechtsgläubiger, sondern an die Masse zu leisten hat.[91] Für den Fall der Erfüllungsablehnung ergeben sich je nach Ansicht unterschiedliche Bewertungen des Anspruchs des Vertragspartners. Nach Auffassung des BGH stellt der An-

---

88 *Brandes*, RWS-Forum 9, 1, 4f.
89 BGH, Urteil vom 25.04.2002, NJW 2002, 2783, 2785; BGH, Urteil vom 27.05.2003, ZIP 2003, 1208f.
90 *Bork*, *FS-Zeuner*, 297, 302ff.; *ders.* in JZ 1996, 51; *Henckel*, JZ 1986, 695; *Marotzke*, Gegenseitige Verträge, Rn. 3.42ff.
91 vgl. *Brandes*, Rn. 87ff.; *ders.* in RWS-Forum 9, 1, 6ff.

spruch des Vertragspartners wegen der fehlenden Durchsetzbarkeit und reinen insolvenzgemäßen Abwicklung[92] der Erfüllungsansprüche einen Schadensersatzanspruch wegen Nichterfüllung dar, nach der Literaturmeinung kann der Vertragspartner seinen ursprünglichen Erfüllungsanspruch als Insolvenzforderung geltend machen.[93]

Tintelnot[94] und *Wegener*[95] sind der Auffassung, die Regelung des § 105 Satz 1 InsO stehe in einem Spannungsverhältnis zu allen dogmatischen Erklärungen des BGH zum Verwalterwahlrecht. Gehe man von der ursprünglichen Prämisse des BGH aus, daß mit Verfahrenseröffnung die Erfüllungsansprüche erlöschen, so sei nicht ersichtlich, worauf sich die Befugnis des Verwalters gründen solle, ein völlig anderes, nämlich auf andere Bezugsmengen bezogenes synallagmatisches Verhältnis neu zu begründen.[96]

Diese Sichtweise beruht auf einer Fehlinterpretation der Regelungsintention des § 105 Satz 1 InsO. § 105 Satz 1 InsO regelt die insolvenzrechtliche Behandlung des Gegenleistungsanspruchs des Vertragspartners. § 105 Satz 1 InsO läßt den Vertrag im übrigen unberührt, er begründet insbesondere kein neues, auf andere Bezugsmengen gerichtetes Austauschverhältnis.[97]

Der Gegenleistungsanspruch des Vertragspartners wegen der bereits erbrachten Teilleistungen erlischt nicht. In seiner Entscheidung vom 04.05.1995[98] und später in der „Sachsenmilch"-Entscheidung vom 27.02.1997[99] hat der BGH zur dogmatischen Einordnung von Teilleistungen des Schuldners und des Vertragspartners Stellung genommen: Wenn der Schuldner bereits einen Teil der ihm obliegenden Leistung erbracht habe, werde der dieser Teilleistung entsprechende Anspruch auf die Gegenleistung durch die Eröffnung des Konkursverfahrens nicht berührt. Das Erfüllungsverlangen des Konkursverwalters sei für diesen Anspruch ohne Bedeutung, dieser werde durch die Erfüllungswahl nicht neu begründet, sondern er bleibe als vor Konkurseröffnung entstandene Forderung bestehen.[100]

In konsequenter Übertragung dieser Grundsätze auf Teilleistungen des Vertragspartners erlischt der Anspruch auf die der teilweisen vorkonkurslichen Leistung des Vertragspartners entsprechende Gegenleistung mit Konkurseröffnung somit nicht. Deshalb wird dieser Teilanspruch durch das Erfüllungsverlangen des Kon-

---

92 BGH, Urteil vom 27.05.2003, ZIP 2003, 1208f., vgl. *Smid*, Insolvenzrecht, § 17, Rn.11.
93 HK-*Marotzke*, § 103 InsO, Rn. 43.
94 in ZIP 1995, 616, 619.
95 in FK, § 105 InsO, Rn.1 ohne Begründung.
96 *Tintelnot*, ZIP 1995, 616, 619 und unten B. IV. 2.
97 dazu unten B. IV. 2.
98 in LM Nr.31 zu § 17 KO.
99 in ZIP 1997, 688ff.
100 BGH, Urteil vom 04.05.1995, LM Nr.31 zu § 17 KO.

kursverwalters auch nicht neu begründet, sondern bleibt ebenfalls als Konkursforderung bestehen.[101] Die Regelung des § 105 Satz 1 InsO steht somit im Kontext sowohl mit der aufgegebenen "Erlöschentheorie" als auch mit der neueren Rechtsprechung des BGH zur Dogmatik des Verwalterwahlrechtes[102] und dürfte damit eine Stütze der BGH-Rechtsprechung darstellen.

Gleichwohl spricht § 105 Satz 1 InsO auch nicht gegen die, die BGH-Rechtsprechung ablehnende Auffassung. Gerade weil § 105 Satz 1 InsO auf der Grundlage der BGH-Rechtsprechung lediglich deklaratorisch wirke, habe der Gesetzgeber sich der Gegenansicht angeschlossen, nach der die Hauptpflichten des gegenseitigen Vertrages trotz Eröffnung des Insolvenzverfahrens weiter fortbestehen. Denn dann eröffne erst § 105 Satz 1 InsO dem Insolvenzverwalter die Möglichkeit, den Masseschuldcharakter auf die noch ausstehenden Leistungen des Vertragspartners zu beschränken. § 105 Satz 1 InsO komme insoweit eigenständige Bedeutung zu.[103]

Der Wortlaut des § 105 Satz 1 InsO schreibt also keine bestimmte Funktionsweise des § 103 InsO vor, eine solche ist für Tatbestand und Rechtsfolge des § 105 Satz 1 InsO auch nicht erforderlich. Für die Anwendung des § 105 Satz 1 InsO macht es keinen Unterschied, ob die Erfüllungsansprüche durch die Verfahrenseröffnung automatisch hinfällig werden, ob sie nur nicht durchsetzbar im Sinne des § 320 BGB sind, ob der Verwalter erst durch seine Ablehnungserklärung die Erfüllungsansprüche zum Erlöschen bringt oder ob der Vertragsgegner durch die Verfahrenseröffnung mit seinem fortbestehendem Erfüllungsanspruch Insolvenzgläubiger wird. Die Rechtsfolgen des § 105 Satz 1 InsO treten unabhängig von den dargestellten Ansichten stets in gleicher Weise ein.

2. § 105 Satz 1 InsO als Regelfall ?

Nach Auffassung *Tintelnots*[104] erscheint das grundsätzliche Verwalterwahlrecht lediglich als Notbehelf für diejenigen Fälle, in denen mangels Teilbarkeit der Leistung ein Anknüpfungspunkt für eine teilweise quotale Befriedigung fehlt, d.h., die nur quotale Vergütung von Vorleistungen wirke als Regelfall, die ungekürzte Befriedigung aller Gegenansprüche als ausnahmsweise Folge des Erfüllungsverlangens bei unteilbaren Leistungen.

---

[101] BGH, Urteil vom 20.02.1997, ZIP 1997, 688f.; *Kreft*, ZIP 1997, 865, 870.

[102] so auch *Hess*, § 105 InsO, Rn.5; *Schmitz*, ZIP 1998, 1421, 1431 jeweils ohne Begründung und *Scheffler*, ZIP 2001, 1182, 1185.

[103] *Scheffler*, ZIP 2001, 1182, 1187f.

[104] in *Kübler/Prütting*, § 105 InsO, Rn.5.; *ders.* in ZIP 1995, 616, 619f.; ebenso *Pilgram*, S.137.

In der Praxis wird § 105 Satz 1 InsO wohl tatsächlich dazu führen, daß in einer großen Anzahl von Fällen nicht vollständig erfüllter gegenseitiger Verträge rückständige Forderungen des Vertragspartners nur noch als Insolvenzforderung bedient werden. Bei teilbaren Leistungen wird daher rein faktisch die Unterscheidung zwischen gegenseitigen Verträgen im Sinne des § 103 InsO und sonstigen Vertragverhältnissen hinfällig werden. Diese faktische Konsequenz wird jedoch durch den Grundsatz der gleichmäßigen Behandlung aller Gläubiger sowie durch den Schutz der Masse gerechtfertigt.[105] Aus § 103 Abs. 1 InsO läßt sich auch nicht ableiten, daß bei Erfüllungswahl durch den Insolvenzverwalter dem Vertragspartner regelmäßig das Recht auf ungekürzte Befriedigung zustünde. Auch § 55 Abs. 1 Nr. 2 InsO erhebt eine Forderung des Vertragspartners nur dann zur Masseschuld, soweit die Erfüllung zur Insolvenzmasse verlangt wird. Das ist bei vorinsolvenzlichen Teillleistungen des Vertragspartners aber gerade nicht der Fall.

Gleichwohl darf nicht übersehen werden, daß der Gesetzgeber schon wegen der systematischen Stellung der Vorschriften § 103 Abs. 1 InsO als Regelfall, § 105 Satz 1 InsO hingegen als Ausnahme- oder besser als Sonderfall betrachtet hat.[106] Deshalb gilt auch in der Insolvenzordnung, daß grundsätzlich alle Ansprüche aus dem Vertrag unabhängig davon, ob die Gegenleistung vor oder nach Eröffnung des Verfahrens erbracht wurde, bei Erfüllungswahl des Verwalters Masseverbindlichkeiten werden, allerdings mit der erheblichen Einschränkung des § 105 Satz 1 InsO bei teilbaren Leistungen. Die grundsätzliche Rechtsfolge des § 103 Abs. 1 InsO darf daher nicht dadurch verwässert werden, daß man etwa durch eine Einschränkung des Verwalterwahlrechtes nur zukünftige Leistungsteile vom Wahlrecht erfaßt sehen will.[107] § 105 Satz 1 InsO würde anderenfalls im Gesamtkontext der §§ 103ff. InsO in unzumutbarer Weise und entgegen der Gesetzessystematik erhöht. Die Bedeutung des § 105 Satz 1 InsO als eine § 103 Abs. 1 InsO "unterstützende" Norm zeigt sich nachdrücklich darin, daß § 105 Satz 1 InsO das Verwalterwahlrecht gerade nicht beschränken, sondern im Gegenteil durch die Erfassung vorinsolvenzlicher Teilleistungen fördern und seine Ausübung erleichtern will.

3. § 108 Abs. 2 InsO

§ 105 Satz 1 InsO steht weiterhin im Einklang mit der Regelung des § 108 Abs. 2 InsO. Nach § 108 Abs. 2 InsO kann der Vertragspartner von Miet- und Pachtverträgen sowie von Dienstverhältnissen gemäß § 108 Abs. 1 InsO Ansprüche aus

---

[105] siehe Teil B. IV. 2.

[106] dies konzidiert auch *Tintelnot* in *Kübler/Prütting*, § 105 InsO, Rn.5; FK-*Wegener*, § 105 InsO, Rn.3.

[107] diese Befürchtung hegt *Kübler/Prütting-Tintelnot*, § 103 InsO, Rn.75.

der Zeit vor der Eröffnung des Insolvenzverfahrens nur als Insolvenzgläubiger geltend machen. Der Reformgesetzgeber wollte diese Folge durch die Einführung des § 108 Abs. 2 InsO klarstellen.[108]

108 Abs. 2 InsO entspricht der gängigen Auffassung im Geltungsbereich der Konkursordnung, daß vor Konkurseröffnung entstandene Miet- und Pachtzinsforderungen lediglich Konkursforderungen seien.[109]

Dies wird auch von den Kritikern des § 105 Satz 1 InsO nicht in Frage gestellt,[110] was durchaus verwundert, weil § 108 Abs. 2 InsO von seiner Zweckrichtung genau dasselbe Ziel verfolgt wie § 105 Satz 1 InsO. § 108 Abs. 2 InsO dient wie § 105 Satz 1 InsO der Masseerhaltung sowie dem Grundsatz der condicio par creditorum.

4. § 104 Abs. 2 Satz 3 InsO

Vereinzelte Literaturstimmen weisen auf einen Widerspruch zwischen § 105 Satz 1 InsO und der Regelung des § 104 Abs. 2 Satz 3 InsO hin.[111]

§ 104 InsO ordnet für den Bereich der Fixgeschäfte sowie der Finanztermingeschäfte abweichend von § 103 InsO an, daß diese Geschäfte mit der Eröffnung des Insolvenzverfahrens endgültig in Differenzgeschäfte umgewandelt und die gegenseitigen Ersatzforderungen miteinander verrechnet werden.[112] Das Wahlrecht des Verwalters wird wegen des besonderen Interesses des Vertragspartners an einer schnellen Klärung der Rechtslage ausgeschlossen, an dessen Stelle tritt eine Ausgleichsforderung, die, soweit sie dem Vertragspartner zusteht, nur als Insolvenzforderung geltend gemacht werden kann.[113]

§ 104 Abs. 2 Satz 3 InsO behandelt nun in diesem Bereich einzelne Geschäfte über Finanzleistungen als einen einzigen gegenseitigen Vertrag im Sinne der §§ 103, 104 InsO, falls diese Geschäfte in einem Rahmenvertrag zusammengefaßt

---

[108] Begründung zu § 122 RegE, abgedruckt bei *Kübler/Prütting*, RWS-Dok.18, S.300.

[109] *Jaeger/Henckel*, § 19 KO, Rn.80 und § 22 KO, Rn.13; *Kilger/K.Schmidt*, § 19 KO, Rn.9; lediglich *Grunsky*, S.24f. vertrat für Dienst- und Arbeitsverhältnisse die Auffassung, daß rückständige Verpflichtungen des Schuldners bei Erfüllungswahl des Verwalters Masseschulden seien. Angesichts des insoweit eindeutigen Wortlauts der §§ 105 Satz 1, 108 Abs. 2 InsO wird sich diese Ansicht nicht mehr aufrechterhalten lassen.

[110] *Marotzke*, Gegenseitige Verträge, Rn. 6.13; *ders.* in HK, §108, Rn.21.

[111] *Häsemeyer*, Rn.20.34; HK-*Marotzke*, § 104 InsO, Rn.7.

[112] *Smid*, Insolvenzrecht, § 17, Rn.24ff.; *Smid-H.Meyer*, § 104 InsO, Rn.2; *Bosch*, Kölner Schrift, S.1009, 1017, Rn.30; HK-*Marotzke*, § 104 InsO, Rn.2.

[113] Begründung zu § 118 RegE, abgedruckt bei *Kübler/Prütting*, RWS-Dok.18, S.292.

sind. In der Beschlußempfehlung des Rechtsausschusses[114] wird ausgeführt, daß die Regelung die Saldierungsmöglichkeit auch dann gewährleisten solle, wenn einzelne der zwischen den Parteien geschlossenen Finanzgeschäfte schon vollständig erfüllt sind. An einer solchen generellen Saldierungsmöglichkeit bestehe im internationalen Geschäftsverkehr ein erhebliches Interesse. Ferner solle durch die Gesamtsaldierung verhindert werden, daß der Verwalter sich nur die für ihn vorteilhaften Geschäfte aussuchen kann (sog. "cherry-picking").[115]

Dem Vertragspartner eröffnen sich somit für bereits abgewickelte Geschäfte nachträgliche Verrechnungs- bzw. Aufrechnungslagen.

Die Differenzierung zwischen Finanzleistungen im Sinne des § 104 Abs. 2 Satz 3 InsO und teilbaren Leistungen im Sinne des § 105 Satz 1 InsO ist in der Tat nicht nachvollziehbar,[116] der Schutz der Masse, der unter anderem gerade in der Erfüllungswahl gemäß § 103 InsO und durch die durch §§ 91, 96 InsO begrenzten Aufrechnungslagen zum Ausdruck kommt, wird unnötigerweise eingeschränkt.[117] Daraus läßt sich jedoch keineswegs die Schlußfolgerung ziehen, § 105 Satz 1 InsO ersatzlos zu streichen.[118]

§ 104 Abs. 2 Satz 3 InsO ist als Ausnahmevorschrift zu behandeln, die für den eng umgrenzten Bereich von Finanztermingeschäften auf dem ungewissen Gefährdungspotential von Swap- und Derivatgeschäften beruht.[119] Der Ausnahmecharakter wird ferner dadurch deutlich, daß der Anwendungsbereich auf Finanzgeschäfte im Sinne des § 104 Abs. 2 InsO beschränkt ist und nicht auf Fixgeschäfte über Warenlieferungen im Sinne des § 104 Abs. 1 InsO erstreckt wird. § 105 Satz 1 InsO wird dadurch nicht seiner grundsätzlichen Berechtigung beraubt. Es erscheint sogar gerechtfertigt, trotz einheitlicher Abwicklung über die Anwendung von § 105 Satz 1 InsO nachzudenken, wenn die einzelnen Geschäfte etwa völlig verschiedene, voneinander losgelöste Zwecke verfolgen und somit von einem unteilbaren Sukzessivschuldverhältnis von vorneherein nicht ausgegangen werden kann. Abschließend verbieten kann § 104 Abs. 2 Satz 3 InsO diese Überlegungen nicht, weil die Vertragseinheit letztlich nur für die §§ 103, 104 InsO fingiert wird.[120]

---

[114] abgedruckt bei *Uhlenbruck*, Das neue Insolvenzrecht, S.428f.
[115] *Smid-H.Meyer*, § 104 InsO, Rn.3; *Kübler/Prütting-Tintelnot*, § 104 InsO, Rn.43.
[116] *Häsemeyer*, Rn.20.34; *Marotzke*, § 104 InsO, Rn.7.
[117] *Smid-H.Meyer*, § 104 InsO, Rn.4.
[118] so aber HK-*Marotzke*, § 104 InsO, Rn.7; sinnvoller ist vielmehr der von *Marotzke* angedachte Alternativvorschlag, § 104 Abs. 2 Satz 3 InsO um eine Verweisung auf § 105 InsO zu ergänzen.
[119] *Smid*-H.Meyer, § 104 InsO, Rn.4.
[120] *Smid*-H.Meyer, § 104 InsO, Rn.35.

IV. Kritische Würdigung des Gesetzeszwecks

1. Kritik und Gegenstimmen

Gegen § 105 Satz 1 InsO wird in der Literatur vor allem von *Marotzke*[121] der Vorwurf rechtspolitischer Fragwürdigkeit erhoben.

Durch das dem Verwalter durch § 105 Satz 1 InsO eingeräumte Recht, Vertragserfüllung nur noch für die Zukunft zu verlangen, werde der Vertragspartner ungerechtfertigt benachteiligt. Der Vertragspartner habe seinen Lieferpreis in der Regel unter Berücksichtigung des gesamten Geschäftsumfanges und in der Erwartung einer langanhaltenden Vertragsdauer ausgehandelt. Durch die (auf die Zukunft beschränkte) Erfüllungswahl des Verwalters werde die Kalkulationsgrundlage des Vertragspartners zerstört[122] und dem Verwalter auf diese Weise ein Recht zur Nachbesserung des ursprünglichen Preis/Leistungs-verhältnisses eingeräumt.[123] Der Verwalter könne jedoch nicht eine für den Schuldner günstig kalkulierte Leistung verlangen und zugleich dem Vertragspartner die Erfüllung solcher Forderungen verweigern, die jene Kalkulation erst ermöglicht hätten.[124] Das führe dazu, daß die individuellen Gläubigerrechte im Interesse der Masse über Gebühr beschnitten werden und die Ausgewogenheit zwischen Kollektiv- und Individualinteresse in eine Schieflage gerate.[125]

Während *Wegener*[126] sich mit dem Hinweis begnügt, zur Schaffung der Gleichbehandlung aller Gläubiger müsse der Vertragspartner diesen Nachteil in der Insolvenzordnung hinnehmen, gibt *Kreft*[127] zu bedenken, daß der Vertragspartner ohne das Erfüllungsverlangen des Verwalters mit der auf seine Vorleistung entfallenden ungesicherten Forderung ebenfalls lediglich einfacher Insolvenzgläubiger geblieben wäre.[128] Daß dieser vom Vertragspartner grundsätzlich vermeidbare

---

[121] in LM 1997 Anm. zu Nr.24 GesO; *ders.* in *Leipold*, Insolvenzrecht im Umbruch, S.183, 189ff.; *ders.* in Gegenseitige Verträge, Rn.4.164; *ders.* in HK, § 105 InsO Rn.4.

[122] so auch *Häsemeyer*, Rn.20.27; *ders.* für § 36 Abs. 2 VglO in KTS 1973, 2, 9ff.; *Henckel*, JZ 1998, 155, 157; *ders.* in ZZP 84 (1971), 447, 461; *Langhein*, ZIP 1985, 385, 390; *Pilgram*, S.137; *Krull*, ZInsO 1998, 291f., der diese Folge aber in Relation zu den schwerwiegenden Auswirkungen der Insolvenz für alle Beteiligten als gerechtfertigt ansieht.

[123] HK-*Marotzke*, § 105 InsO, Rn.4.

[124] *Häsemeyer*, KTS 1973, 2, 11, der § 36 Abs. 2 VglO daher restriktiv interpretierte und dem Gläubiger das Recht zugestehen wollte, die noch ausstehende Leistung abzulehnen; *Hess*, § 17 KO, Rn.4.

[125] *Häsemeyer*, FS für den BGH, 724, 730f.; *Pilgram*, S.137

[126] in FK § 105 InsO, Rn.1

[127] in ZIP 1997, 865, 869, Fn.30.

[128] vgl. auch BGH, Urteil vom 27.02.1997, ZIP 1997, 688f.

Nachteil zu Lasten der Gesamtheit der Gläubiger dadurch entfallen sollte, daß der Verwalter Erfüllung verlangt, erscheine als ungerechtfertigte Bevorzugung des Vertragspartners vor anderen Insolvenzgläubigern.[129]

Auch wenn diese Argumentation nicht ganz von der Hand zu weisen ist, läßt sich dagegen jedoch einwenden, daß es letztlich nicht darum geht, daß der Vertragspartner sich mit der Quote begnügen muß, weil er auch bei Erfüllungsablehnung nur Insolvenzgläubiger ist, sondern darum, ob der Vertragspartner zu den ursprünglichen Bedingungen erfüllen muß, auch wenn er nur die Quote für die vor Verfahrenseröffnung erbrachten Leistungen erhält.[130]

Tintelnot[131] und *Pape*[132] rechtfertigen § 105 Satz 1 InsO aus dem Prinzip der Gläubigergleichbehandlung; in dem Umfang, in dem der vorleistende Vertragspartner vorinsolvenzliche Vermögensumsetzungen beim Schuldner mitverursacht habe, nehme er auch lediglich an der quotalen Befriedigung teil. Ferner weist *Tintelnot* auf § 108 Abs. 2 InsO hin, der dieselben Folgen wie § 105 Satz 1 InsO auslöse, ohne das dies bislang beanstandet worden wäre.[133]

In die gleiche Richtung argumentiert *Balthasar.*[134] Der Vertragspartner setze durchaus die kalkulierte Menge ab und erhalte einen der ursprünglichen Preiskalkulation entsprechenden Anspruch. Dieser Anspruch sei jedoch nicht werthaltig, was aber nicht an einem Eingriff in die Preiskalkulation liege, sondern Folge des übernommenen Ausfallrisikos sei. Dieses Ausfallrisiko habe der Vertragspartner ebenso zu tragen, wie jeder andere vorleistende Gläubiger.

2. Schlußfolgerungen

Zunächst fällt an den kritischen Stimmen auf, daß diese die von § 105 Satz 1 InsO erfaßte Konstellation derart schildern, als ob allein der Vertragspartner aufgrund seiner Kalkulation dem späteren Schuldner erst einen niedrigen Lieferpreis ermöglicht habe und der Verwalter dieses "Entgegenkommen" nun zu seinem Vorteil ausnutzen will, ohne daß der Vertragspartner eine entsprechende Gegenleistung erhält.[135]

Diese Sichtweise ist bereits im Ansatz unzutreffend.

---

[129] *Kreft*, ZIP 1997, 865, 869, Fn.30.
[130] *Jaeger/Henckel*, § 17 KO, Rn. 85.
[131] in ZIP 1995, 616, 619.
[132] in Kölner Schrift, S.531, 556, Rn.36.
[133] *Kübler/Prütting-Tintelnot*, § 105 InsO, Rn.2; ebenso *Scheffler*, ZIP 2001, 1182, 1186.
[134] in *Nerlich/Römermann*, § 105 InsO, Rn.5; ebenso *Meyer*, NZI 2001, 294f. und Müko-*Hefermehl*, § 55 InsO, Rn.122.
[135] vgl. nur *Häsemeyer*, KTS 1973, 2, 11; *Henckel*, ZZP 84 (1971), S.447, 461.

Die vereinbarten (Sonder-)Konditionen sind von gleichgestellten Vertragsparteien privatautonom ausgehandelt worden, wobei sich auch der Vertragspartner des späteren Schuldners entsprechende wirtschaftliche Vorteile ausgerechnet haben wird, weil er ansonsten den Vertrag nicht abgeschlossen hätte. Der Vertragspartner ist damit wie jeder andere Gläubiger zu behandeln, der mit dem Schuldner in geschäftlichen Verkehr getreten ist. Ein besonderer Schutz gebührt ihm nicht. Jeder Vertragspartner des Schuldners wird seine vertraglichen Verpflichtungen nach betriebswirtschaftlichen Grundsätzen kalkuliert haben und bei jedem Vertragspartner wird die Kalkulationsgrundlage aufgrund der Insolvenz in Schieflage geraten sein. Dabei macht es keinen Unterschied, ob ein einmaliger Leistungsaustausch oder Teilleistungen vereinbart worden sind. Das Interesse eines Stromversorgers ist nicht schutzwürdiger als das eines Verkäufers an der Erfüllung eines Kaufvertrages zu Vorzugspreisen oder das eines Kreditgebers, der wegen vom Schuldner versprochener hoher Schuldzinsen auf die Gewährung einer Sicherheit verzichtet hat.[136] Ein Eingriff in die Preiskalkulation des Vertragspartners ist daher durch die Regelung des § 105 Satz 1 InsO nicht gegeben. Eine Beeinträchtigung entsteht durch die Eröffnung des Insolvenzverfahrens für die gesamte Gläubigergemeinschaft. § 105 Satz 1 InsO verursacht für Gläubiger aus gegenseitigen Verträgen keine darüber hinausgehenden Nachteile.

Weiterhin ist zu festzuhalten, daß sich das Ausfallrisiko lediglich auf die ausstehenden Beträge vor Verfahrenseröffnung beschränkt und daß der Verwalter bei Erfüllungswahl die zukünftigen Leistungen voll aus der Masse zu erfüllen hat. Insofern ergibt sich für den Vertragspartner durch die Erfüllung des Vertrages kein wirtschaftlicher Nachteil.[137]

Daß der Vertragspartner die Leistungen, die er bei Erfüllungswahl des Verwalters zur Masse erbringen muß, anderweitig (im Falle der Erfüllungsablehnung) zu einem höheren Preis hätte veräußern können,[138] ist unerheblich. Abgesehen davon, daß diese Option rein theoretisch und je nach Einzelfall völlig unterschiedlich zu bewerten ist, liefe diese Möglichkeit im Ergebnis auf ein Recht des Vertragspartners zur Nachbesserung des ursprünglichen Vertragsverhältnisses hinaus, weil die Leistungen des Vertragspartners bei Erfüllungswahl als Masseforderung zu erfüllen sind und dem Vertragspartner auch für den Fall der Erfüllungsablehnung nicht mehr gebührt als ursprünglich mit dem Schuldner vereinbart.

Bei dem Vertragspartner des Schuldners verwirklicht sich allein das Risiko, das jeder vorleistende Gläubiger auf sich genommen hat,[139] nur in Höhe seiner Vor-

---

[136] Beispiel nach *Häsemeyer*, KTS 1973, 2, 4.

[137] so auch die Begründung des RegE zu § 119 abgedruckt in *Kübler/Prütting*, RWS-Dok.18, S.296; *Smid*, § 105 InsO, Rn.6; *Heidland*, BauR 1998, 643, 649.

[138] so *Henckel*, JZ 1998, 155, 157.

[139] ebenso *Kepplinger*, S.135 und *Krull*, ZInsO 1998, 291f.

leistung fällt der Vertragspartner aus, den Vertragspartner treffen somit die typischen insolvenzrechtlichen Folgen. Deshalb kann keine Rede davon sein, daß der Insolvenzverwalter durch die Erfüllungswahl das ursprüngliche Vertragsverhältnis nachbessert oder gar ein neues Vertragsverhältnis mit veränderten Bezugsmengen schafft.[140] Dem Vertragspartner wird kein Teilvertrag aufgezwungen, den dieser nicht wollte und die Masse umfaßt durch § 105 Satz 1 InsO auch nicht mehr, als der Schuldner zur Zeit der Verfahrenseröffnung besaß.[141] Durch § 105 Satz 1 InsO wird bei Erfüllungswahl des Insolvenzverwalters das ursprüngliche Vertragsverhältnis auch nicht in zwei Verträge aufgespalten, in einen vom Vertragspartner bereits erfüllten und in einen noch nicht erfüllten Vertrag.[142] § 105 Satz 1 InsO gestaltet bestehende Verträge nicht um, sondern befaßt sich mit der insolvenzrechtlichen Behandlung des Gegenleistungsanspruches des Vertragspartners. Der Vertrag wird nach wie vor insgesamt erfüllt. Der Vertragspartner des Schuldners setzt die ursprünglich kalkulierte Menge ab und erhält einen der ursprünglichen Kalkulation entsprechenden Gegenanspruch. Dieser zerfällt in einen werthaltigen, durch die Masse zu befriedigenden und in einen nicht werthaltigen, nur quotal zu bedienenden Teil. Daß der Vertragspartner insgesamt rein rechnerisch weniger erlangt als ursprünglich geplant, liegt also alleine daran, daß seine vor Verfahrenseröffnung erbrachten Leistungen nicht mehr werthaltig sind. Insofern ist § 105 Satz 1 InsO auch nicht deshalb unbillig, weil er den Vertragspartner zur weiteren Erfüllung eines Vertrages verpflichtet, der vielleicht nur bei vollständiger Gegenleistung für ihn wirtschaftlich tragbar gewesen wäre.[143] Dies ist lediglich die Folge, die der Vertragspartner durch seine Vorleistung in Kauf genommen hat und die alle übrigen vorleistenden Gläubiger ausnahmslos in gleicher Weise trifft.

§ 103 InsO schützt den Vertragspartner des Schuldners insoweit, als ihm in dessen Insolvenz das Leistungsverweigerungsrecht der §§ 320, 322 BGB erhalten bleibt.[144] Der Vertragspartner braucht seine ihm obliegenden Vertragspflichten bei Erfüllungswahl des Insolvenzverwalters nur gegen vollständige Befriedigung aus der Masse zu erfüllen. Hieran ändert sich auch nach dem neuen Insolvenzrecht grundsätzlich nichts, vgl. §§ 103, 55 Abs. 1 Nr. 2 InsO.[145] Dies gilt jedoch gemäß § 55 Abs. 1 Nr. 2 InsO nur, soweit die Erfüllung zur Insolvenzmasse verlangt wird. Ein solches Verlangen ist bei bereits erbrachten vorinsolvenzlichen Leistun-

---

[140] ebenso Scheffler, ZIP 2001, 1182, 1185; a.A. insoweit *Tintelnot*, ZIP 1995, 616, 619.

[141] so aber *Henckel*, JZ 1998, 155, 157.

[142] so aber *Kepplinger*, S.73; *Schwörer*, Rn.215, m.E. aber unter fälschlicher Bezugnahme auf *Tintelnot* in *Kübler/Prütting*, § 105 InsO, Rn.16 und ZIP 1995, 616, 619; für § 36 Abs. 2 VglO ebenso *Kiesow*, DRiZ 1935, 239, 242.

[143] vgl. *Häsemeyer*, KTS 1973, 2, 12.

[144] *Jaeger/Henckel*, § 17 KO, Rn.6; *Musielak*, AcP 179 (1979), 189,199.

[145] zum Sinn und Zweck des § 103 InsO siehe im einzelnen unten unter C. I. 2. d).

gen nicht mehr möglich. Durch § 105 Satz 1 InsO wird dem Vertragspartner daher bei vorinsolvenzlichen teilbaren Leistungen im Einklang mit § 55 Abs. 1 Nr. 2 InsO der Schutz der §§ 320, 322 BGB zukünftig verwehrt. Auf die Einrede des nichterfüllten Vertrages gemäß § 320 BGB kann sich der Vertragspartner des Schuldners auch deshalb nicht berufen, weil § 105 Satz 1 InsO ansonsten sinnentleert würde.[146] Kritik hieran wäre nur dann berechtigt, wenn der Vertragspartner des Schuldners durch die Rechtsfolge des § 105 Satz 1 InsO unangemessen benachteiligt würde. Das ist nach dem zuvor Ausgeführten jedoch gerade nicht der Fall.

Das funktionelle Synallagma schützt den Vertragspartner weiterhin davor, daß dieser nicht weniger erhält, als ursprünglich mit dem Schuldner vereinbart. Das durch das Vertragsverhältnis entstandene subjektive Äquivalenzverhältnis[147] muß auch durch § 105 Satz 1 InsO beachtet werden und erhalten bleiben. Das bedeutet, daß in den Fällen, in denen den vom Vertragspartner zukünftig noch zu erbringenden Leistungen kein angemessenes (und subjektiv äquivalentes) Teilentgelt (mehr) gegenübersteht, etwa weil die Entgeltabrede nur auf der Grundlage des Gesamtvertrages bewertet werden kann und deshalb nicht ersichtlich ist, wieviel der Schuldner noch zu fordern berechtigt ist, der Vertragspartner seine Leistung bis zur vollständigen Bewirkung der Gegenleistung zurückbehalten kann. Im Zweifel wird hier

§ 105 Satz 1 InsO mangels teilbarer Leistungen keine Anwendung finden.[148] Nochmals hervorgehoben werden soll, daß das subjektive Äquivalenzverhältnis aber nicht bereits dann gestört ist, wenn der Vertragspartner lediglich das vereinbarte Entgelt nicht in voller Höhe erhält. Dies liegt nicht daran, daß § 105 Satz 1 InsO in die vereinbarte Geschäftsgrundlage und damit in das gesamte Gefüge des betreffenden Synallagmas derart eingriffe, daß es zu einem vertraglich nicht vereinbarten Austauschverhältnis komme,[149] sondern daran, daß der Vertragspartner mit seiner Vorleistung ausfällt. Der Leistungsaustausch vollzieht sich nach wie vor, wenn auch nicht faktisch, zum ursprünglich vereinbarten Preis.

Der Vertragspartner kann sich den Schutz des Synallagmas dadurch erhalten, daß er sich seine Teillieferungen jeweils bezahlen läßt. Die Teillieferung gegen Teilzahlung ist geradezu das Modell einer Ver-tragsabwicklung im Schutzbereich des Synallagma.[150]

---

[146] Siehe ausführlich Teil B. V. 1.

[147] dazu *Häsemeyer*, KTS 1973, 2ff.

[148] siehe dazu unten

[149] so aber *Langhein*, ZIP 1985, 385, 392f.

[150] so auch *Häsemeyer*, KTS 1973, 2, 9; die Argumentation von *Henckel* in JZ 1998, 155, 157, die den Vertragspartner offensichtlich schon aufgrund der bloßen Existenz der §§ 320, 322 BGB schützen will, ist wenig ergiebig; entscheidend für

Ferner ist für den Fall der Erfüllungsablehnung nahezu einhellig anerkannt, daß der vorleistende Vertragspartner durch seine einseitige Vorleistung auf den Schutz des Synallagmas verzichtet, er ungesicherten Kredit gewährt habe und er deshalb die schon erbrachten Teilleistungen nicht mehr zurückverlangen kann.[151] Auch wenn der Vergleich von Erfüllungsablehnung und Erfüllungswahl nicht als Rechtfertigung der Behandlung vorinsolvenzlicher Teilleistungen fruchtbar gemacht werden sollte, so ist es doch verwunderlich, daß das, was bei Erfüllungsablehnung als selbstverständlich angesehen wird für den jedenfalls insoweit vergleichbaren Fall der Erfüllungswahl von denselben Literaturstimmen abgelehnt wird. Denn die Ausgangssituation ist in beiden Fällen die Gleiche. Der Vertragspartner hat jeweils vorgeleistet. Deshalb ist es nur stringent, dem Vertragspartner auch für den Fall der Erfüllungswahl lediglich eine Insolvenzforderung für die bereits erbrachten Teilleistungen zuzubilligen.

Im übrigen ist auch bei teilweise erfüllten Verträgen außerhalb des Anwendungsbereiches von § 103 InsO bzw. § 17 KO niemals in Zweifel gezogen worden, daß in solchen Fällen bei Vorleistungen des Vertragspartners lediglich Insolvenz- bzw. Konkursforderungen entstehen.

Widersprüchlich ist zudem, daß die Rechtsfolge des § 108 Abs. 2 InsO bzw. der §§ 19, 22 KO nahezu kritiklos akzeptiert worden ist, obwohl auch die unter diese Normen fallenden Dauerschuldverhältnisse nach Eröffnung des Verfahrens weiterlaufen und die bis zur Verfahrenseröffnung rückständigen Raten lediglich als Insolvenz- bzw. als Konkursforderung zu bedienen sind.

Insgesamt läßt sich feststellen, daß es der Kritik an § 105 Satz 1 InsO an Stringenz und an einer klaren Linie mangelt. Die kritischen Stimmen können letztlich nicht überzeugend darlegen, warum gerade dem Vertragspartner gegenseitiger Verträge gegenüber anderen Insolvenzgläubigern eine privilegierte Stellung zukommen soll.

§ 105 Satz 1 InsO schafft einen alle Insolvenzgläubiger gleich "hart" treffenden Zustand, welcher den Grundsatz der gleichmäßigen Behandlung aller Gläubiger unverwässert verwirklicht,[152] ohne daß hiergegen zwingende Gründe angeführt werden könnten. Ferner wird durch § 105 Satz 1 InsO die Masse entlastet und

---

die Geltung der Einrede ist allein der Gesamtzusammenhang der §§ 320, 322 BGB und der §§ 103, 105 InsO sowie die jeweils durch die Normen zum Ausdruck gebrachten Wertungen.

[151] *Jaeger/Henckel*, § 17 KO, Rn.70.

[152] auch *Häsemeyer*, KTS 1982, 507, 575 weist darauf hin, daß die Gleichbehandlung aller Gläubiger am Anfang stehen müsse und eine Freistellung von der alle Gläubiger treffenden Ausgleichspflicht nur dann in Betracht komme, wenn ein besonderer Enthaftungsgrund bestehe.

damit ein weiteres Ziel der Insolvenzrechtsreform verwirklicht.[153] Die Kritik an § 105 Satz 1 InsO ist damit unberechtigt.

V. Erreichbarkeit des Gesetzeszwecks

In der Literatur wird die Auffassung vertreten, § 105 Satz 1 InsO sei aus dogmatischen Gründen überhaupt nicht geeignet, das von ihm angestrebte Ziel zu erreichen.[154]

1. Anwendbarkeit der §§ 320, 273 BGB auf § 105 Satz 1 InsO

Marotzke[155] geht davon aus, daß der Sukzessivlieferant die weitere Erfüllung des Vertrages gemäß §§ 320, 273 BGB verweigern kann, bis der Insolvenzverwalter den gesamten Kaufpreis inklusive des Teils, der durch § 105 Satz 1 InsO den Charakter einer Insolvenzforderung erhalten hat, vollständig bewirkt hat. Da ein Sukzessivlieferant seinen Preis in der Regel unter Berücksichtgung des gesamten Geschäftsumfanges berechnet haben wird, sei dieses Ergebnis angemessener als das von den Verfassern des § 105 Satz 1 InsO beabsichtigte. Diese Auffassung sieht sich unabhängig davon, daß es schon nicht zutrifft, daß der Vertragspartner durch § 105 Satz 1 InsO ungerechtfertigt benachteiligt wird,[156] grundsätzlichen Bedenken ausgesetzt.

Zunächst räumt *Marotzke* selbst ein, daß der Gesetzgeber ein anderes Ergebnis beabsichtigt hatte bzw. daß es naheliegend sei, daß die Verfasser des § 105 InsO stillschweigend von der herrschenden Ansicht ausgingen, daß Zug-um-Zug-Einreden (§§ 273, 320 BGB) dem Insolvenzverwalter gegenüber undurchsetzbar sind, auch wenn sie zur Zurückhaltung von nicht zur Masse gehörenden Gegenständen oder Leistungen berechtigen.[157] Erstaunlicherweise hindern diese Überlegungen *Marotzke* nicht, gleichwohl die Anwendung der §§ 273, 320 BGB zu befürworten. *Kepplinger* hält § 320 BGB deshalb für unanwendbar, weil durch § 105 Satz 1 InsO der ursprünglich einheitliche Vertrag in zwei Verträge aufgespalten werde und mangels der notwendigen synallagmatischen Verknüpfung

---

[153] vgl. oben B. II.

[154] vor allem HK-*Marotzke*, § 105 InsO Rn.5; *ders.* in Gegenseitige Verträge, Rn. 4.158ff. *ders.* in Leipold, Insolvenzrecht im Umbruch, 183, 189ff.

[155] in HK, § 105 InsO, Rn.5; *ders.* in JA 1988, 117, 126.

[156] siehe oben Teil B. IV. 2.

[157] HK-*Marotzke*, § 105 InsO, Rn.5; ; *ders.* in Gegenseitige Verträge, Rn. 4.161ff. *ders.* in Leipold, Insolvenzrecht im Umbruch, 183, 190.

der Forderungen aus den nunmehr getrennten Verträgen die Voraussetzungen des § 320 BGB gar nicht vorlägen.[158]

Der Ansatz von *Kepplinger* verkennt, daß § 105 Satz 1 InsO den Vertrag nicht in zwei selbständige Verträge aufspaltet, sondern allein den Gegenleistungsanspruch des Vertragspartners regelt. Den Gegenleistungsanspruch kann der Vertragspartner ab Verfahrenseröffnung nur als Insolvenzforderung geltend machen. Selbst bei Erfüllungswahl des Verwalters änderte sich hieran nichts, wie sich aus §§ 105 Satz 1, 55 Abs. 1 Nr. 2 InsO ergibt. Die Insolvenzforderung verwandelt sich wegen § 55 Abs. 1 Nr. 2 InsO gerade nicht in eine Masseschuld, weil der bereits vorgeleistete Teil durch die Erfüllungswahl nicht zur Insolvenzmasse verlangt wird. Auf eine Insolvenzforderung vermag der Vertragspartner aber die Zug um Zug Einrede nicht zu stützen, was sich wiederum aus § 105 Satz 1 InsO ergibt, weil ansonsten entgegen der eindeutigen Rechtsfolge des § 105 Satz 1 InsO der Gegenleistungsanpruch doch zu einem Masseanspruch würde. Die Rechtsfolge des § 105 Satz 1 InsO entspricht dem vom Reformgesetzgeber stärker in den Vordergrund gestellten Masseschutzgedanken. Durch die Anerkennung der Einrede des § 320 BGB im Rahmen des § 105 Satz 1 InsO würde die Norm überflüssig, weil seine Rechtsfolge nicht nur eingeschränkt erreichbar, sondern in jedem Falle zwangsläufig unerreichbar würde. § 105 Satz 1 InsO betrifft gerade gegenseitige Verträge, die lediglich zum Teil erfüllt sind und auf die § 320 BGB typischerweise Anwendung findet. Schon die ratio des § 105 Satz 1 InsO verlangt daher, der Einrede des nichterfüllten Vertrages die Anerkennung zu versagen. Der Gesetzgeber hätte ansonsten zur Durchsetzung seiner mit der Insolvenzrechtsreform verfolgten Ziele eine Norm erlassen, die nicht in der Lage ist, diese Ziele auch zu verwirklichen. Durch eine Ergebniskorrektur läßt sich aber nicht der entgegengesetzte Wille des Gesetzgebers aushebeln und eine vielleicht für wünschenswert gehaltene Rechtsfolge herbeiführen.

Darüber hinaus wollte der Gesetzgeber durch § 105 Satz 2 InsO nicht nur § 26 Satz 1 KO, sondern auch § 36 Abs. 2 Satz 2 VglO übernehmen,[159] wie aus der Begründung des Regierungsentwurfes zu § 119 RegE, welcher dem jetzigen § 105 InsO entspricht, im letzten Absatz deutlich wird.[160] § 36 Abs. 2 Satz 2 VglO schloß aber einen Rücktritt wegen der quotalen Kürzung der Ansprüche aus früheren Teilleistungen und damit insoweit aber auch § 320 BGB aus.[161]

§ 105 Satz 1 InsO normiert die Einrede des nicht erfüllten Vertrages damit entgegen den §§ 320, 322 BGB an dem vom Vertragspartner eingegangenen Vorleis-

---

[158] S.73; in die gleiche Richtung argumentiert *Schwörer*, Rn.215.
[159] siehe auch Teil E. I.
[160] abgedruckt in *Kübler/Prütting*, RWS-Dok.18, S.296.
[161] *Kübler/Prütting-Tintelnot*, § 105 InsO, Rn.16.

tungsrisiko. Diese Rechtsfolge des § 105 Satz 1 InsO steht nicht zur Disposition der Vertragsparteien, vgl. § 119 InsO.[162]

Für das Zurückbehaltungsrecht des § 273 BGB gilt nichts anderes.[163]

Dies wird in der Begründung des Regierungsentwurfes ausdrücklich hervorgehoben.[164] Da das Zurückbehaltungsrecht sogar Forderungen durchsetzbar machen würde, die nicht einmal auf einem gegenseitigen Vertrag zu beruhen brauchen, entstünde ein nicht zu überwindender Wertungswiderspruch zu § 105 Satz 1 InsO, der ja gerade Forderungen aus demselben gegenseitigen Vertrag nur im Umfang der nach Eröffnung des Verfahrens erbrachten Leistungen privilegiert, wollte man die Durchsetzbarkeit der Einrede des § 273 BGB anerkennen.[165] Zudem ergibt sich aus einem Umkehrschluß aus § 51 Nr. 3 und Nr. 4 InsO (vormals § 49 Abs. 1 Nr. 3 und 4 KO), daß das allgemeine Zurückbehaltungsrecht des § 273 BGB in der Insolvenz nicht durchsetzbar ist.[166] Der Gesetzgeber hat offensichtlich eine nähere Auseinandersetzung mit dem Zurückbehaltungsrecht des § 273 BGB in der Regierungsbegründung zu § 119 RegE für entbehrlich gehalten, weil die weit überwiegende Ansicht im Schrifttum § 273 BGB die Insolvenzfestigkeit grundsätzlich abspricht.[167]

Der Vertragspartner kann dem Erfüllungsverlangen des Insolvenzverwalters bei teilbaren Vorleistungen im Sinne des § 105 Satz 1 InsO die Einreden der §§ 273, 320 BGB damit nicht entgegenhalten.[168]

---

[162] ebenso *Kübler/Prütting-Tintelnot*, § 103 InsO, Rn.6 und § 105 InsO Rn.16.

[163] zu den grundsätzlichen von § 105 InsO losgelösten Bedenken gegen die Geltung des § 273 BGB im Insolvenzverfahren siehe *Henckel*, ZZP 99, 419, 422ff., 428.

[164] Begründung zu § 107 RegE, abgedruckt in *Kübler/Prütting*, RWS-Dok.18, S. 275.

[165] ebenso *Kübler/Prütting-Tintelnot*, § 103 InsO, Rn.7; *Kepplinger*, S.74, die treffend beschreibt, daß § 105 InsO "totes Recht" wäre, würde man das Zurückbehaltungsrecht des § 273 BGB anerkennen. *Kepplinger* geht aber zu Unrecht davon aus, daß § 273 BGB insolvenzfest wäre, wenn § 105 InsO nicht existierte.

[166] seit RG, Urteil vom 01.12.1911, RGZ 77, 436, 439f. allgemeine Meinung, vgl. *Smid*, § 51, Rn.24; *Kübler/Prütting-Tintelnot*, § 103 InsO Rn.79; *Staudinger-Selb*, § 273 BGB, Rn.41; *Häsemeyer*, KTS 1973, 2, 9; für die KO *Jaeger/Henckel*,§ 17 KO, Rn.136; *Kilger/K.Schmidt*, § 49 KO, Rn.8; *Kuhn/Uhlenbruck*, § 17 KO, Rn.23c und § 49, Rn.24; a.A. HK-*Marotzke*, 105, Rn.5, *Schwörer*, Rn.273.

[167] So auch *Kepplinger*, S.205; zur h.M. siehe *Jaeger/Henckel*, § 17 KO, Rn.136; *Kuhn/Uhlenbruck*, § 17 KO, Rn.23c; *Kübler/Prütting-Tintelnot*, § 103 InsO, Rn.7; *Musielak*, AcP 179 (1979), 189, 199; Huber, BB 1964, 731, 733; a.A. *Marotzke*, Gegenseitige Verträge, Rn.2.69ff.; für die KO auch *Kepplinger*, S.72.

[168] BGH, Urteil vom 27.02.1997, ZIP 1997, 688ff.; *Kübler/Prütting-Tintelnot*, § 105 InsO, Rn.16 und § 103 InsO, Rn.6; *Brandes*, RWS-Forum 9, S. 1, 9; *Pape* in Kölner Schrift, 531ff., Rn.20ff. und 36; *Kreft*, ZIP 1995, 865 , 869; BBG-*Goetsch*, § 105 InsO, Rn.13; *Schmitz*, DZWIR 1999, 485, 488; FK-*Wegener*, § 105 InsO, Rn.19; *Scheffler*, ZIP 2001, 1182, 1187, der § 105 Satz 1 InsO

2. Zulässigkeit von Lösungsklauseln

Wegen der für den Vertragspartner des Schuldners einschneidenden Wirkungen des § 105 Satz 1 InsO ist zu erwarten, daß die Vertragspraxis versuchen wird, die Rechtsfolge des § 105 Satz 1 InsO durch die Verwendung von Vertragsklauseln zu umgehen oder zumindest abzuschwächen. Zu denken sind hier vor allem an Klauseln, die dem Vertragspartner des Schuldners für den Fall der Eröffnung des Insolvenzverfahrens, für den Fall einer Vermögensverschlechterung des Schuldners oder für den Fall des Eintritts des Verzuges ein vertragliches Kündigungs-, Rücktritts-, Widerrufs-, Anfechtungs- oder ein ähnlich gestaltetes Lösungsrecht einräumen, bzw. die Vereinbarung entsprechender auflösender Bedingungen gemäß § 158 Abs. 2 BGB, die das Vertragsverhältnis bei Eintritt der Bedingung auch ohne Gestaltungserklärung des Vertragspartners auflösen.

Vertragliche Lösungsklauseln enthalten zumeist eine zweistufige Regelungsfolge. Zunächst wird die Auflösung des Vertrages für den Fall der Insolvenz und damit die Abkopplung des Vertragsverhältnisses von der insolvenzrechtlichen Abwicklung geregelt. Sodann tritt an deren Stelle ein parteiautonom vereinbartes und von den insolvenzrechtlichen Vorgaben abweichendes Abwicklungsverhältnis.[169]

Die Verwendung derartiger Lösungsklauseln, die dem einzelnen Gläubiger die Abwicklung des Vertrages außerhalb des ordentlichen Insolvenzverfahrens und eine möglichst weitgehende Schonung vor den Folgen desselben gewähren soll, steht naturgemäß im Widerstreit mit dem nicht an Individualinteressen ausgerichteten, sondern am Kollektivinteresse der Gläubigergemeinschaft an möglichst gleichmäßiger Befriedigung orientierten Insolvenzverfahren.[170] Das Insolvenzverwalterwahlrecht dient auch gegen den Willen des Schuldners oder einzelner Gläubiger einer optimalen Haftungsverwirklichung im Interesse aller Gläubiger.[171]

Die Insolvenz des Schuldners hebt zwar grundsätzlich die vertraglichen Bindungen, die der Schuldner kraft autonomer Gestaltungsfreiheit eingegangen ist, nicht auf. Dies ergibt sich schon daraus, daß der Verwalter gemäß § 103 InsO das Recht besitzt, die Erfüllung noch nicht vollständig erfüllter Verträge zu verlangen, was nicht vonnöten wäre, wenn nicht grundsätzlich die vertraglichen Bindungen des Schuldners mit seinen Vertragspartnern fortbestehen würden. Andererseits wäre der Verwalter bei uneingeschränkter Zulässigkeit von Lösungsklauseln in der Ausübung seines Wahlrechtes entgegen § 103 InsO nicht mehr frei, was mit dem grundsätzlich zwingenden Geltungsanspruch des Insolvenzrechtes nicht zu ver-

---

überhaupt nur den Regelungsgehalt zuweist, die Einrede des § 320 BGB auszuschließen.

[169] *Berger*, Kölner Schrift, 499, 501, Rn.4.

[170] *Berger*, Kölner Schrift, 499, 502f, Rn.6f; *Pilgram*, S.131.

[171] *Pilgram*, S.131.

einbaren wäre.[172] Die Zulässigkeit von Lösungsklauseln läßt sich daher nur innerhalb dieses Spannungsfeldes beurteilen. Im neuen Insolvenzrecht ist sie an den durch die §§ 112, 119 InsO zum Ausdruck gebrachten Wertungen zu messen.

Gemäß § 119 InsO sind Vereinbarungen unwirksam, durch die im voraus die Anwendung der §§ 103-118 InsO ausgeschlossen oder beschränkt wird.

a) bisherige Rechtslage

Die §§ 112, 119 InsO finden in der Konkursordnung keine Entsprechung. Lediglich die Vergleichsordnung enthielt in § 53 eine § 119 InsO ähnelnde Regelung.

aa) Rechtsprechung

Der BGH ist im Anschluß an die insoweit nahezu einhellige ältere Rechtsprechung in mehreren Entscheidungen von der Zulässigkeit und der damit verbundenen Konkursfestigkeit von Lösungsklauseln ausgegangen.[173] Der BGH hatte sich mit Lösungsklauseln vor allem im Zusammenhang mit baurechtlichen Entscheidungen im Rahmen des § 8 Nr. 2 VOB/B zu befassen. Ausgehend von der schon vom Reichsgericht[174] aufgestellten Prämisse, daß nicht jede zwischen dem späteren Gemeinschuldner und seinen Vertragspartnern getroffene und für die Masse nachteilige Vereinbarung per se unwirksam sei, begründete der BGH seine Auffassung von der Zulässigkeit insolvenzrechtlicher Lösungsklauseln vor allem damit, daß der Konkursverwalter den Vertrag so hinzunehmen habe, wie er sich im Zeitpunkt der Konkurseröffnung darstelle, weil er gemäß § 17 KO anstelle des Gemeinschuldners sein Wahlrecht auszuüben habe.[175] Ein allgemeiner Rechtssatz, der dem späteren Gemeinschuldner und seinen Vertragspartnern untersage, Lösungsklauseln für den Konkursfall zu vereinbaren, existiere nicht.[176]

---

[172] *Berger*, Kölner Schrift, S.499, 502f, Rn.6 und 8.

[173] BGH, Urteil vom 30.5.1963, WM 1963, 964f.; BGH, Urteil vom 26.9.1985, BGHZ 96, 34ff; BGH vom 11.11.1993, ZIP 1994, 40ff.

[174] RG, Urteil vom 23.11.1926, RGZ 115, 271, 273f.

[175] BGH, Urteil vom 26.09.1985, BGHZ 96, 34, 36; BGH, Urteil vom 28.02.1957, BGHZ 24, 15, 18; BGH, Urteil vom 27.05.1971, BGHZ 56, 228, 230; OLG Düsseldorf, Urteil vom 14.07.1981, ZIP 1981, 886.

[176] BGH, Urteil vom 26.09.1985, BGHZ 96, 34, 37; OLG Düsseldorf, Urteil vom 14.07.1981, ZIP 1981, 886.

bb) Schrifttum

In der Literatur wird die Zulässigkeit von Lösungsklauseln nicht einheitlich beurteilt. Das konkursrechtliche Schrifttum stellt vorwiegend die Interessen der Gläubigergemeinschaft in den Mittelpunkt der Betrachtung und hält somit in Einklang mit den Motiven zur Konkursordnung, Lösungsklauseln wegen der Aushöhlung des Konkursverwalterwahlrechtes für unzulässig, weil unvereinbar mit dem zwingenden Charakter des § 17 KO.[177] Im Anschluß an *Henckel* werden Lösungsklauseln im Wege der Auslegung der einschlägigen Vertragsbestimmungen nur dann für zulässig gehalten, wenn dem Vertragspartner durch ein weiteres Festhalten am Vertrag unzumutbare Nachteile entstünden.[178]

Hingegen werden in der kautelarjuristisch geprägten bau- und bank-rechtlichen Literatur vertragliche Lösungsklauseln unter Verweis auf die Argumentation des BGH oder ohne Begründung überwiegend für zulässig erachtet.[179]

b) Regelung in der Insolvenzordnung

Die insolvenzrechtlichen Regelungen der §§ 112, 119 InsO sowie die besondere gesetzliche Regelung für Bankgeschäfte in § 104 Abs. 2 und Abs. 3 InsO sind schon in der Entstehungsgeschichte der Insolvenzordnung durch die zuvor dargestellten unterschiedlichen Auffassungen geprägt worden. Der Streit um die Rechtswirksamkeit von vertraglichen Lösungsklauseln hat sich daher auch trotz der Neuregelung fortgesetzt.

aa) Gesetzeszweck

Durch § 119 InsO sollen die in den §§ 103 bis 118 InsO getroffenen Regelungen dem Zugriff privatautonomer Vereinbarungen zwischen dem Schuldner und seinen Vertragspartnern entzogen werden. Dadurch ist der Normzweck des § 119 InsO Reflex der mit den §§ 103 bis 118 InsO verfolgten Zwecke. Diese verbindet im wesentlichen, dem Verwalter durch die Einräumung von Gestaltungsrechten eine Möglichkeit zur Massevermehrung an die Hand zu geben und Einflußnahmen

---

[177] *Jaeger/Henckel*, § 17 KO, Rn.214; *Kuhn/Uhlenbruck*, § 17 KO, Rn.4; *Hess*, § 17 KO, Rn.1; *van de Loo*, ZIP 1988, 352, 356; *Gottwald-Huber*, § 36, Rn.12; *Schwörer*, Rn.601; a.A. *Baur/Stürner*, Rn.9.7; *Kilger/K.Schmidt*, § 17 KO, Anm.8 und für die VglO *Bley/Mohrbutter*, § 53 VglO, Rn.4.

[178] *Jaeger/Henckel*, § 17 KO, Rn.214.

[179] *Siegburg*, Rn.358; Heiermann/Riedl/Rusam, VOB, § 8.2 VOB/B, Rn.14; *Nicklisch/Weick*, VOB Teil B, § VOB/B, Rn.15; *Ingenstau/Korbion*, VOB Teil B, § 8 VOB/B, Rn.62; *Obermüller*, Rn.5.213; *Decker*, WM 1990, 1001, 1014; *Erne*, S.120f.

Dritter im Interesse der Gläubigergemeinschaft auf die Masse weitestgehend zu verhindern.[180]

bb) Entstehungsgeschichte

Die Kommission für Insolvenzrecht hielt Lösungsklauseln, die dem Vertragspartner eine Beendigung bestehender Verträge ermöglichten, wegen des damit verbundenen Eingriffs in die vertraglich gesicherte Position des schuldnerischen Unternehmens für unzulässig.[181] Der Diskussions-,[182] der Referenten-[183] sowie der Regierungsentwurf[184] folgten ohne wesentliche inhaltliche Abweichungen den Vorschlägen der Kommission mit Ausnahme der Möglichkeit, Kündigungen vom Insolvenzgericht für unwirksam erklären zu lassen.

§ 137 Abs. 1 RegE stellte klar, daß es sich bei den gesetzlichen Vorschriften zu gegenseitigen Verträgen um zwingendes Recht handelt.

Durch § 137 Abs. 2 RegE sollte eine Umgehung der gesetzlichen Regelungen verhindert werden.[185] Er enthielt daher in Satz 1 ein Verbot von Vereinbarungen, die für den Fall der Eröffnung des Insolvenzverfahrens die Auflösung eines gegenseitigen Vertrages vorsahen. Zudem sollte nach § 137 Abs. 2 Satz 2 RegE eine Auflösung des Vertrages wegen Verschlechterung der Vermögensverhältnisse nicht mehr möglich sein. In § 137 Abs. 3 RegE wurde klargestellt, daß die Wirksamkeit von Vereinbarungen, die an den Verzug oder an andere Vertragsverletzungen anknüpfen, durch die Absätze 1 und 2 nicht berührt wird.

Diese gesetzliche Konzeption wurde vom Rechtsausschuß des Deutschen Bundestages durch die ersatzlose Streichung von § 137 Abs. 2 und Abs. 3 RegE entscheidend umgestaltet.

Der Rechtsausschuß war der Auffassung, daß mittelbare Beeinträchtigungen des Wahlrechtes des Verwalters keinen schwerwiegenden Eingriff in die Vertragsfreiheit rechtfertigten. Zudem sei ein Verbot von Lösungsklauseln für den Insolvenzfall sanierungsfeindlich, da potentielle Vertragspartner im Falle drohender Insolvenz kein Risiko einer Bindung an den Schuldner eingehen würden. Ferner werde

---

180 *Nerlich/Römermann-Balthasar*, § 119 InsO, Rn.5.

181 Leitsatz 2.4.1.11, 1. Kommissionsbericht, S.226, sah daher die Unwirksamkeit von Lösungsklauseln und in Leitsatz 2.4.1.4, 1. Kommissionsbericht, S.221, sogar die Möglichkeit vor, aufgrund materiell-rechtlicher Bestimmungen ausgesprochene Kündigungen vom Gericht auf Antrag für unzulässig zu erklären.

182 § 127 Diskussionsentwurf, S.62.

183 § 127 Referentenentwurf, S.75.

184 § 137 RegE, abgedruckt bei *Kübler/Prütting*, RWS-Dok.18, S.314f.

185 § 127 RegE, abgedruckt bei *Kübler/Prütting*, RWS-Dok. 18, S.315.

auch im internationalen Geschäftsverkehr Wert auf die Möglichkeit der Vertragsauflösung im Falle der Insolvenz gelegt.[186]

cc) Anwendungsbereich

Zumindest dem Wortlaut nach erfaßt § 119 InsO jede vertragliche Vereinbarung, die unmittelbar oder mittelbar in den Anwendungsbereich oder die Rechtsfolgen der §§ 103-118 InsO eingreift.[187]

Unabdingbar sind sämtliche Regelungen, die gewährleisten, daß die dem Verwalter übertragene Verwaltung nicht durch das Handeln Dritter beeinträchtigt wird. Hierunter fallen unter anderem sämtliche Gestaltungsrechte des Verwalters wie das Wahlrecht des Verwalters nach § 103 InsO, das Kündigungs- und Rücktrittsrecht des Verwalters in der Insolvenz des Mieters gemäß § 109 InsO oder das Kündigungsrecht nach § 113 InsO.[188]

Ferner ist nicht zulässig, die Teilbarkeit im Sinne des § 105 InsO einzuschränken, wie sich auch aus einem Umkehrschluß zu § 104 Abs. 2 Satz 3 ergibt InsO.[189] Ebenso ist es nicht möglich, den Rang von Forderungen wegen vor Verfahrenseröffnung erbrachter teilbarer Lieferungen und Leistungen im Sinne der §§ 105 Satz 1, 108 Abs. 2 InsO zu Lasten der übrigen Gläubiger zu verbessern.[190]

Entgegen der Auffassung mancher Autoren,[191] die aus der Streichung der Absätze 2 und 3 des § 137 RegE durch den Rechtsausschuß des Deutschen Bundestages die Zulässigkeit von vertraglichen Lösungsklauseln für den Insolvenzfall herleiten, gebietet § 119 InsO gerade deren Unzulässigkeit. Der Rechtsausschuß hat in seiner Begründung zu § 137 RegE zwar ausdrücklich die Wirksamkeit von Lösungsklauseln betont,[192] jedoch zwingen Wortlaut, Zweck und Systematik der Norm zu einer abweichenden Beurteilung.

---

[186] § 127 RegE, abgedruckt bei *Kübler/Prütting*, RWS-Dok. 18, S.315.

[187] *Kübler/Prütting-Tintelnot*, § 119 InsO, Rn.6; *Nerlich/Römermann-Balthasar*, § 119 InsO, Rn.6.

[188] *Hess*, § 119 InsO, Rn.17ff.; FK-*Wegener*, § 119 InsO, Rn.5; *Kübler/Prütting-Tintelnot*, § 119 InsO, Rn.8-10; *Nerlich/Römermann-Balthasar*, § 119 InsO Rn.7-9, für die KO *Jaeger/Henckel*, § 17 KO Rn.213; für die VglO *Bley/Mohrbutter* § 53 VglO, Rn.1.

[189] *Kübler/Prütting-Tintelnot*, § 119 InsO, Rn.10.

[190] *Nerlich/Römermann-Balthasar*, § 119 InsO, Rn.8.

[191] *Bruns*, ZZP 110 (1997), 305ff; *Hess*, § 119 InsO, Rn.22; *Bosch*, WM 1995, 413, 423f.; *Bosch* in Kölner Schrift, 1009, 1032f., Rn.91ff; *Smid-H.Meyer*, § 119 InsO, Rn.19; *Schmidt-Räntsch*, S.284; *Heidland*, BauR 1998, 643, 654; *Huber*, NZI 1998, 98f.; vgl. auch BGH, Urteil vom 11.11.1993, ZIP 1994, 40, 42.

[192] abgedruckt in *Kübler/Prütting*, RWS-Dok.18, S.316.

Dem Wortlaut nach werden Lösungsklauseln von § 119 InsO ohne weiteres erfaßt. Der Zweck erfordert dies auch, weil Lösungsklauseln gerade darauf abzielen, dem Verwalterwahlrecht die Grundlage zu entziehen.[193]

Durch die Zulässigkeit von Lösungsklauseln würde der vorhandene Auftragsbestand, der vielfach die einzige Grundlage einer Sanierung darstellt, dem schuldnerischen Unternehmen entzogen. Daher verhindert nicht, wie vom Rechtsausschuß hervorgehoben, das Verbot, sondern gerade die Zulässigkeit von Lösungsklauseln die Sanierung des Unternehmens.[194]

Nicht stichhaltig ist darüber hinaus das immer wieder verwendete Argument, der Verwalter habe Verträge des Schuldners so hinzunehmen, wie er sie vorfinde, weil die Masse kein anderes Recht zur Erfüllung habe als der Schuldner. Vereinbarungen für den Insolvenzfall tangieren den späteren Schuldner selbst nicht unmittelbar. Sie betreffen in erster Linie die Gläubigergemeinschaft, weil sie dem Insolvenzverwalter die Möglichkeit nehmen, die Erfüllung eines für die Masse günstigen Vertrages zu wählen. Dispositionen, die sich jedoch lediglich zu Lasten der Masse und nicht nachteilig für den Schuldner selbst auswirken, kann dieser daher auch nicht im voraus wirksam vereinbaren.[195]

Durch die jetzige Fassung des § 119 InsO würde sich bei unterstellter Wirksamkeit von Lösungsklauseln ferner ein nicht zu überbrückender Widerspruch zu § 112 InsO ergeben.[196] § 112 InsO beschränkt die Ausübung vertraglicher und gesetzlicher Kündigungsrechte bei Miete, Pacht und Leasing bereits ab Insolvenzantragstellung, wenn deren Voraussetzungen bereits zu diesem Zeitpunkt eingetreten waren, um die wirtschaftliche Einheit im Besitz des Schuldners zu erhalten.[197] Die zeitliche Vorverlagerung des Kündigungsverbotes auf den Zeitpunkt der Antragstellung setzt jedoch den Bestand eines generellen Kündigungsverbotes wegen Vermögensverschlechterung geradezu voraus, die gleichzeitige Zulässigkeit von Lösungsklauseln wäre hiermit unvereinbar.[198] Es wäre nicht einzusehen, daß Vermieter und Verpächter gemäß § 112 InsO nach Stellung des Insolvenzantrages selbst den Verzug des Schuldners bei der Zahlung der Mietzinsraten hinzunehmen hätten, während sich jeder andere Vertragspartner

---

193 *Nerlich/Römermann-Balthasar*, § 119 InsO, Rn.11; *Kübler/Prütting-Tintelnot*, § 119 InsO, Rn.16, *Pape* in Kölner Schrift, 531, 571, Rn.63.

194 *Pape* in Kölner Schrift, 531, 571, Rn.63, *Nerlich/Römermann-Balthasar*, § 119 InsO, Rn.15; *Berger* in Kölner Schrift, 499, 517f, Rn.38.

195 so auch *Jaeger/Henckel*, § 17 KO, Rn.214; *Kilger*, § 17 KO, Anm.8.

196 *Nerlich/Römermann-Balthasar*, § 119 InsO, Rn.11; *Pape* in Kölner Schrift, 531, 570, Rn.62; *Kübler/Prütting-Tintelnot*, § 119 InsO, Rn.16; aber auch *Bruns*, ZZP 110 (1997), 305, 324f., der jedoch unrichtigerweise den Widerspruch durch eine teleologische Redukution zugunsten von Lösungsklauseln auflösen will.

197 Begründung zu § 126 RegE, abgedruckt bei *Kübler/Prütting*, RWS-Dok.18, S.304.

198 *Nerlich/Römermann-Balthasar*, § 119 InsO, Rn.11; *Eckert*, ZIP 1996, 897, 902.

nehmen hätten, während sich jeder andere Vertragspartner bei einer entsprechenden Lösungsklausel selbst bei völliger Vertragstreue des Schuldners von diesem lösen könnte.[199]

Richtigerweise ist § 112 InsO als lex specialis aufzufassen, der nur für Miet- und Pachtverträge zusätzlich das Stadium des vorläufigen Insolvenzverfahrens abdeckt, während § 119 InsO als lex generalis für alle gegenseitigen Verträge gilt.[200]

Überdies läßt sich aus der Streichung der §§ 137 Abs. 2 und Abs. 3 RegE allenfalls eine Zurücknahme des in den Gesetzentwürfen ausdrücklich enthaltenen Lösungsklauselverbotes entnehmen. Der Wille, Lösungsklauseln zuzulassen, hat im Gesetzestext hingegen keinen Ausdruck gefunden. Wie gezeigt, schließt der Verzicht auf eine besondere Regelung von Lösungsklauselverboten die Herleitung einer Beschränkung von Lösungsklauseln aus dem Gesetzeszweck und der Gesetzessystematik des § 119 InsO auch nicht aus.[201] Vertragliche Lösungsklauseln kann der spätere Schuldner somit nicht wirksam mit seinen Vertragspartnern vereinbaren.[202]

Unzulässig sind damit zunächst vertragliche Vereinbarungen, welche den Vertragspartnern des Schuldners für den Fall der Eröffnung des Insolvenzverfahrens ein einseitiges Lösungsrecht einräumen sowie entsprechende auflösende Bedingungen. § 119 InsO erfaßt darüber hinaus aber auch Vereinbarungen, die an eine durch die Eröffnung des Verfahrens zu Tage getretene Vermögensverschlechterung anknüpfen.[203]

Ein Lösungsrecht, welches an eine Vermögensverschlechterung des Schuldners anknüpft, kann nach Eröffnung des Verfahrens somit nicht mehr ausgeübt werden, während eine Kündigung vor der Eröffnung nicht zu beanstanden ist.[204] Der Anwendungsbereich des § 119 InsO beschränkt sich ausweislich der Begründung des Regierungsentwurfes zu § 137 RegE auf die Ausübung von Rücktritts- oder Kün-

---

[199] *Smid*, Insolvenzrecht, 3. Auflage, § 11, Rn.23; *Tintelnot*, S.136.

[200] *Smid*, Insolvenzrecht, 3. Auflage, § 11, Rn.22; *Smid*, § 112 InsO, Rn.6; *Eckert*, ZIP 1996, 897, 902.

[201] *Smid*, § 112 InsO, Rn.6; *Schwörer*, Rn.112; *Kübler/Prütting-Tintelnot*, § 119 InsO, Rn.15f.; *Berger*, Kölner Schrift, 499, 512, Rn.28 weist zudem darauf hin, daß Äußerungen der beratenden Ausschüsse und Kommissionen trotz ihrer erheblichen Erkenntniswerte für die Rechtspraxis keine unmittelbar bindende Richtschnur für die Rechtsanwendung darstellen; *Häsemeyer*, FS für den BGH, 725, 741.

[202] *Nerlich/Römermann-Balthasar*, § 119 InsO, Rn.15; *Pilgram*, S.134; *Berger*, Kölner Schrift, 499, 518, Rn.38; *Pape*, Kölner Schrift, 531, 570, Rn.63; *Tintelnot*, S.203; *Tintelnot*, ZIP 1995, 616, 623.

[203] *Kübler/Prütting-Tintelnot*, § 119 InsO Rn.15; a.A. insoweit HK-*Marotzke*, § 119 InsO, Rn.6.

[204] *Jaeger/Henckel*, § 17 KO, Rn.214.

digungsrechten nach Verfahrenseröffnung. Solange das Insolvenzverfahren noch nicht eröffnet ist, kann der Vertragspartner also von einer entsprechenden Vertragsaufhebungsklausel Gebrauch machen.[205]

Aufgrund des gefundenen Ergebnisses ist die Rechtsprechung auch nicht gehindert, § 119 InsO entsprechend dem Grundsatz der Gläubigergleichbehandlung sowie zum Schutz von Masse und Insolvenzverwalterwahlrecht anzuwenden. Es wird daher abzuwarten bleiben, ob die Rechtsprechung entgegen ihrer bisherigen Tendenz Lösungsklauseln zukünftig die Anerkennung versagen wird.

c) Folgerungen für § 105 Satz 1 InsO

Fraglich ist indes, ob das gefundene Ergebnis der Masse einen umfassenden Schutz dahingehend gewährt, daß dem Insolvenzverwalter das Wahlrecht der §§ 103, 105 Satz 1 InsO uneingeschränkt zur Verfügung stehen bleibt. Zwar können Lieferanten teilbarer Leistungen den Wirkungen des § 105 Satz 1 InsO nicht dadurch entgehen, daß sie mit dem Schuldner für den Fall der Eröffnung des Verfahrens entsprechende Lösungsklauseln vereinbart haben.[206] Die Lieferanten könnten jedoch den Wirkungen des § 105 Satz 1 InsO dadurch zu begegnen versuchen, daß sie sich für jeden Fall des Zahlungsverzuges Kündigungsrechte einräumen lassen. Ferner können den Vertragspartnern des Schuldners unabhängig von vertraglichen Vereinbarungen gesetzliche verzugsbedingte Rücktrittsrechte zustehen.

aa) analoge Anwendung von § 112 InsO

Marotzke[207] schlägt vor, die Regelung des § 112 InsO analog auf Kaufverträge anzuwenden: Gemäß §§ 449, 323 Abs. 1 BGB sei der Vorbehaltsverkäufer zum Rücktritt berechtigt, wenn der Käufer mit der Kaufpreiszahlung in Verzug gerate. Beließe man in diesen Fällen dem Verkäufer das Rücktrittsrecht, so könnte er dieses schon vor Ablauf der Schonfrist des § 107 Abs. 2 Satz 1 InsO ausüben und die Sache gemäß §§ 346 Abs. 1, 985 BGB in Verbindung mit § 47 InsO vom Verwalter herausverlangen.

§ 112 InsO beruhe ebenso wie § 107 Abs. 2 InsO auf dem Gedanken, daß die wirtschaftliche Einheit im Besitz des Schuldners nicht zur Unzeit auseinanderge-

---

[205] Begründung zu § 137 RegE, abgedruckt bei *Kübler/Prütting*, RWS-Dok.18, S.315; *Heidland*, BauR 1998, 643, 655.

[206] wobei unerheblich ist, ob entsprechende Vereinbarungen in allgemeinen Geschäftsbedingungen oder individualvertraglich getroffen worden sind, vgl. *Tintelnot*, ZIP 1995, 616, 623.

[207] in JZ 1995, 803, 813; *ders.* in HK, § 107 InsO, Rn.30f.

rissen werden dürfe, weil miet- oder pachtweise überlassene Gegenstände in gleicher Weise für die Fortführung des Unternehmens wichtig sein könnten wie Gegenstände, die unter Eigentumsvorbehalt geliefert worden oder mit Absonderungsrechten belastet sind.[208]

Da § 112 InsO ferner auch auf Leasingverträge Anwendung finde, seien auch die Fälle erfaßt, in denen die Leasingraten wertmäßig einer ratenweisen Kaufpreiszahlung entsprechen.[209] Fasse man also diejenigen Leasinggeschäfte, die wirtschaftlich Kauf seien, unter § 112 InsO, so sei die Vorschrift auf "echte" Kaufverträge zwangsläufig analog anzuwenden.[210]

Es ist jedoch zweifelhaft, ob der Ausschluß der vor Verfahrenseröffnung bestehenden Kündigungsrechte und ein damit einhergehender tiefer Einschnitt in die Privatautonomie ohne explizite gesetzliche Anordnung möglich ist. Indem der Gesetzgeber § 112 InsO auf Miet-, Pacht- und Leasingverträge begrenzte, hat er zu erkennen gegeben, daß er bei Kauf- und sonstigen Verträgen die vorhandenen gesetzlichen Regelungen für ausreichend hält. Für eine analoge Anwendung des § 112 InsO ist daher kein Raum.[211]

bb) eigener Ansatz

(1) vertragliche Rücktrittsrechte

Der Schuldner wird bei Eröffnung des Verfahrens in der Regel mit seinen Zahlungsverpflichtungen in Verzug geraten sein, der Anwendungsbereich des § 105 Satz 1 InsO impliziert gerade, daß Rückstände für gelieferte Waren aufgelaufen sind. Wollte man nun dem Vertragspartner das Recht gewähren, sich wegen Verzuges vom Vertrag zu lösen, so würde § 105 Satz 1 InsO sinnentleert. Daß der Vertragspartner mit seinen schon erbrachten Teilleistungen auch bei einer Lösung vom Vertrag lediglich Insolvenzgläubiger ist, ergibt sich bereits aus § 38 InsO, für § 105 Satz 1 InsO bliebe kein Raum mehr.

§ 105 Satz 1 InsO kann seine Wirkungen nur dann entfalten, wenn der Verwalter die Chance erhält, die Erfüllung des Vertrages zu wählen.

---

[208] Begründungen zu § 121 und § 126 RegE, abgedruckt bei *Kübler/Prütting*, RWS-Dok.18, S.298 und 304.

[209] a.A. *Obermüller/Livonius*, DB 1995, 27, 29.

[210] HK-*Marotzke*, § 107 InsO, Rn.31 und § 112 InsO, Rn.19; *Marotzke* JZ 1995, 803, 813; Breuer, S.62; für eine analoge Anwendung auch *Kübler/Prütting-Tintelnot*, § 105 InsO, Rn.17, der aber hervorhebt, daß entsprechende Vertragsklauseln bereits regelmäßig an § 119 InsO scheitern dürften.

[211] *Nerlich/Römermann-Balthasar*, § 112 InsO, Rn.16.

Nach den Vorstellungen des Gesetzgebers soll der Verwalter im Rahmen des § 105 Satz 1 InsO auch gerade die Möglichkeiten besitzen, Verträge über die fortlaufende Lieferung von Waren oder Energie zu den gleichen Bedingungen fortzusetzen, um die Fortführung des Unternehmens zu erleichtern.[212]

Die Rechtsfolge des § 105 Satz 1 InsO besitzt zwingenden Charakter, so daß es dem späteren Schuldner und seinen Vertragspartnern verwehrt ist, abweichende vertragliche Vereinbarungen zu treffen.

Vertragsklauseln, welche dem Vertragspartner für jeden Fall des Verzuges ein Lösungsrecht vom Vertrag einräumen, verstoßen gegen diese gesetzliche Konzeption und lassen sich damit unter § 119 InsO subsumieren,[213] sofern sie nach Eröffnung des Insolvenzverfahrens ausgeübt werden, sich auf teilbare Leistungen im Sinne des § 105 Satz 1 InsO beziehen und der Verwalter die Erfüllung des Vertrages wählt.

Nur dann kommt die gesetzliche Konzeption des § 105 Satz 1 InsO zum Tragen und nur insoweit bedarf aus den soeben beschriebenen Gründen im Bereich des § 105 Satz 1 InsO einer Einschränkung der Lösungsrechte. Der Vertragspartner des Schuldners wird hierdurch nicht unangemessen benachteiligt, weil er nach Erfüllungswahl des Verwalters ab Verfahrenseröffnung die vereinbarte Gegenleistung voll aus der Masse erhält.

Gestützt wird dieses Ergebnis durch folgende Erwägungen:

Im Rahmen von vertraglichen Lösungsrechten wird in der Literatur die Auffassung vertreten, daß dem Vertragspartner des Schuldners durch die Insolvenz dann keine unzumutbaren Nachteile entstehen, wenn der Verwalter die Erfüllung des Vertrages wählt, sofern dieser in der Lage sei, den Vertrag mit Mitteln der Masse ordnungsgemäß zu erfüllen. Der Vertragspartner sei dann durch den Vermögensverfall nicht mehr gefährdet, zumal nur der Verwalter über die Masse disponieren könne und ein Zugriff anderer Gläubiger ausgeschlossen sei.[214]

Auch im Rahmen des § 321 Abs. 1 BGB ist anerkannt, daß das dem vorleistungspflichtigen Vertragspartner in Verbindung mit § 242 BGB gewährte Rücktrittsrecht entfällt, wenn der Insolvenzverwalter die Erfüllung des Vertrages wählt und die Position des anderen Teils nicht gefährdet ist, wenn er eine voll gedeckte Masseforderung erhält.[215]

---

[212] Begründung zu § 119 RegE, abgedruckt bei *Kübler/Prütting*, RWS-Dok.18, S.296.

[213] so auch FK-*Wegener*, § 119 InsO, Rn.7; *Kübler/Prütting-Tintelnot*, § 105 InsO, Rn.16.

[214] *Jaeger/Henckel*, § 17 KO, Rn.214.

[215] BGH, Urteil vom 24.11.1959, WM 1960, 377; *Soergel*/Wiedemann, § 321 BGB,

Im Geltungsbereich des § 36 Abs. 2 Satz 2 VglO soll dem Gläubiger hingegen ein gesetzliches oder vertraglich eingeräumtes Rücktrittsrecht nur wegen der von ihm bereits erbrachten Teilleistungen verwehrt, hinsichtlich des bei der Eröffnung noch unerfüllten Vertragsteiles jedoch weiterhin gewährt werden.[216] Dies bedeutet aber nur, daß dem Vertragspartner bei Erfüllungswahl des Schuldners wegen der noch ausstehenden Leistungen dieselben Rechte zustehen, wie jedem anderen Vertragspartner des Schuldners auch, der sich gegen Vertragsverletzungen des Schuldners bzw. des Insolvenzverwalters zur Wehr setzen will. Dem Vertragspartner ist es jedoch nicht möglich, sein bestehendes Rücktrittsrecht wegen seiner noch ausstehenden Teilleistungen mit seinem Gegenleistungsanspruch wegen der von ihm bereits erbrachten Teilleistungen derart zu verknüpfen, daß er zwar nicht mehr seine Vorleistung zurückerlangen könnte, er aber aus diesem Grund wenigstens nicht mehr zur weiteren Erfüllung des Vertrages verpflichtet wäre. Der Wortlaut des § 36 Abs. 2 Satz 2 verbietet diese Deutung nicht. Aus der Formulierung "Wegen dieser Teilleistung" ergibt sich nicht, daß der Rücktritt wegen der noch nicht erbrachten Teilleistungen schon aufgrund von § 36 Abs. 2 Satz 2 VglO stets zulässig wäre, sondern nur, daß der Rücktritt wegen der noch nicht erbrachten Teilleistungen lediglich nicht schon wegen § 36 Abs. 2 Satz 2 VglO stets untersagt ist. § 36 Abs. 2 Satz 2 VglO stellt nur klar, was ohnehin selbstverständlich ist: um § 36 Abs. 2 Satz 1 VglO zur erforderlichen Wirkung zu verhelfen, kann dem Vertragspartner wegen der erbrachten Teilleistungen kein Rücktrittsrecht zugestanden werden.

Eine andere Sichtweise des § 36 Abs. 2 Satz 2 VglO ließe sich nicht auf § 105 Satz 2 InsO, der Nachfolgevorschrift des § 36 Abs. 2 Satz 2 VglO übertragen. Weder in der amtlichen Begründung der Vergleichsordnung vom 26.02.1935,[217] noch in den Erläuterungen von *Vogels*[218] zur Vergleichsordnung vom 26.02.1935 oder in der Begründung des Entwurfs einer Vergleichsordnung von 1933[219] wird wie in der Begründung zu § 119 RegE ausdrücklich hervorgehoben, daß der Verwalter bestehende Verträge über die fortlaufende Lieferung von Waren oder Energie zu den gleichen Bedingungen fortsetzen können soll.

Durch § 36 Abs. 2 VglO sollte vielmehr die Unterscheidung zwischen Sukzessivlieferungsvertrag und Wiederkehrschuldverhältnis entbehrlich werden.[220] Ferner sollte der Gläubiger mit dem seiner Teilleistung entsprechenden Gegenleistungs-

---

Rn.22; *Bruns*, ZZP 110 (1997), 305, 315; *Kuhn/Uhlenbruck*, § 17 KO, Rn.23d; *Jaeger/Henckel*, § 17 KO, Rn.137.

[216] BGH, Urteil vom 23.02.1972, NJW 1972, 827f.; *Bley/Mohrbutter*, § 36 VglO Rn.50; *Böhle-Stamschräder/Kilger*, § 36 VglO, Anm. 9.

[217] abgedruckt in DJ 1935, 389, 390.

[218] in DJ 1935, 373, 375.

[219] Entwurf einer Vergleichsordnung, Berlin 1933, S.46.

[220] Entwurf einer Vergleichsordnung, Berlin 1933, S.46.

anspruch aus Billigkeitsgründen,[221] um das Zustandekommen des Vergleichs nicht zu gefährden[222] oder unter allen Umständen[223] nur Vergleichsgläubiger sein. Das Fortführungsinteresse des Verwalters stand daher bei Einführung der Vergleichsordnung vom 26.02.1935 nicht in dem Maße im Vordergrund wie bei der Einführung der Insolvenzordnung, so daß § 105 Satz 2 InsO auch eine von § 36 Abs. 2 Satz 2 VglO abweichende Sichtweise tragen würde.

Durch § 105 Satz 2 InsO wird klargestellt, daß der Vertragspartner des Schuldners die ihm durch Satz 1 auferlegte Einschränkung seiner Rechtsstellung nicht dadurch kompensieren kann, daß er die Rückgabe der von ihm bereits erbrachten Teilleistungen aus der Insolvenzmasse verlangt.[224] § 105 Satz 2 InsO postuliert daher ebensowenig wie § 36 Abs. 2 Satz 2 VglO die Zulässigkeit von Rücktrittsrechten wegen der noch nicht erbrachten Teilleistungen. Er verbietet einen Rücktritt wegen der noch nicht erbrachten Leistungen aber auch nicht. Nach dem zuvor Ausgeführten ist ein Rücktritt wegen der noch nicht erbrachten Teilleistungen gemäß § 105 Satz 2 InsO aber nur dann möglich, wenn der Rücktritt auf Vertragsverletzungen des Verwalters während der Erfüllungsphase des Vertrages beruht, nicht jedoch aufgrund der Nichterfüllung des Anspruchs des Vertragspartners wegen der bereits gelieferten Teilleistungen.[225]

Nicht zutreffend ist daher die Auffassung *Marotzkes,* der aus dem unterschiedlichen Wortlaut von § 105 Satz 2 InsO und § 36 Abs. 2 Satz 2 VglO schließt, daß sich für Lieferanten teilbarer Leistungen ein verzugsbedingtes Rücktrittsrecht auch noch nach Eröffnung des Verfahrens ergebe.[226]

Dem hier vertretenen Ansatz steht auch nicht § 137 Abs. 3 RegE entgegen, der nach der Begründung des Regierungsentwurfes klarstellen sollte, daß ein vertragliches Rücktritts- oder Kündigungsrecht, welches den Verzug des Schuldners oder andere Vertragsverletzungen zur Voraussetzung hat, auch nach der Eröffnung des Verfahrens ausgeübt werden kann,[227] weil vorliegend kein vollständiges Rücktrittsverbot ausgesprochen wird. Der Rücktritt ist dem Vertragspartner nur bei Erfüllungswahl des Insolvenzverwalters verwehrt, um dem zwingenden Regelungsbereich des § 105 Satz 1 InsO Geltung zu verschaffen. Die Auslegung des

---

[221] amtliche Begründung zur Vergleichsordnung vom 26.02.1935, DJ 1935, 389, 390.
[222] *Vogels*, DJ 1935, 373, 375.
[223] Entwurf einer Vergleichsordnung, Berlin 1933, S.46.
[224] Begründung zu § 119 RegE, abgedruckt bei *Kübler/Prütting*, RWS-Dok.18, S.296.
[225] vgl. *Kübler/Prütting-Tintelnot*, § 105 InsO, Rn.16.
[226] *Marotzke*, Gegenseitige Verträge, 4.163; *ders.* in HK, § 105 InsO Rn. 6 und 19; *ders.* in Leipold, Insolvenzrecht im Umbruch, 183, 190; siehe zu der Problematik ausführlich unten E. I.
[227] abgedruckt bei *Kübler/Prütting*, RWS-Dok.18, S.317.

§ 119 InsO hat gezeigt, daß § 119 InsO jede Vereinbarung verhindern will, die in den Anwendungsbereich oder die Rechtsfolgen der §§ 103-118 InsO eingreift und die insbesondere dem Verwalter die Möglichkeit verwehrt, effektiv sein Wahlrecht auszuüben. Durch die Streichung des § 137 Abs. 3 RegE wurde der Anwendungsbereich des § 119 InsO insoweit nicht eingeschränkt.

Daß verzugsbedingte Rücktrittsrechte keinen uneingeschränkten Geltungsanspruch besitzen, zeigt schließlich auch die Regelung des § 112 InsO.

Der verzugsbedingte Rücktritt vom Vertrag ist dem Vertragspartner nach Eröffnung des Insolvenzverfahrens somit verwehrt, sofern § 105 Satz 1 InsO einschlägig ist und der Verwalter die Erfüllung des Vertrages wählt. Zudem wird man fordern müssen, daß für den Vertragspartner die hinreichende Gewähr dafür besteht, daß die noch ausstehenden Teilleistungen auch aus der Masse bedient werden können.

Ein Rücktrittsrecht wegen sonstiger Vertragsverletzungen ist nicht ausgeschlossen,[228] § 105 Satz 1 InsO gebietet hier keine abweichende Handhabung. Ebensowenig betroffen ist ein Rücktritt vor Eröffnung des Insolvenzverfahrens.

(2) gesetzliche Rücktrittsrechte

Die Situation stellt sich indes bei gesetzlichen verzugsbedingten Rücktrittsrechten nicht anders dar. § 119 InsO kann hier nicht weiterhelfen, eine analoge Anwendung von § 112 InsO führt, wie gezeigt, zu weit.

Um § 105 Satz 1 InsO dennoch zur Geltung kommen zu lassen, bietet sich, ähnlich wie bei vertraglich vereinbarten, verzugsbedingten Lösungsrechten eine differenzierte Lösung an:

Wird das verzugsbedingte gesetzliche Rücktrittsrecht vor Eröffnung des Insolvenzverfahrens ausgeübt und ist die Rückabwicklung des gegenseitigen Vertrages vollständig vollzogen, fehlt es an einem schwebenden Rechtsverhältnis, wie es die Anwendung des § 103 InsO voraussetzt. In diesem Fall ergibt sich keine Kollision mit § 105 Satz 1 InsO, ein Rücktritt vom Vertrag ist uneingeschränkt möglich.

Der Rücktritt vom Vertrag ist ebenso uneingeschränkt zulässig, wenn er vor der Eröffnung des Insolvenzverfahrens erklärt wird, das Rückabwicklungsschuldverhältnis jedoch noch nicht vollständig vollzogen worden ist. § 103 InsO gilt auch für aus gegenseitigen Verträgen hervorgegangene und beiderseits noch nicht vollständig erfüllte Rückabwicklungsschuldverhältnisse,[229] mit der Folge, daß auf

---

[228] für § 112 InsO: *Nerlich/Römermann-Balthasar*, § 112 InsO, Rn.17.

[229] BGH, Urteil vom 14.12.1960, WM 1961, 482, 486; RG, Urteil vom 07.11.1914, LZ 1915, Sp.217, Nr.17; *Jaeger/Henckel*, § 17 KO, Rn.28; *Smid*, § 103 InsO,

das Rückabwicklungsschuldverhältnis nach Erfüllungswahl des Verwalters bei entsprechender Konstellation auch § 105 Satz 1 InsO anzuwenden wäre,[230] was allerdings nur ausgesprochen selten der Fall sein sollte.[231]

Ein gesetzliches Rücktrittsrecht nach der Eröffnung des Insolvenzverfahrens muß dem Vertragspartner hingegen ebenso wie die Ausübung vertraglicher Rücktrittsrechte verwehrt werden, weil ansonsten die gesetzliche Konzeption des § 105 Satz 1 InsO nicht zur Entfaltung käme.[232]

Dies gilt allerdings nur unter der Voraussetzung, daß der Verwalter die Erfüllung des Vertrages wählt, weil es bei Erfüllungsablehnung ohnehin bei der Grundkonstellation des § 103 InsO verbleibt.

Insofern überwindet der zwingende Geltungsanspruch des Insolvenzrechtes, wie er in den Grundsätzen der Gläubigergleichbehandlung, des Masseschutzes und der Erhaltung des Insolvenzverwalterwahlrechtes zum Ausdruck kommt, die parteiautonome und individuelle Gestaltungs- und Entscheidungsfreiheit des einzelnen Gläubigers.

Gestützt wird die Einschränkung gesetzlicher Rücktrittsrechte durch die Regelung des § 105 Satz 2 InsO. Nach der Begründung zu § 119 RegE kann der Vertragspartner zur Kompensation der ihm durch § 105 Satz 1 InsO auferlegten Beschränkungen ein gesetzliches oder vertragliches Rücktrittsrecht nach der Verfahrenseröffnung nicht mehr ausüben, um sich einen Masseanspruch auf Rückgewähr seiner Teilleistung zu verschaffen.[233] Dies bedeutet, daß dem Vertragspartner durch die Ausübung des Rücktrittsrechtes nicht ein Mittel an die Hand gegeben werden darf, um sich den Wirkungen des § 105 Satz 1 InsO zu entziehen. Diese Wirkungen bestehen aber gerade darin, dem Insolvenzverwalter die Erfüllungswahl in Zukunft zu ermöglichen, ohne die Masse mit dem Gegenanspruch des Vertragspartners wegen der rückständigen Leistungen des Schuldners zu belasten. Ein rücktrittsbedingtes Erlöschen der beiderseitigen Erfüllungsansprüche ist demnach ausgeschlossen.[234]

Rn.15; *Hess*, § 103 InsO, Rn.11; *Nerlich/Römermann-Balthasar*, § 103 InsO Rn.15; *Bley/Mohrbutter*, § 36 VglO, Rn.52.

[230] *Bley/Mohrbutter*, § 36 VglO, Rn.53.

[231] unzutreffend, weil dogmatisch nicht begründbar ist in diesem Zusammenhang die Konstruktion von *Bruns*, ZZP 110 (1997), 305, 329ff., der davon ausgeht, daß der Verwalter durch seine Erfüllungswahl das Rückabwicklungsschuldverhältnis in das ursprüngliche Primärschuldverhältnis zurückverwandeln könne, was den Anwendungsbereich des § 105 Satz 1 InsO allerdings erheblich erweitern würde.

[232] siehe oben Teil B. V. 2. c) bb) (1).

[233] abgedruckt bei *Kübler/Prütting*, RWS-Dok.18, S. 296.

[234] vgl. auch unten E. I; a.A. *Schwörer*, Rn.212.

Gesetzliche Rücktrittsrechte, die sich auf sonstige Vertragsverletzungen des Schuldners oder auf den noch unerfüllten Vertragsteil beziehen, bleiben hiervon unberührt.

Daß die Vertragspartner des Schuldners zukünftig aller Voraussicht nach bemüht sein werden, gesetzliche oder vertragliche Kündigungs- und Rücktrittsrechte frühzeitig vor der Eröffnung des Insolvenzverfahrens ausüben, um den Folgen der §§ 112, 119 InsO und auch der Wirkung des § 105 Satz 1 InsO zu entgehen, ist im Ergebnis hinnehmbar.

Zwar kann durch eine solche Lösung vom Vertrag ein Insolvenzverfahren ausgelöst werden. Jedoch ist zu bedenken, daß ein Unternehmen, welches seine Zahlungsverpflichtungen nicht mehr fristgerecht erfüllen kann, mangels Zahlungsfähigkeit insolvenzreif ist. Die Lösung des Vertragspartners ist somit nicht Insolvenzursache, sondern nur deren Auslöser. Soweit hierdurch die Insolvenz früher als bisher ausgelöst wird, entspricht dies durchaus der Intention des Gesetzgebers.[235]

3. Masseschutz durch Kontrahierungszwang ?

Durch die Unterscheidung von Sukzessivlieferungsvertrag und Wiederkehrschuldverhältnis und die Einordnung von Energielieferungsverträgen als Wiederkehrschuldverhältnis sollte dem Konkursverwalter eine Möglichkeit an die Hand gegeben werden, Verträge über die fortlaufende Lieferung von Energie weiterlaufen lassen zu können, ohne zugleich die bis zur Eröffnung des Verfahrens aufgelaufenen rückständigen Entgelte als Masseschuld erfüllen zu müssen.

Unter Hinweis auf § 6 Energiewirtschaftsgesetz a.F. (seit dem Inkrafttreten des Gesetzes zur Neuregelung des Energiewirtschaftsgesetzes am 29.04.1998: § 10 EnWG) ist die Unterscheidung zwischen Wiederkehrschuldverhältnis und Sukzessivlieferungsvertrag dann allerdings überwiegend für entbehrlich gehalten worden und damit nach Ansicht einiger Literaturstimmen auch die Regelung des § 36 Abs. 2 VglO, der nur deshalb eingeführt worden sei, um die vor seinem Inkrafttreten bestehenden Probleme der Energieversorgungsverträge zu lösen.[236] Da die Rechtsprechung zuletzt Energielieferungsverträge und insbesondere Sonderkundenverträge als Sukzessivlieferungsverträge qualifizierte,[237] besaß der Insol-

---

[235] Nerlich/Römermann-*Balthasar*, § 112 InsO, Rn.18.

[236] *Henckel*, ZZP 99 (1986), 419, 442 und oben Teil B. I. 3.; zum Gesetzeszweck des § 36 Abs. 2 VglO vgl. oben B. I. 2.

[237] BGH, Urteil vom 04.05.1995, LM Nr.31 zu § 17 KO; BGH, Urteil vom 01.07. 1981, BGHZ 81, 90ff.; BGH, Urteil vom 30.01.1986, BGHZ 97, 87, 90 m. Anm. *Henckel*, JZ 1986, 691ff.; OLG Frankfurt, Urteil vom 20.03.1981, DB 1981, 2072; vgl. auch *Kuhn/Uhlenbruck*, § 17 KO, Rn.27; *Jaeger/Henckel*, § 17 KO,

venzverwalter, wollte er die Begleichung der rückständigen Zahlungsbeträge nicht in Kauf nehmen, nur noch die Möglichkeit, die weitere Erfüllung des Vertrages abzulehnen, sich auf den Kontrahierungszwang des Energiewirtschaftsgesetzes zu berufen und mit dem Energieversorgungsunternehmen einen völlig neuen Vertrag abzuschließen. Die Geltung des Kontrahierungszwangs wurde damit begründet, daß § 17 KO aufgrund der monopolartigen Stellung der Energieversorgungsunternehmen auf Energieversorgungsverträge keine Anwendung finde. § 17 KO setze Vertragsfreiheit voraus, die in diesem Bereich aber nicht gegeben sei. Die Ablehnung der Weiterversorgung seitens des Energieversorgungsunternehmens stelle sich als unzulässige Ausnutzung der Monopolstellung dar, so daß sich der Verwalter auf § 6 EnWG a.F. berufen könne. Der BGH hat ein entsprechendes Vorgehen des Verwalters in mehreren Entscheidungen unbeanstandet gelassen, ohne allerdings näher auf die Voraussetzungen von § 6 EnWG a.F. einzugehen.[238]

Der regelmäßig unreflektierte Hinweis auf § 6 EnWG a.F. birgt jedoch einige Unwägbarkeiten in sich, die die Berufung des Verwalters auf einen bestehenden Kontrahierungszwang in einem kritischen Licht erscheinen lassen und die im folgenden dargestellt werden sollen:

a) Berufung auf Kontrahierungszwang rechtsmißbräuchlich

In der Literatur und in der älteren Rechtsprechung findet sich entgegen der zuvor dargestellten Auffassung der Hinweis, daß die Entscheidung des Verwalters nach § 17 KO auch bei Energieversorgungsverträgen nur einheitlich ausfallen könne. Mit Ablehnung der Erfüllung sei der Verwalter auch vom Weiterbezug der Energie ausgeschlossen, den er nicht durch Neuabschluß eines Vertrages, sondern nur durch Fortführung des alten Versorgungsverhältnisses erreichen könne.[239] Nur durch einen "Kunstgriff" bringe der Verwalter sich in die Lage, die Weiterversorgung zu erreichen, ohne die Folgen der §§ 59 Abs. 2, 57 KO zu tragen; er bürde somit die Nachteile anstatt der Konkursmasse dem Energieversorgungsunternehmen und damit letztlich der Gesamtheit der Abnehmer auf, was § 6 Abs. 1 EnWG a.F. jedoch vermeiden wolle. Die Benachteiligung der Energieversorgungsunter-

---

Rn.86.

[238] BGH, Urteil vom 19.10.1960, KTS 1961, 8ff.; BGH, Urteil vom 25.09.1952, BB 1952, 868ff.; BGH, Urteil vom 01.07.1981, BGHZ 81,90ff. (jeweils Sonderkundenverträge). Für den Stromvertrag zu allgemeinen Bedingungen auch BGH, Urteil vom 21.04.1982, ZIP 1982, 854f.; OLG Frankfurt, Urteil vom 20.03.1981, DB 1981, 2072f.; in der Literatur wird diese Vorgehensweise u.a. bejaht von *Jaeger/Henckel*, § 17 KO, Rn.86; *Kuhn/Uhlenbruck*, § 17 KO, Rn.27; *Grunsky*, Insolvenzrecht, Rn.195; *Ruzek*, FS-Gieseke, 375, 385

[239] OLG Nürnberg, Urteil vom 20.02.1954, ET 1954, 76f.; LG Mannheim, Urteil vom 05.03.1953, ET 1954, 179, 181; *Fischerhof*, NJW 1954, 1874f.; *Büdenbender*, Rn.849, Fn.23,

nehmen gegenüber anderen, in ähnlicher Lage sich befindlichen Gläubigern entbehre jeder gesetzlichen Grundlage. Der Kontrahierungszwang bilde lediglich das Korrelat zu der monopolartigen Sonderstellung des Energieversorgungsunternehmens, er räume aber keine darüber hinaus gehenden Sonderrechte ein. Die Weigerung der Energieversorgungsunternehmen, mit dem Konkursverwalter einen neuen Vertrag abzuschließen, stelle sich demnach nicht als sittenwidrige Ausnutzung der Monopolstellung dar. Nicht das Energieversorgungsunternehmen, sondern der Verwalter handele somit rechtsmißbräuchlich, wenn er sich nach Kündigung des alten Vertrages auf einen bestehenden Kontrahierungszwang berufe.[240]

b) Monopolstellung

Gemäß § 10 Abs. 1 EnWG wird für Energieversorgungsunternehmen, die ein bestimmtes Gemeindegebiet versorgen, eine Anschluß- und Versorgungspflicht gegenüber jedermann zu den öffentlich bekanntgegebenen Bedingungen und Tarifpreisen statuiert.

Die generelle Anwendung von § 10 Abs. 1 EnWG auf sämtliche Energielieferungsverträge ist aber deshalb nicht unproblematisch, weil sich aus der Formulierung des Gesetzes nicht ergibt, ob das Energieversorgungsunternehmen innerhalb des "bestimmten Gebietes" im Sinne von § 10 Abs. 1 EnWG eine Monopolstellung gegenüber seinen Abnehmern einnehmen muß. Wegen der zunehmenden Öffnung und Deregulierung des Energiemarktes und des damit einhergehenden flächendeckenden Wettbewerbes der Energieversorgungsunternehmen darf jedenfalls bezweifelt werden, ob eine Alleinstellung einzelner Anbieter in einem "bestimmten Gebiet" noch die Regel ist oder zukünftig noch sein wird.

Im Rahmen des § 6 EnWG a.F. entsprach es allgemeiner Meinung, daß eine Anschluß- und Versorgungspflicht nur dann besteht, soweit das jeweilige Energieversorgungsunternehmen innerhalb des "bestimmten Gebietes" als Alleinanbieter fungiert.[241] Es wird daher auch im Zusammenhang mit der Liberalisierung des Energiemarktes die Ansicht vertreten, die Anschluß- und Versorgungspflicht nach § 10 Abs. 1 EnWG bestehe nur dann, wenn ein Energieversorgungsunternehmen ohne Wettbewerber sei.[242] Die Gegenansicht verneint hingegen im wesentlichen unter Hinweis auf das Interesse der Allgemeinheit an der Sicherstellung der Ener-

---

[240] *Tegethoff/Büdenbender/Klinger*, 13.EL (1993), § 6 EnWG, Rn. 142f.; *Dickmann*, S.68f.; vgl. auch *Fuchs-Wissemann*, S.170f. und in NJW 1984, 27, der bemerkt, daß derjenige, der bereits aufgrund eines bestehenden Vertrages versorgt werde, den Anspruch nach § 6 EnWG (a.F.) durch Erfüllung verloren habe; kritisch ebenfalls *Fikentscher*, § 8, Rn.37 und *Oetker*, S.129.

[241] BGH, Urteil vom 19.10.1960, KTS 1961, 8, 11f.; *Immenga*, S.220; *Busche*, S. 437; *Scholz*, S.66; *Ehlers*, S.42; *Kuhnt*, ET 1978, 657f.

[242] *Langer*, ET 1994, 158, 160.

gieversorgung das Erfordernis einer Monopolstellung. Danach seien alle Versorgungsunternehmen, unabhängig von ihrer Marktstellung, Adressaten der Anschluß- und Versorgungspflicht nach § 10 Abs. 1 EnWG, sofern sie eine gebietsweise Versorgung betreiben.[243] Sofern mehrere konkurrierende Anbieter am Markt tätig seien, müsse der Stromkunde Auswahlfreiheit und die Gewißheit besitzen, von dem von ihm gewünschten Versorgungsunternehmen beliefert zu werden. Die Sicherstellung der Energieversorgung gebiete die Anschluß- und Versorgungspflicht bei mehreren konkurrierenden Anbietern nicht anders als bei einem Monopolanbieter.[244]

c) wirtschaftliche Unzumutbarkeit

Ein weiterer nicht abschließend geklärter Problemkomplex stellt das Recht der Energieversorger dar, gemäß § 10 Abs. 1 Satz 2 EnWG, die Erbringung der Leistungen nach § 10 Abs. 1 Satz 1 EnWG ablehnen zu können, wenn die Anschluß- und Versorgungspflicht für das Unternehmen wirtschaftlich unzumutbar ist. Im wesentlichen schließen Umstände in der Person des Abnehmers eine Anschluß- und Versorgungspflicht wegen wirtschaftlicher Unzumutbarkeit der Versorgung aus und ermächtigen das Energieversorgungsunternehmen zur Einstellung der Versorgung. Zu nennen sind hier insbesondere die Fälle von Nicht- oder Schlechterfüllung sowie hartnäckigen Zahlungsverzuges.[245] Der Grund für das Ablehnungsrecht des Energieversorgungsunternehmens liegt darin begründet, daß es den Versorgungsunternehmen aufgrund des Kontrahierungszwanges nicht möglich ist, sich seine Kunden auszusuchen und sie zudem vorleistungspflichtig sind.[246]

Auf den ersten Blick erscheint somit es folgerichtig, daß der Abnehmerkonkurs dem Energieversorgungsunternehmen das Recht einräumt, den Abschluß eines Neuvertrages aufgrund wirtschaftlicher Unzumutbarkeit abzulehnen.[247] Die Einrede der Insolvenz habe der Konkursverwalter gegen sich gelten zu lassen, das Energieversorgungsunternehmen sei berechtigt, bei nicht vollständiger Bezahlung der Rückstände die Versorgung zu verweigern. Eine Änderung und Anpassung der Vertragsverhältnisse sei nur im Wege der freien vertraglichen Vereinbarung möglich, nicht jedoch mit dem Begehren nach § 10 Abs. 1 EnWG erzwingbar.[248]

---

[243] *Busche*, S.437f.; *Krebs*, S.244, *Rinne*, S.89.
[244] *Busche*, S.438
[245] *Tegethoff/Büdenbender/Klinger*, 13.EL (1993), § 6 EnWG, Rn.124; *Busche*, S.462f; *Büdenbender*, Rn.799.
[246] *Tegethoff/Büdenbender/Klinger*, 13.EL (1993), § 6 EnWG, Rn.124
[247] so *Michalski* JA 1979, 401, 408; *Fuchs-Wissemann*, NJW 1984, 27; *Scholz*, S.92; *Tegethoff/Büdenbender/Klinger*, 13.EL (1993), § 6 EnWG, Rn.144.
[248] *Tegethoff/Büdenbender/Klinger*, 13.EL (1993), § 6 EnWG, Rn.144.

Demgegenüber weisen *Busche* und *Bydlinski* darauf hin, daß die Tarifabnehmerversorgung nur abgelehnt werden dürfe, wenn die Tarifkalkulation das wirtschaftliche Risiko der Versorgung des Abnehmers für die Zukunft nicht trage. Da die Zahlungsverpflichtungen aus Energielieferungen, welche der Verwalter nach Eröffnung des Insolvenzverfahrens beziehe, jedoch Masseschulden gemäß § 55 Abs. 1 Nr. 2 InsO seien, werde ein Einnahmenausfallrisiko des Energieversorgungsunternehmens zumeist nicht bestehen oder zumindest erheblich gemindert sein.

Damit seien aber die berechtigten Interessen des Energieversorgungsunternehmens gewahrt, so daß der Neuabschluß eines Energielieferungsvertrages nicht unter Hinweis auf die Insolvenzeröffnung abgelehnt werden könne.[249]

d) Folgerungen für § 105 Satz 1 InsO

Die dargestellten Problemkreise haben gezeigt, daß die generelle Annahme eines dem Insolvenzverwalter zustehenden Rechts auf Ablehnung der weiteren Vertragserfüllung des bestehenden und Abschluß eines neuen Energieversorgungsvertrages keineswegs so selbstverständlich ist wie es die oft nur pauschale Bezugnahme auf § 6 EnWG a.F. in der Rechtsprechung vermuten läßt. Im übrigen verhilft der Kontrahierungszwang dem Insolvenzverwalter regelmäßig nur zu einem Neuabschluß zu allgemeinen Tarifbedingungen.[250] Die Rechtsprechung des BGH hat sich in der Vergangenheit diesbezüglich allerdings nicht einheitlich gezeigt. In konkursrechtlichen Entscheidungen hat der BGH zwar regelmäßig betont, daß auch Sonderabnehmer gemäß § 6 EnWG a.F. einen Anspruch auf Abschluß eines neuen Belieferungsvertrages besitzen, allerdings nicht zu Sonderkundenbedingungen, sondern lediglich zu allgemeinen Tarif- und Versorgungsbedingungen.[251] In anderen Entscheidungen hat der BGH eine Kontrahierungspflicht auf der Grundlage von § 6 EnWG a.F. jedoch auch zu von den allgemeinen Versorgungsbedingungen und Tarifpreisen abweichenden Vertragsbestimmungen zugelassen, sofern sich die Festlegung in entsprechender Anwendung der §§ 315, 316 BGB in den Grenzen billigen Ermessens befinde.[252]

Darüber hinaus ist die Abschlußfreiheit nicht bei allen Zulieferverträgen, auf deren Fortbestand der Insolvenzverwalter häufig angewiesen ist, durch einen Kontrahierungszwang eingeschränkt. Es geht in diesem Zusammenhang zu weit, einen

---

[249] *Busche*, S.468f.; *Bydlinski*, FS-Hämmerle, 31, 52.
[250] BGH, Urteil vom 01.07.1981, BGHZ 81, 90, 94; *Büdenbender*, Rn.846, Fn.19.
[251] BGH, Urteil vom 01.07.1981, BGHZ 81, 90, 94; BGH, Urteil vom 19.10.1960, KTS 1961, 8, 11.
[252] BGH, Urteil vom 28.09.1982, BB 1983, 1498f.; BGH, Urteil vom 01.07.1971, BB 1971, 1175f.; dagegen *Tegethoff/Büdenbender/Klinger*, 13.EL (1993), § 6 EnWG, Rn.85; *Scholz*, S.78; *Büdenbender*, Rn.769.

Kontrahierungszwang zur Deckung des unerläßlichen Bedarf der Masse für Monopolunternehmen generell über § 826 BGB zu begründen, falls keine speziellen Kontrahierungspflichten einschlägig sind.[253]

Durch § 105 Satz 1 InsO erübrigt sich zukünftig eine eingehende Auseinandersetzung mit den dargestellten Problemkreisen. Da der Insolvenzverwalter gemäß § 105 Satz 1 InsO nach der Begründung des Regierungsentwurfes die Fortsetzung des ursprünglichen Energieversorgungsvertrages verlangen kann, ohne zugleich die rückständigen Raten als Masseschulden begleichen zu müssen, ist er zur Erreichung dieses Zwecks nicht mehr auf den Kontrahierungszwang nach § 10 EnWG angewiesen.[254] § 105 Satz 1 InsO bietet dem Insolvenzverwalter darüber hinaus den großen Vorteil, daß er das Energieversorgungsunternehmen auch an einem mit dem Schuldner geschlossenen Sonderkundenvertrag festhalten kann. Diese Folge ist ebenfalls Teil der gesetzgeberischen Intention des § 105 Satz 1 InsO gewesen und wird in der Begründung des Regierungsentwurfes ausdrücklich hervorgehoben.[255] § 105 Satz 1 InsO schafft somit unabhängig von dem Bestehen eines Kontrahierungszwanges einen für sämtliche Zulieferverträge einheitlichen Rechtszustand.

Durch § 105 Satz 1 InsO hat sich damit nicht nur die gekünstelt wirkende Konstruktion des Wiederkehrschuldverhältnisses sondern auch der ebenso konstruiert erscheinende (Nachfolge-)Ansatz der Annahme eines Kontrahierungszwangs erledigt.

4. Nichtigkeit des 105 Satz 1?

Marotzke hält § 105 Satz 1 InsO wegen seiner gravierenden Kritik nicht nur für "grundsätzlich fragwürdig"[256], sondern "vielleicht sogar" für nichtig.[257] Die Rechtsprechung hat hingegen schon gezeigt, § 105 Satz 1 InsO als geltendes Recht zu akzeptieren.[258]

---

[253] so aber *Jaeger/Henckel*, § 17 KO, Rn.86.

[254] siehe aber zu den im Rahmen des § 105 Satz 1 InsO bei Energielieferungsverträgen unterschiedlichen Auffassungen der Teilbarkeit unten Teil B. I. 5. b.

[255] Begründung zu § 119 RegE, abgedruckt bei *Kübler/Prütting*, RWS-Dok.18, S.296.

[256] so *Häsemeyer*, Rn.20.27.

[257] in Gegenseitige Verträge, Rn.4.164 unter Hinweis auf das Verwerfungsmonopol des BVerfG; *ders.* in HK, § 105 InsO, Rn.7; *Marotzke* hielt bereits § 36 Abs. 2 VglO für verfassungswidrig, vgl. Gegenseitige Verträge, 1. Auflage 1985, S. 453f.

[258] BGH, Urteil vom 25.04.2002, NJW 2002. 2783f; BGH, Urteil vom 04.05.1995, LM Nr.31 zu § 17 KO; BGH, Urteil vom 27.02.1997, ZIP 1997, 688, 690 worauf auch *Marotzke* hinweist. *Marotzke* fordert diesbezüglich aber eine verfassungskonforme Auslegung im Lichte des allgemeinen Willkürverbotes des Art. 3 Abs. 1 GG.

Angesichts der im Rahmen dieser Untersuchung erzielten Ergebnisse, besteht für die geäußerte Kritik auch gar kein Anlaß und für die Rechtsprechung kein Hinderungsgrund, § 105 Satz 1 InsO insbesondere zum Schutz der Masse und zur Durchsetzung des Grundsatzes der gleichmäßigen Behandlung aller Gläubiger auch weiterhin uneingeschränkt zur Geltung zu verhelfen.

C. Voraussetzungen des § 105 Satz 1 InsO

I. teilbare Leistungen

Zentrales Tatbestandsmerkmal des § 105 Satz 1 InsO ist der Begriff der teilbaren Leistung.

1. Entwicklung des Begriffs

Eine gesetzliche Definition der teilbaren Leistung fehlt bei § 105 Satz 1 InsO ebenso wie schon bei § 36 Abs. 2 VglO.

Im Bürgerlichen Gesetzbuch findet sich der Begriff der Teilbarkeit insbesondere in den §§ 266, 420ff. BGB. Aber auch hier findet sich keine Definition des Teilbarkeit, der BGB-Gesetzgeber hat hierüber auch keine Bestimmungen treffen, sondern die nähere Ausgestaltung der Rechtswissenschaft überlassen wollen.[259]

Die Frage der Teilbarkeit oder Unteilbarkeit entscheidet sich allein nach dem Gegenstand der Leistung.

Im Rahmen der §§ 266, 420ff. BGB sind solche Leistungen teilbar, deren Erfolg außer durch einmalige auch durch mehrere unter sich gegenständlich gleichartige Leistungen hergestellt werden kann.[260] Die Leistungsteile dürfen sich nur quantitativ voneinander unterscheiden, zusammengenommen müssen sie den Leistungsgegenstand ergeben, und die Zerlegung muß ohne Wertminderung und ohne inhaltliche Wesensveränderung erfolgen.[261]

Ausgehend von diesen Grundsätzen hat das Reichsgericht bereits 1937 zur Frage der Teilbarkeit im Sinne des § 36 Abs. 2 VglO eine Abgrenzungsformel entwickelt: eine Leistung ist dann teilbar, wenn ein beliebiger Leistungsanteil seinem Wesen und seinem Wert anteilig der Gesamtleistung entspricht, d.h. sich nur der Größe, nicht der Beschaffenheit nach von ihr unterscheidet.[262]

Dieser Formulierung haben sich im Grundsatz sowohl der BGH[263] als auch die Literatur[264] nahezu einhellig angeschlossen.

---

[259] Motive II, S.172f.

[260] *Enneccerus-Lehmann*, Band II, § 4 IV, S.24.

[261] *Staudinger-Noack*, § 420 BGB, Rn.13; *Staudinger-Selb*, § 266, Rn.3; Müko-*Bydlinski*, § 420 BGB, Rn.4.

[262] RG, Urteil vom 18.08.1937, RGZ 155, 306, 313.

[263] BGH, Urteil vom 21.10.1976, BGHZ 67, 242, 246; BGH, Urteil vom 10.03.1994, ZIP 1994, 715, 717.

[264] *Nerlich/Römermann-Balthasar*, § 105 InsO, Rn.7; *Kübler/Prütting-Tintelnot*,

Das Reichsgericht und später auch der BGH haben allerdings darauf hingewiesen, daß diese Abgrenzungsformel für den Bereich des Insolvenzrechtes nicht starr, sondern nur unter Berücksichtigung des Gesetzeszwecks im jeweiligen Einzelfall anzuwenden sei.[265]

So ist im Rahmen der §§ 266, 420ff. BGB beispielsweise anerkannt, daß die Verpflichtung zur Herstellung eines Werkes als nicht teilbar anzusehen ist.[266] Für den Bereich des Insolvenzrechts hat der BGH dieses Verständnis jedoch als zu eng abgelehnt. Ausgehend von einem insolvenzspezifischen Maßstab hält es der BGH keineswegs für ausgeschlossen, auch Werkleistungen und Bauverträge unter § 36 Abs. 2 VglO fallen zu lassen, wenn die Umstände des Einzelfalles, vor allem die Ausgestaltung des jeweiligen Bauvertrages und die Wechselbeziehung von Leistung und Gegenleistung hierfür sprechen.[267] In neueren Entscheidungen hat der BGH die Teilbarkeit von Bauleistungen sogar für den Regelfall bejaht.[268] Darüber hinaus sei es nach Auffassung des BGH denkbar, auch ungleichartige Teilleistungen als teilbar im Sinne des § 36 Abs. 2 VglO anzusehen.[269]

2. Reichweite des Tatbestandsmerkmals

Es stellt sich somit zwangsläufig die Frage nach der Reichweite des Begriffs der teilbaren Leistung.

a) Reichsgericht

Das Reichsgericht hat § 36 Abs. 2 VglO die Zielrichtung entnommen, alle Gläubiger aus Dauerschuldverhältnissen, deren zeitlich ablaufende Leistungen ihrem wirtschaftlichen Wert nach geteilt werden können, am Vergleich teilnehmen zu lassen, soweit ihre bis zur Verfahrenseröffnung erbrachten Leistungen in Frage kommen. Dies diene der Erleichterung des Vergleichs und der möglichst gleich-

---

§ 105 InsO, Rn.4; FK-*Wegener*, § 105 InsO, Rn.7; *Bley/Mohrbutter*, § 36 VglO, Rn.48; *Kilger/K.Schmidt*, § 36 VglO, Anm. 6.; *Böhle-Stamschräder/Kilger*, § 36 VglO, Anm.6; *Krull*, InVo 1998, 180f.; BBG-*Goetsch*, §105, Rn.2; a.A. *Langhein*, ZIP 1985, 385, 390.

265 RG, Urteil vom 18.08.1937, RGZ 155, 306, 313; BGH, Urteil vom 21.10.1976, BGHZ 67, 242, 246f.

266 so schon RG, Urteil vom 23.06.1911, JW 1911, 756; RG, Urteil vom 18.08.1937, RGZ 155, 306, 316; *Palandt-Heinrichs*, § 266, Rn.3; Müko-*Bydlinski*, § 420, Rn.5.

267 BGH, Urteil vom 21.10.1976, BGHZ 67, 242, 247. In neueren Urteilen hat der BGH die Teilbarkeit von Bauleistungen sogar für den Regelfall bejaht, vgl. Urteile vom 25.04.2002, NJW 2002, 2783ff. und vom 22.02.2001, ZIP 2001, 1380, 1382.

268 Urteil vom 25.04.2002, NJW 2002, 2783f.; Urteil vom 22.02.2001, ZIP 2001, 1380, 1382.

269 BGH, Urteil vom 21.10.1976, BGHZ 67, 242, 248.

mäßigen Behandlung aller Gläubiger des Vergleichsschuldners und damit dem erklärten Gesetzeszweck des § 36 Abs. 2 VglO. Folglich sei eine weite Auslegung des Begriffes der Teilbarkeit geboten.[270]

b) BGH

Der BGH hat sich in seiner Entscheidung vom 21.10.1976 auf die Rechtsprechung des Reichsgerichtes berufen.

Im Interesse der gleichmäßigen Behandlung aller Gläubiger wolle § 36 Abs. 2 VglO verhindern, daß die für die Erfüllung eines Vergleiches verfügbaren Mittel geschmälert werden und dadurch dessen Zustandekommen erschwert wird. Daher sei es nicht erforderlich, daß die geschuldeten Leistungen gleichartig seien oder sich die Teilleistungen nur im Umfang oder in der Größe von der Gesamtleistung unterschieden. Maßgeblich sei vielmehr, ob und inwieweit nach dem Inhalt des Vertrages einzelne Leistungen von der Gesamtleistung abtrennbar seien und sich die Gegenleistung auf diese Teilleistungen beziehen lasse.

Teilbar sei eine Leistung dann, wenn sie sich in hinreichend verselbständigte Teile aufspalten lasse.[271]

Andererseits gebiete eine wenn auch weite, so doch interessengerechte Auslegung der Teilbarkeit gleichwohl, eine Leistung nicht schon dann als teilbar anzusehen, wenn sich der Umfang und die Art der Teilleistung zu einem bestimmten Stichtag tatsächlich feststellen und berechnen lasse. Dies sei zum einen fast immer so und zum anderen nicht mit dem Zweck des § 36 Abs. 1 VglO zu vereinbaren, weil dieser ansonsten entbehrlich würde.[272]

In seiner Entscheidung vom 10.03.1994 hat der BGH zusätzlich gefordert, daß sich die teilweise erbrachte Gläubigerleistung unter wirtschaftlichen Gesichtspunkten einem entsprechenden Gegenleistungsteil zuordnen lasse.

Der gegenseitige Vertrag als privatautonom gestaltetes System wechselseitig abhängiger Rechte und Pflichten mache es erforderlich, in einer Gesamtschau zu prüfen, ob der fragliche Leistungsteil in einer konkreten Beziehung zu einem bestimmten Bestandteil der Gegenleistung stehe.[273]

---

270 RG, Urteil vom 18.08.1937, RGZ 155, 306, 312f.

271 BGH, Urteil vom 21.10.1976, BGHZ 67, 242, 248f.

272 BGH, Urteil vom 21.10.1976, BGHZ 67, 242, 248f; BGH, Urteil vom 10.03.1994, ZIP 1994, 715, 717; zustimmend *Kübler/Prütting-Tintelnot*, § 105 InsO, Rn.4, der allerdings darauf hinweist, daß eine zeitliche und eine gegenständliche Betrachtung oft zu dem gleichen Ergebnis führten; weitergehend *Nerlich/Römermann-Balthasar*, § 105 InsO, Rn.7, der eine zeitliche Teilbarkeit für ausreichend erachtet, so lange sich der Wert der Teilleistung und die darauf entfallende Gegenleistung des Schuldners bestimmen ließen.

273 BGH, Urteil vom 10.03.1994, ZIP 1994, 715, 717; zustimmend *Kübler/Prütting-*

In der „Segelboot"-Entscheidung vom 22.01.2001[274] hat der BGH diese Grundsätze eingeschränkt:

> Nur eine weite Grenzziehung der Teilbarkeit werde dem Gebot der Gläubigergleichbehandlung im Konkurs gerecht. Daher sei es nicht erforderlich, daß die Vorleistung sich unter wirtschaftlichen Gesichtspunkten einem entsprechenden Gegenleistungsanteil zuordnen lasse. So habe der BGH bereits in seiner Entscheidung vom 04.05.1995[275] unabhängig von diesem Erfordernis die Teilbarkeit von Bauleistungen allgemein bejaht.

In seiner Entscheidung vom 25.04.2002 hat der BGH ausdrücklich betont, dass die restriktive Rechtsprechung zu § 36 Abs. 2 VglO nicht auf § 17 KO und § 9 GesO (und damit wohl auch nicht auf § 103 InsO) übertragbar sei und die Teilbarkeit von Bauleistungen für den Regelfall bejaht. Für die Teilbarkeit reiche es grundsätzlich aus, wenn sich die erbrachten Leistungen feststellen und bewerten liessen.[276]

c) Schrifttum

Das Schrifttum geht im Rahmen des § 105 Satz 1 InsO wie schon bei § 36 Abs. 2 VglO überwiegend davon aus, daß das Kriterium der Teilbarkeit weit auszulegen sei.[277] Als Begründung wird einerseits der Gesetzeszweck des § 36 Abs. 2 VglO herangezogen, der eine Schmälerung der für die Erfüllung des Vergleichs verfügbaren Mittel möglichst verhindern und das Zustandekommen des Vergleichs erleichtern solle.[278] Ferner wird auf die Rechtsprechung des BGH Bezug genommen sowie auf den Gesetzeszweck und die Gesetzessystematik des § 105 Satz 1 InsO verwiesen, die erkennen ließen, daß die Masse nicht verpflichtet werden solle, Mehrungen, die dem Schuldner vor Eröffnung des Verfahrens zugeflossen sind, zu Lasten der Gläubigergemeinschaft aus der Masse zu vergüten.[279]

Tintelnot, § 105 InsO, Rn.7.

[274] ZIP 2001, 1380, 1382.

[275] LM Nr. 31 zu § 17 KO.

[276] in NJW 2002, 2783f.; zustimmend Huber, NZI 2002, 467, 469, der von einer sehr wichtigen und gut handhabbaren Formel spricht.

[277] *Braun-Kroth*, § 105 InsO, Rn.5; Müko-*Kreft*, § 105 InsO, Rn.24, *Mohrbutter/Mohrbutter*, DZWIR 2003, 1,5;Müko-*Hefermehl*, § 55 InsO, Rn.123; *Kübler/Prütting-Tintelnot*, § 105 InsO, Rn.4; FK-*Wegener*; § 105 InsO, Rn.7; *Nerlich/Römermann-Balthasar*, § 105 InsO Rn.7; BBG-*Goetsch*, § 105 InsO, Rn.9; *Tintelnot*, ZIP 1995, 616, 619f.; *Meyer*, NZI 2001, 294, 297; für § 36 Abs. 2 VglO: *Bley/Mohrbutter*, § 36 VglO, Rn.48; *Kilger/K.Schmidt*, § 36 VglO, Anm.6; *Böhle-Stamschräder/Kilger*; § 36 VglO, Anm. 6; *Warneyer*, § 36 VglO, S.57.

[278] *Bley/Mohrbutter*, § 36 VglO, Rn.48; *Kilger/K.Schmidt*, § 36 VglO, Anm.6; *Böhle-Stamschräder/Kilger*; § 36 VglO, Anm. 6; *Warneyer*, § 36 VglO, S.57.

[279] *Kübler/Prütting-Tintelnot*, § 105 InsO, Rn.4; FK-*Wegener*; § 105 InsO, Rn.7, *Nerlich/Römermann-Balthasar*, § 105 InsO Rn.7; *Tintelnot*, ZIP 1995, 616, 619f.

Langhein hält die Abgrenzungsformel des Reichsgerichtes hingegen für wenig aussagekräftig.[280]

Erforderlich für die Bestimmung der Teilbarkeit sei vielmehr eine konkrete Berücksichtigung der jeweiligen Gegenleistung. Nur dann, wenn einem bestimmten Leistungssegment eine selbständige Relation zu Teilen der Gegenleistung innewohne, sich also neben einer rechnerischen auch eine wirtschaftliche Abgrenzbarkeit ergebe,[281] könne von einer Teilbarkeit im Rechtssinne gesprochen werden. Jeder Bestandteil der Gläubigerleistung, der sich nicht unter plausiblen und vernünftigen Gesichtspunkten einem entsprechenden Gegenleistungsteil zuordnen lasse, sei unteilbar. Gegenüber einer weiten Auslegung sei demnach "äußerste Zurückhaltung" geboten.[282]

Marotzke will, ausgehend von seiner Auffassung, daß § 105 Satz 1 InsO mit "weitgehend untauglichen Mitteln einen rechtspolitisch fragwürdigen Zweck" zu erreichen versuche, die Teilbarkeit im Sinne von § 105 Satz 1 InsO nicht "ohne Not über das Unvermeidliche hinaus" ausdehnen.[283] Abgesehen davon, daß die Auffassung *Marotzkes* nicht zutreffend ist,[284] ist es auch dogmatisch nicht haltbar, eine Norm, nur weil man sie für verfehlt hält, in ihrem Anwendungsbereich einzuschränken. Der Gesetzgeber hat für die Schaffung des § 105 InsO sachlich überzeugende Gründe gehabt. Selbst wenn man diese Gründe für rechtspolitisch verfehlt hielte, läge lediglich ein "rechtspolitischer Fehler" vor,[285] der de lege lata unbeachtlich wäre, weil der Richter dem Gesetz unterworfen ist, vgl. § 1 GVG.

Einen sehr weiten Teilbarkeitsbegriff vertreten *Thode*[286] und *Kreft*.[287] Teilbar sei eine Leistung immer dann, wenn sich eine Teilleistung feststellen und bewerten lasse. Daraus folge, daß nur eine höchstpersönlich zu erbringende Leistung, die sich nicht durch einen Dritten fertigstellen lasse, unteilbar sei. *Kreft* sieht den Grund für die Einschränkung des Teilbarkeitsbegriffs bei § 36 Abs. 2 VglO in den damaligen Spannungen zwischen § 36 Abs. 2 VglO und § 17 KO begründet. Das

---

280 in ZIP 1985, 385, 390.

281 in die gleiche Richtung argumentiert *Henckel*, ZZP 84 (1971), 447, 461, der darauf abstellt, ob nach dem Vertragszweck Teilleistungen wirtschaftlich sinnvoll seien. Daß *Henckel* im übrigen § 36 Abs. 2 VglO für überflüssig hält, hängt damit zusammen, daß er dem Kontrahierungszwang gemäß § 6 EnWG a.F., u.U. sogar in analoger Anwendung, den Vorzug einräumt, vgl. ZIP 84 (1971), 447, 462.

282 *Langhein*, ZIP 1985, 385, 390 und 394, was verwundert, weil *Langhein* im wesentlichen nur die Anforderungen des BGH an die Teilbarkeit präzisiert hat.

283 in HK, § 105 InsO, Rn.8.

284 siehe oben Teil B. IV. 2.

285 *Larenz*/Canaris, S.194f.

286 in ZfIR 2000, 165, 181.

287 in FS-Uhlenbruck, 387, 396.

gewandelte Normverständnis zu § 17 KO, welches auch für § 103 InsO gelte, führe dazu, den Teilbarkeitsbegriff des § 105 Satz 1 InsO weit auszulegen.[288]

d) Sinn und Zweck des § 103 InsO

Da § 105 Satz 1 InsO in engem Zusammenhang zu § 103 InsO steht, könnten Sinn und Zweck des § 103 InsO auch auf die Reichweite des Merkmals der teilbaren Leistung Einfluß nehmen.

Sinn und Zweck des § 17 KO bzw. des § 36 Abs. 1 VglO wurden zunächst darin gesehen, in erster Linie und möglichst lange den Vertragspartner des Schuldners zu schützen.[289] Demgegenüber wurde später die Auffassung vertreten, § 17 KO solle es dem Konkursverwalter primär ermöglichen, einen noch nicht vollständig erfüllten Vertrag zum Vorteil der Masse und damit der Gesamtheit aller Gläubiger auszunutzen. Gleichzeitig solle dem Vertragspartner aber der durch das funktionelle Synallagma vermittelte Schutz erhalten bleiben.[290]

Der BGH sieht den Sinn und Zweck des § 103 InsO neuerdings überwiegend in dem Schutz der Masse und der Gläubigergleichbehandlung. Der Masse solle bei Erfüllungswahl des Insolvenzverwalters für die von ihr erbrachte Leistung die ungeschmälerte Gegenleistung zukommen. Vorinsolvenzliche Leistungen des Vertragspartners, die nicht der Masse, sondern dem Schuldner zugeflossen seien, würden bei Erfüllungswahl des Verwalters nicht zu Masseverbindlichkeiten aufgewertet. Anderenfalls würde das dem Insolvenzverwalter eingeräumte Wahlrecht seinen Sinn verlieren und Sanierungschancen in nicht vertretbarer Weise erschwert.[291]

e) Folgerungen für § 105 Satz 1 InsO

Aufgrund der gewandelten Sichtweise des BGH zum Sinn und Zweck des § 103 InsO gehen *Kreft*[292] und *Thode*[293] davon aus, das Merkmal der teilbaren Leistung

---

[288] in Müko, § 105 InsO, Rn.12; *Mohrbutter/Mohrbutter*, DZWIR 2003, 1, 5.

[289] BGH, Urteil vom 21.10.1976, BGHZ 67, 242, 247; BGH, Urteil vom 17.03.1972, BGHZ 58, 246, 249; *Bley/Mohrbutter*, § 36 VglO, Rn.1; *Jaeger/Lent*, § 17 KO, Rn.9; *Brox*, JuS 1984, 657, 668.

[290] *Smid*, § 103 InsO, Rn.3; *Bork*, FS-Zeuner, 297, 309; *Nerlich/Römermann-Balthasar*, § 103 InsO, Rn.3; *Jaeger/Henckel*, § 17 KO, Rn.7; *Kuhn/Uhlenbruck*, § 17 KO, Rn.1

[291] BGH, Urteil vom 13.03.2003, DZWIR 2003, 291, 293; BGH, Urteil vom 22.02.2001, ZIP 2001, 1380f.; BGH, Urteil vom 27.02.1997, ZIP 1997, 688, 689f.; LG Erfurt, Urteil vom 22.04.1999, ZIP 1999, 1453, 1455.

[292] in FS-*Uhlenbruck*, 387, 396; Müko-*Kreft*, § 105 InsO, Rn.14; zustimmend *Graf/Wunsch*, ZIP 2002, 2117, 2120.

sei weit auszulegen und eine Teilleistung immer schon dann anzunehmen, wenn sie sich feststellen und bewerten lasse.

Dies ist insoweit richtig, als sich bereits aus dem Gesetzeszweck des § 105 Satz 1 InsO, der insbesondere dem Masseschutzgedanken sowie der Gläubigergleichbehandlung eine stärkere Durchsetzungskraft verschaffen will, ergibt, die Teilbarkeit nicht über das erforderliche Mindestmaß, welches für eine hinreichend konturierte Abgrenzung im Einzelfall nötig ist, hinaus einzuschränken. Ansonsten würde § 105 Satz 1 InsO den durch seine Einführung in die Insolvenzordnung eröffneten und an den Grundgedanken der Insolvenzordnung orientierten weiten Anwendungsbereich durch seine eigenen Tatbestandsvoraussetzungen wieder einschränken und sich damit quasi "selbst im Wege stehen".

Eine restriktive Interpretation der Teilbarkeit ist insbesondere nicht wegen der den Vertragspartner treffenden Rechtsfolgen des § 105 Satz 1 InsO vorzunehmen.[294]

Der Gesetzeszweck des § 103 InsO blendet aber den Schutz des funktionellen Synallagmas nicht vollständig aus. Die Ausführung gegenseitiger Verträge zum Vorteil der Masse steht zwar im Vordergrund der Erwägungen. Das funktionelle Synallagma schützt den Vertragspartner, abgesehen von dem durch seine Teilleistung eingegangenen Vorleistungsrisiko, aber nach wie vor davor, seine Leistung nur gegen Erhalt der ungeschmälerten Gegenleistung zu erfüllen.[295] Der Vertragspartner wird aufgrund gegenseitiger Verträge nicht gezwungen, eine Vorleistung zu erbringen. Er kann seine Leistung einredeweise verweigern und sie bei drohendem Vermögensverfall des Schuldners bis zu dessen Sicherheitsleistung zurückbehalten. Das funktionelle Synallagma schützt den Vertragspartner insoweit durch eine Zwangs- und Sicherungsfunktion.[296] Dies zeigt sich im Rahmen des § 105 Satz 1 InsO darin, daß dem Vertragspartner im Falle unteilbarer Leistungen die Einrede des nichterfüllten Vertrages bis zur Bewirkung der vollständigen Gegenleistung zusteht. Der Vertragspartner wird durch das funktionelle Synallagma zudem davor geschützt, wegen § 105 Satz 1 InsO weniger aus der Masse zu erhalten, als ursprünglich mit dem Schuldner vereinbart.

Dies führt dazu, daß sich die Vorleistung des Vertragspartners entgegen der Auffassung des BGH[297] einem entsprechenden Gegenleistungsanteil zuordnen lassen

---

[293] In ZfIR 2000, 165, 180f.

[294] a.A. *Langhein*, ZIP 1985, 385, 394; *Häsemeyer*, KTS 1973, 2, 12.

[295] *Smid*, § 103 InsO, Rn.2; *Kübler/Prütting-Tintelnot*, § 103 InsO, Rn.3.

[296] *Smid*, Insolvenzrecht, § 17, Rn.5; *Smid*, § 103 InsO, Rn.2.

[297] der Verweis in der „Segelboot"-Entscheidung vom 22.02.2001 auf das Urteil des BGH vom 04.05.1995 überrascht, weil der BGH dort keineswegs die Teilbarkeit von Bauleistungen allgemein bejaht hat, sondern sich lediglich mit der Aufspaltung von einheitlichen Vertragsverhältnissen befaßt hat, die unter anderem auch durch § 8 Nr.2 VOB/B herbeigeführt werden könne.

muß. Schon von seinem Wortlaut her bezieht 105 Satz 1 InsO die Teilbarkeit auf die gegenseitig geschuldeten Leistungen. Dies kommt durch die Formulierungen "geschuldeten Leistungen" sowie "mit dem der Teilleistung entsprechenden Betrag seines Anspruchs auf die Gegenleistung" zum Ausdruck. Es ist also erforderlich, daß sowohl Leistung als auch Gegenleistung jeweils in sich teilbar sind und in wechselseitiger Beziehung zueinander stehen.[298] Die wechselseitigen Beziehungen sind dabei nach wirtschaftlichen Gesichtspunkten zu bestimmen,[299] weil so eine willkürliche oder gekünstelte Bezugnahme vermieden wird. Dies wird darüber hinaus den beiderseitigen Interessen der Vertragspartner entsprechen, die bei ihren (Teil-)Leistungen zuvörderst ihre jeweiligen wirtschaftlichen Interessen im Auge haben werden. Ob die Teilleistungen nach dem Vertragszweck wirtschaftlich sinnvoll sind, ist allerdings ebenso wenig erforderlich,[300] wie die Berechtigung zu Teilleistungen überhaupt.[301] Anderenfalls wäre es nicht möglich zu ermitteln, ob die Gegenleistung, die der Vertragspartner nach Erfüllungswahl aus der Masse erhält, eine äquivalente Gegenleistung für seine noch zu erbringenden Leistungen darstellt. Es muß aufgrund des funktionellen Synallagmas aber feststellbar sein, welcher Teil der Gegenleistung auf die bereits erbrachten und welcher Teil auf die noch zu erbringenden Leistungen entfällt. Dies erfordert notwendigerweise eine Bezugnahme auf die Gegenleistung des Schuldners.[302]

Kein tauglicher Ansatz zur Bestimmung der Abhängigkeit von Leistung und Gegenleistung ist es, im wesentlichen auf die Parteiabreden von Schuldner und Vertragspartner abzustellen. Genausowenig wie die Vertragsparteien wegen § 119 InsO privatautonom vereinbaren können, daß eine Leistung unteilbar sei, hängt die Bestimmung der Teilbarkeit einer Leistung von den Vereinbarungen der Parteien ab.[303]

Die einzelnen Teilleistungen müssen sich darüber hinaus in hinreichend verselbständigte Einheiten aufspalten lassen. Dies erfordert nicht, daß diese Einheiten wesensmäßig als verkleinerte Einheiten dem Ganzen entsprechen.[304] Ebensowenig

---

[298] diese Wechselbeziehung hat auch der BGH in seiner Entscheidung vom 21.10.1976, BGHZ 67, 242, 248 angesprochen; insofern zustimmend *Langhein*, ZIP 1985, 885, 390.

[299] BGH, Urteil vom 10.03.1994, ZIP 1994, 715, 717; *Kübler/Prütting-Tintelnot*, § 105 InsO Rn.7; *Langhein*, ZIP 1985, 385, 390 spricht von "plausiblen und vernünftigen Gesichtspunkten."

[300] a.A. *Henckel*, ZZP 81 (1971), 447, 461.

[301] *Smid*, § 105 InsO, Rn.2.

[302] ebenso *Scheffler*, ZIP 2001, 1182, 1184.

[303] *Thode*, ZfIR 2000, 165, 181; *Kreft*, FS-Uhlenbruck, 387, 396; a.A. FK-*Wegener*, § 105 InsO, Rn.6; *Hess*, § 17 KO, Rn.41; *Scheffler*, ZIP 2001, 1182, 1184, der allerdings im unklaren läßt, warum ein Dritter die Teilbarkeit einer vertraglichen Leistung nicht zu bestimmen vermag.

[304] BGH, Urteil vom 21.10.1976, BGHZ 67, 242, 246ff.; *Kübler/Prütting-Tintelnot*,

erforderlich ist, daß sich die Leistungen rein gegenständlich trennen lassen. Ausreichend ist auch hier ist die Möglichkeit wirtschaftlicher Teilbarkeit der Gesamtmenge und der entsprechende Bezug zur Gegenleistung.

Unerheblich ist, ob eine Leistung nach rein bürgerlich-rechtlichen Gesichtspunkten teilbar ist oder ob die Parteien überhaupt zu Teilleistungen berechtigt waren, was § 266 BGB grundsätzlich ausschließt. Die Teilbarkeit im Sinne des § 105 InsO erfährt insoweit eine spezifisch insolvenzrechtliche Betrachtungsweise, die sich wie das gesamte neue Insolvenzrecht aus dem Begründungszusammenhang des allgemeinen bürgerlichen Rechts verselbständigt hat.[305]

Fraglich ist, wie die Aussage des BGH in seiner Entscheidung vom 21.10.1976 zu bewerten ist, daß für die Teilbarkeit eine rein stichtagsbezogene Feststellung und Bewertung von Art und Umfang der Teilleistungen nicht ausreichend sei. Dies stehe nicht mehr im Einklang mit § 36 Abs. 1 VglO, der die Gläubiger aus gegenseitigen Verträgen privilegieren und möglichst lange schützen wolle. § 36 Abs. 2 VglO schränke § 36 Abs. 1 VglO zwar ein, hebe ihn aber nicht auf.[306]

Festzuhalten ist zunächst, daß es einen Stichtag für die Feststellung und Bewertung der bereits erbrachten Teilleistungen immer geben wird, um überhaupt ermitteln zu können, in welcher Höhe der Vertragspartner mit seiner Forderung lediglich Insolvenzgläubiger ist, falls sich der Verwalter für die Fortsetzung des Vertragsverhältnisses entscheidet. Dieser Stichtag für die Feststellung und Bewertung der Teilleistungen wird gemäß § 105 Satz 1 InsO durch den Zeitpunkt der Eröffnung des Insolvenzverfahrens bestimmt.

Die Feststellung und Bewertung hat dabei nach den zuvor beschriebenen Kriterien zu erfolgen. Ist demnach unter wirtschaftlicher Betrachtungsweise eine Aufspaltung in einzelne Leistungsbestandteile möglich und ein wirtschaftlicher Bezug zur Gegenleistung festzustellen, liegt eine teilbare Leistung vor, ansonsten nicht. Die Leistung ist also nicht schon per se durch die Eröffnung des Verfahrens teilbar, weil dem Merkmal der Teilbarkeit im Rahmen des § 105 Satz 1 InsO ansonsten auch gar keine eigenständige Bedeutung mehr zukäme. Nicht ausreichend ist es also, daß sich eine erbrachte Teilleistung "irgendwie" feststellen und bewerten läßt, sondern erforderlich ist, daß sie sich wirtschaftlich in hinreichend verselbständigte Teile aufspalten läßt und einen konkreten Bezug zur Gegenleistung aufweist.[307]

§ 105 InsO, Rn.7.

[305] vgl. *Smid*, Insolvenzrecht, § 17, Rn.9ff.

[306] BGH, Urteil vom 21.10.1976, BGHZ 67, 242, 248; ebenso BGH, Urteil vom 10.03.1994, ZIP 1994, 715, 717, in dem der BGH von "zeitlicher Teilbarkeit" spricht.

[307] BGH, Urteil vom 21.10.1976, BGHZ 67, 242, 249.

Unter diesen Voraussetzungen ist es dann aber ausreichend, wenn die Leistungen "zeitlich teilbar" sind.[308] Dem Zeitmoment kommt damit im Ergebnis keine eigenständige Bedeutung zu. Wenn sich nun aber Art und Umfang der Teilleistungen im Zeitpunkt der Verfahrenseröffnung konkret feststellen, bewerten und sich einem entsprechenden Gegenleistungsanteil unter wirtschaftlichen Gesichtspunkten zuordnen lassen, gibt es keinen Grund, eine Teilbarkeit im Sinne des § 105 Satz 1 InsO zu verneinen.[309]

Ein weiter Teilbarkeitsbegriff ist in der Lage, eine große Anzahl von Einzelfällen unabhängig von den vertragspezifischen Besonderheiten zu erfassen, ohne diese letztlich vollständig ausblenden zu wollen. Damit fördert dieser auf Eindeutigkeit angelegte Maßstab im Ergebnis die Rechtsklarheit. Zudem schmälert er das hohe Beurteilungs- und Haftrisiko des Insolvenzverwalters bei dessen Einschätzung von teilbaren und unteilbaren Leistungen. Die Teilbarkeit der Leistung wird häufig das entscheidende Kriterium für die Erfüllungswahl sein, weil im Falle einer unteilbaren Leistung die Masse mit erheblichen Kosten belastet werden kann.[310] Die Erfüllungswahl soll dem Verwalter aber durch die gesetzliche Konzeption der §§ 103, 105 Satz 1 InsO häufiger als unter der alten Rechtsordnung ermöglicht werden. Diese Erwartung des Reformgesetzgebers wird durch einen weiten Teilbarkeitsbegriff somit gefördert.

Anders als § 36 Abs. 2 VglO zu § 36 Abs. 1 VglO steht § 105 Satz 1 InsO auch nicht in beschränkendem Kontext zu § 103 InsO, so daß auch aus diesem Grunde im Rahmen des § 105 Satz 1 InsO keine Einschränkung der Teilbarkeit geboten ist. § 103 InsO kann insoweit nicht als Parallele zu § 36 Abs. 1 VglO herangezogen werden, weil der Vertragspartner des Vergleichsschuldners über die §§ 36 Abs. 1, 50 VglO einen weitergehenden Schutz genossen hat als im Rahmen des § 103 InsO, da der Vergleichsschuldner die weitere Erfüllung des Vertrages nur mit Ermächtigung des Vergleichsgerichtes ablehnen konnte.

Richtig ist auch der Ansatz von *Kreft*, dass die restriktive Anwendung des § 36 Abs. 2 VglO wegen der dogmatischen Spannungen zu § 17 KO keine Auswirkungen auf die Auslegung der Teilbarkeit i.S.d. § 105 InsO besitzt und das § 105 InsO allein schon wegen des gewandelten Normverständnisses des § 105 InsO eine weite Auslegung zu erfahren hat.

---

[308] *Nerlich/Römermann-Balthasar*, § 105 InsO, Rn.7; a.A. BGH, Urteil vom 10.03.1994, ZIP 1994, 715, 717; *Kübler/Prütting-Tintelnot*, § 107 InsO, Rn.4; *Krull*, ZInsO 1998, 291, 293; *Schmitz*, DZWiR 199, 486, 488.

[309] So auch LG Erfurt, Urteil vom 22.04.1999, ZIP 1999, 1453, 1455; *Thode*, ZfIR 2000, 165, 180f.; *Kreft*, FS-Uhlenbruck, 387, 396; a.A. *Huber*, NZI 1998, 97, 100 und *Scheffler*, ZIP 2001, 1182, 1184.

[310] *Thode*, ZfIR 2000, 165, 181.

Als nicht teilbar werden Leistungen aber dann anzusehen sein, wenn den vom Vertragspartner noch zu erbringenden Leistungsteilen keine angemessenen Teilentgelte (mehr) gegenüberstehen, weil z.B. die Entgeltabrede nur auf Grundlage des Gesamtvertrages bewertet werden kann. In einem solchen Fall wäre das subjektive Äquivalenzverhältnis gestört, weil der Vertragspartner im Ergebnis weniger erhielte als ursprünglich mit dem Schuldner vereinbart. Das Tatbestandsmerkmal der teilbaren Leistungen beschränkt insofern zum Schutz des funktionellen Synallagmas den Anwendungsbereich des § 105 Satz 1 InsO. Abzulehnen ist der Ansatz von *Kreft*[311] und *Thode*,[312] unteilbar sei eine Leistung (erst) dann, wenn sie eine höchstpersönliche Leistung darstelle. Die (Un-)Vertretbarkeit der Leistung sagt nichts über deren Gegenstand aus. Es ist beispielsweise vorstellbar, daß ein Konzertveranstalter einen Musiker für eine Tournee engagiert hat und nach einigen Auftritten in die Insolvenz fällt. Entscheidet sich der Verwalter für die Erfüllung des Vertrages, so ist der Musiker wegen seines Anspruches auf die Gegenleistung für die bereits absolvierten Auftritte gemäß § 105 Satz 1 InsO ohne weiteres Insolvenzgläubiger, obschon niemand anderes als der Musiker selbst die weiteren Auftritte absolvieren kann.

Zusammenfassend ist also festzuhalten, daß eine Leistung im Sinne des § 105 Satz 1 InsO dann als teilbar anzusehen ist, wenn sie sich nach wirtschaftlicher Betrachtungsweise in verselbständigte Einheiten aufspalten und sich zu einem konkreten Anteil der Gegenleistung in wechselseitige, wirtschaftliche Beziehung setzen läßt.

f) Problemfall: Geldleistungen

Problematisch ist die Anwendung des § 105 Satz 1 InsO für den Fall, daß der Vertragspartner des Schuldners nicht Gläubiger einer Geldleistungs-, sondern Gläubiger einer Sachleistungsverpflichtung des Schuldners, der Vertragspartner also Geldschuldner ist. Auf den ersten Blick scheint dies paradox zu sein, sind doch Geldleistungen das Paradebeispiel vertretbarer Sachen und damit für Teilleistungen geradezu prädestiniert.

Die Gegenüberstellung jeweils zweier Fallbeispiele soll die Problematik verdeutlichen:

Der Vertragspartner veräußert an den Schuldner 100 kg Kohle zum Preis von 100 EURO (1 EURO pro kg). Der Vertragspartner liefert ohne Gegenleistung 50 kg an. Dann fällt der Schuldner in die Insolvenz.

---

[311] *Kreft*, FS-Uhlenbruck, 387, 396; zustimmend *Uhlenbruck-Berscheid*, § 105 InsO, Rn.6

[312] *Thode*, ZfIR 2000, 165, 181.

Entscheidet sich der Verwalter für die Erfüllung des Vertrages, so muß der Vertragspartner die restlichen 50 kg liefern und erhält dafür als Gegenleistung 50 EURO aus der Masse. Gemäß § 105 Satz 1 InsO kann der Vertragspartner seinen Anspruch auf die 50 EURO aus der ersten Lieferung nur als Insolvenzgläubiger geltend machen.

Hat jedoch im umgekehrten Fall der Schuldner 100 kg Kohle an den Vertragspartner veräußert und hat der Vertragspartner 50 EURO ohne Gegenleistung angezahlt, so ist fraglich, ob nach Eröffnung des Insolvenzverfahrens und Erfüllungswahl des Verwalters durch die Masse nur noch 50 kg geliefert werden müssen und die Masse dafür auch nur noch 50 EURO erhält oder ob die Masse noch 100 kg gegen Zahlung von 100 EURO liefern muß oder ob die Masse gar 100 kg liefern muß und dafür nur noch 50 EURO erhält.

Vom Wortlaut des § 105 Satz 1 InsO her und spiegelbildlich zum ersten Beispiel, ist der Vertragspartner in Höhe seiner vorgeleisteten 50 EURO mit seinem Anspruch auf die Lieferung von 50 kg Kohle lediglich Insolvenzgläubiger, so daß die Masse bei Erfüllung des Vertrages nur noch 50 kg Kohle liefern muß und dafür noch 50 EURO erhält.

Dieses Ergebnis erscheint gerecht und korrespondiert auch mit Sinn und Zweck des § 105 Satz 1 InsO. Für eine Doppelzahlung des Vertragspartners fehlt es an einer gesetzlichen Grundlage[313] und eine Lieferung von 100 kg gegen Zahlung von lediglich 50 EURO spiegelt den alten Rechtszustand unter der Konkursordnung wider und ist nicht mit § 105 Satz 1 InsO zu vereinbaren, der die Masse davor schützen will, Vermögensmehrungen, die dem Schuldner und nicht der Masse zugeflossen sind, zu Lasten der Gläubigergemeinschaft vergüten zu müssen.

Denkt man nun jedoch das einleitende, einfache Beispiel weiter und wendet es beispielsweise auf einen Bauvertrag an, so ist die Sachlage wesentlich diffiziler:

Der Vertragspartner als Bauunternehmer vereinbart mit dem Schuldner als Bauherrn die Errichtung eines Hauses im Wert von 100 TEURO. Der Vertragspartner erbringt bis zur Verfahrenseröffnung ohne Gegenleistung Bauleistungen im Wert von 50 TEURO. Entscheidet sich der Verwalter für die Vertragserfüllung muß der Vertragspartner das Bauwerk vollenden und erhält dafür 50 TEURO aus der Masse. Mit seinem Anspruch wegen der bereits geleisteten Vorarbeiten in Höhe von 50 TEURO ist der Vertragspartner, die Teilbarkeit des Bauwerkes unterstellt,[314] gemäß § 105 Satz 1 InsO lediglich Insolvenzgläubiger. Auch insoweit läßt sich dieses Ergebnis mit Sinn und Zweck des § 105 Satz 1 InsO vereinbaren.

---

[313] *Kübler/Prütting-Tintelnot*, § 105 InsO, Rn.15.
[314] siehe ausführlich unten C. I. 5. c).

Hat nun spiegelbildlich der Vertragspartner als Bauherr des schuldnerischen Bauunternehmens 50 TEURO ohne Gegenleistung angezahlt und entscheidet sich der Verwalter nach Verfahrenseröffnung für die Erfüllung des Bauvertrages so ist unklar, wie die Vertragserfüllung auszusehen hat. Analog der oben geschilderten Gegenüberstellung müßte die Masse lediglich noch Bauleistungen im Wert von 50 TEURO erbringen. Der Vertragspartner müßte hierfür (erneut) 50 TEURO zahlen und hätte dafür ein Haus ohne Dach oder ohne Keller oder etwa ohne Obergeschoß erhalten. Abgesehen davon, daß völlig offen ist, welche Teile des Bauwerkes überhaupt zu errichten sind, hat der Vertragspartner ein Werk erhalten, daß für ihn unter Umständen wertlos ist.[315]

Abschließend soll eine Gegenüberstellung aus dem Bereich des Mietrechts ein kurioses Ergebnis veranschaulichen, welches sich nach den vorerwähnten Grundsätzen ergeben würde.

Mietet der Schuldner für 12 Monate eine Computeranlage ohne die monatlichen Raten zu tilgen und fällt der Schuldner nach 6 Monaten in Insolvenz, so hat der Vermieter wegen § 105 Satz 1 InsO bei Erfüllungswahl nur einen Anspruch auf Zahlung der 6 restlichen Monatsraten. Hat aber andererseits der Mieter als Vertragspartner bereits 6 Monatsraten im voraus angezahlt und wird der Vermieter insolvent, so könnte der Vertragspartner, falls der Verwalter sich für eine Vertragserfüllung entschiede, die Computeranlage nur noch 6 Monate (statt der ursprünglich vereinbarten 12 Monate) nutzen und müßte dafür die entsprechenden Monatsraten an die Masse entrichten.

Die drei Beispielspaare zeigen anschaulich, daß § 105 Satz 1 InsO zwar dann interessengerechte Ergebnisse schafft, wenn der Vertragspartner des Schuldners Sachleistungsschuldner ist, daß aber dann Probleme entstehen, wenn der Vertragspartner Geldleistungsschuldner ist.

Gleichwohl hat diese Problematik in der vergleichsrechtlichen Rechtsprechung und Literatur, soweit ersichtlich, keinerlei Beachtung gefunden.

Im insolvenzrechtlichen Schrifttum hat sich *Tintelnot* hinsichtlich des zuletztgenannten Beispiels aus dem Bereich des Mietrechts richtigerweise dahingehend geäußert, daß dem Vertragspartner in Höhe seiner Vorleistung außerhalb von § 110 Abs. 2 InsO mangels gesetzlicher Grundlage keine Doppelzahlung zuzumuten sei. Der Verwalter könne, falls er Erfüllung wähle, nicht noch einmal Zahlung verlangen, weil er im Hinblick auf die Vorleistung des Vertragspartners die Erfüllung hätte ablehnen können.[316] Doch der Verwalter mag durchaus ein Interesse an

---

[315] ein ähnliches Beispiel findet sich bei *Henckel*, Anm. zu BGH, Urteil vom 27.02.1997, JZ 1998, 155, 157f. allerdings ohne Lösungsvorschlag.

[316] in *Kübler/Prütting*, § 105 InsO, Rn.11 und 15, § 108 InsO, Rn.24 sowie § 110 InsO, Rn.3.

einer Vertragserfüllung haben, etwa dann, wenn er das Mietobjekt nicht anderweitig nutzen, insbesondere weitervermieten kann und er daher wenigstens für weitere 6 Monate den Mietzins vom ursprünglichen Vertragspartner erhält.

Kreft [317] ist für Werkverträge der Auffassung, daß der Insolvenzverwalter des Bauunternehmers nach Erfüllungswahl grundsätzlich nur insoweit noch leisten müsse, als dies mit dem noch ausstehenden Werklohn korrespondiere. Da der Auftragnehmer nach Werkvertragsregeln aber zur Herbeiführung eines Erfolges verpflichtet ist, liege in der teilweisen Errichtung des Bauwerks keine teilweise Erfüllung im werkvertragsrechtlichen Sinne. Daher sei der Insolvenzverwalter verpflichtet, das Bauwerk vollständig zu errichten, auch wenn der Auftraggeber bereits vor Verfahrenseröffnung Teilzahlungen erbracht hat. Der Insolvenzverwalter könne aber für die mit Massemitteln vorgenommene Errichtung des Bauwerkes den gesamten Werklohn verlangen. Der Auftraggeber müsse mithin zweimal zahlen. Diese Lösung sei für den Auftraggeber nicht unangemessen, weil er zum einen für seine ungesicherte Vorauszahlung das Insolvenzrisiko trage, er auch im Fall der Erfüllungsablehnung lediglich Insolvenzgläubiger geblieben wäre und er das Werk ohnehin, meist zu höheren Kosten, vollenden lasse müsse.

Diese Ansicht sieht sich gravierenden Bedenken ausgesetzt. Das Äquivalenzverhältnis zwischen den Parteien wäre erheblich gestört, wenn der Insolvenzverwalter den Vertragspartner dazu verpflichten könnte, mehr zu leisten, als ursprünglich mit dem Schuldner vereinbart. Es besteht ein großer Unterschied darin, ob man mit einer Forderung ausfällt oder ob man aufgrund des Ausfalls noch einmal leisten muß. Sicherlich trägt der Vertragspartner wegen seiner Vorleistung das Insolvenzrisiko. Das ist für den Vertragspartner regelmäßig bereits enorm belastend. Der Vertragspartner wird darüber hinaus häufig gar nicht in der Lage sein, eine Doppelzahlung zu leisten. Die maximale Leistungsverpflichtung des Vertragspartners stand bei Vertragsschluß fest, darauf konnte er sich einstellen, für eine Doppelzahlung besteht weder eine vertragliche noch, abgesehen von § 110 Abs. 2 InsO, eine gesetzliche Grundlage.[318] Im übrigen trifft es nicht durchgehend zu, daß der Vertragspartner mit einem nicht vollständig vollendeten Werk nichts anfangen kann und das die anderweitige Fertigstellung zumeist mit höheren Kosten verbunden wäre. Der Vertragspartner könnte die restlichen Arbeiten beispielsweise in Eigenleistung erbringen oder auf die ursprünglich vereinbarte Errichtung eines Kellers verzichten.

Marotzke geht davon aus, daß nach dem Gesetzeswortlaut die Anwendung des § 105 Satz 1 InsO davon abhängig sei, daß der Gegenleistungsanspruch des Vertragspartners auf Geld gerichtet ist. Dies sei zwar nicht zwingend, aber nahelie-

---

[317] in FS-Uhlenbruck, 387, 400 und in Müko, § 105 InsO, Rn.18; zustimmend *Uhlenbruck-Berscheid*, § 105 InsO, Rn. 23 und 36.
[318] ebenso *Scheffler*, ZIP 2001, 1182, 1187.

gend, um den Anwendungsbereich des nach seiner Auffassung ohnehin verfehlten § 105 Satz 1 InsO in Grenzen zu halten.[319]

Aus dem Gesetzeswortlaut läßt sich eine entsprechende Einschränkung des § 105 Satz 1 InsO jedoch nicht folgern. Auch wenn § 105 Satz 1 InsO auf Sukzessivlieferungs- und Energieversorgungsverträge fokussiert sein mag,[320] kann sich der "Betrag" des Anspruchs des Vertragspartners auch aus einer Umstellung gemäß § 45 InsO ergeben.[321] Darüber hinaus wäre eine Begrenzung auf Geldforderungen auch nicht sachgerecht, was zum einen der Fall der Wiederherstellungspflicht des schuldnerischen Mieters[322] und zum anderen das eingangs erwähnte Beispiel der Lieferung vertretbarer Sachen zeigt.[323]

Auch wird man nicht kategorisch von vorneherein bei ungleichartigen Sachgesamtheiten die Teilbarkeit der Leistungen verneinen können.[324] Sofern sich Leistungs- und Gegenleistungsanteil hinreichend bestimmen lassen, erfordert die Teilbarkeit im Sinne des § 105 Satz 1 InsO bei Sachleistungen des Vertragspartners nämlich nicht, daß die Teilleistungen gleichartig sind.[325] Daher wäre es nicht systemkonform, im spiegelbildlichen Fall, wenn also der Schuldner Inhaber der Sachleistungsverpflichtung ist, immer von einer Unteilbarkeit der Leistungen auszugehen.

Eine interessengerechte Anwendung des § 105 Satz 1 InsO ist aber dann überschritten, wenn die Teilerfüllung der Masse nach Erfüllungswahl des Verwalters für den Vertragspartner wert- oder nutzlos, sprich von keinem Interesse (mehr) ist. Diese Möglichkeit besteht, weil der Vertragspartner rein faktisch nicht mehr die ursprünglich vereinbarte Gegenleistung erhält. Die Situation stellt sich für den Vertragspartner im Vergleich zum umgekehrten Fall, in dem der Vertragspartner Sachleistungsschuldner ist und die in Geld bestehende Gegenleistung des Schuldners in einen werthaltigen und in einen nicht werthaltigen Teil zerfällt, bei einer Sachleistungsverpflichtung des Schuldners ungleich problematischer dar, weil er,

---

[319] in HK, § 105 InsO, Rn.17.

[320] *Kübler/Prütting-Tintelnot*, § 105 InsO, Rn.15.

[321] *Scheffler*, ZIP 2001, 1182, 1186; *Kreft*, FS-Uhlenbruck, 387, 400; *Kübler/Prütting-Tintelnot*, § 105 InsO, Rn.15.

[322] vgl. BGH, Urteil vom 10.03.1994, ZIP 1994, 715ff.; *Kübler/Prütting-Tintelnot*, § 105 InsO, Rn.15 sowie ausführlich unten C. I. 5. d) bb).

[323] worauf auch *Marotzke* in HK, § 105 InsO, Rn.17 hinweist; auch dem Anwendungsbreich des § 36 Abs. 2 VglO stand es nicht entgegen, daß der Schuldner eine Sachleistung zu erbringen hatte, vgl. *Bley/Mohrbutter*, § 36 VglO, Rn.48.

[324] so aber wohl *Scheffler*, ZIP 2001, 1182, 1186f.

[325] BGH, Urteil vom 21.10.1976, BGHZ 67, 242, 248; *Nerlich/Römermann-Balthasar*, § 105 InsO, Rn.7; *Kübler/Prütting-Tintelnot*, § 105 InsO, Rn.4; a.A. ohne Begründung *Bley/Mohrbutter*, § 36 VglO, Rn.48; für das allgemeine Zivilrecht a.A. *Staudinger-Noack*, § 420, Rn.16; Müko-*Bydlinski*, § 420, Rn.4.

plastisch ausgedrückt, im Ergebnis nicht lediglich weniger "in der Tasche hat", sondern er etwas erhält, was er unter Umständen gar nicht gebrauchen kann.

Bei der Lieferung vertretbarer Sachen wird ein Interessefortfall regelmäßig nicht der Fall sein. Dies führt dazu, daß bei der Lieferung vertretbarer Sachen die Masse daher, wie im Eingangsbeispiel erläutert, nur noch anteilig die ihr obliegende Leistung zu erfüllen braucht. Zwar mag der Vertragspartner im Einzelfall auf vollständige Lieferung angewiesen sein. Es steht dem Vertragspartner insoweit frei, durch Verhandlungen, die auch zu einer freiwilligen Doppelzahlung führen können, mit dem Verwalter eine Gesamtlieferung zu vereinbaren.

In den Fällen ungleichartiger Sachgesamtheiten muß dem Vertragspartner hingegen das Recht eingeräumt werden, sich bei Wert- oder Nutzlosigkeit der Gegenleistung auf Interessefortfall zu berufen und entsprechend § 323 Abs. 1 BGB vom Vertrag zurückzutreten oder gemäß § 281 Abs. 1 Satz 2 BGB Schadensersatz zu fordern, den der Vertragspartner aber nur als Insolvenzforderung geltend machen kann.[326] Nur so läßt sich verhindern, daß der Vertragspartner eine Leistung erhält, mit der er nichts anfangen kann. Sollte der Vertragspartner allerdings ein Interesse daran haben, die entsprechende Teilleistung noch zu erhalten, so gibt es auch keinen Grund, sie ihm nicht zu gewähren, wenn sich der Verwalter für die Vertragserfüllung entscheidet. Um dem Vertragspartner diese Möglichkeit offenzuhalten, ist eine kategorische Begrenzung des Anwendungsbereiches des § 105 Satz 1 InsO auf Sachleistungen des Vertragspartners genauso abzulehnen wie die denkbare Variante, dem Insolvenzverwalter die Erfüllungswahl zu verweigern. Interessefortfall wird darüber hinaus aber auch dann vorliegen, wenn der Vertragspartner zwar ein grundsätzliches Interesse an der Teilleistung aus der Masse hat, Verwalter und Vertragspartner sich aber nicht einigen können, welcher Teil der ungleichartigen Teilleistung noch zu erbringen ist. Diese Lösung erscheint interessengerechter als der von *Balthasar*[327] gemachte Vorschlag, dem Verwalter ein Wahlrecht analog § 366 Abs. 1 BGB einzuräumen, weil ansonsten der Vertragspartner im Zweifel doch eine für ihn nutzlose Teilleistung erhalten kann.

In Einzelfällen wird man darüber hinaus von der Unteilbarkeit der Leistung auszugehen haben. Das von *Henckel*[328] formulierte Beispiel, eines Vertragspartners,

---

[326] *Kübler/Prütting-Tintelnot*, § 105 InsO, Rn.15; *Brandes*, RWS-Forum 9, S. 1, 9; *Gutewort*, S.46, der aber bei Interessenfortfall des Vertragspartners von der Unteilbarkeit der Leistung ausgeht; a.A. Scheffler, ZIP 2001, 1182, 1186. Für Teilleistungen des Schuldners vor Verfahrenseröffnung OLG Frankfurt, Urteil vom 31.05.1978, BB 1978, 1087f; *Jaeger/Henckel*, § 17 KO, Rn.80; *Kuhn/Uhlenbruck*, § 17 KO, Rn.18t.

[327] In *Nerlich/Römermann*, § 105 InsO, Rn.10.

[328] in JZ 1998, 155, 157f. Das Beispiel macht im übrigen deutlich, daß eine Unteilbarkeit auch jenseits höchstpersönlicher Leistungen existiert, vgl. C. I. 2. e).

der beim Schuldner ein Porzellanservice gekauft und angezahlt hat, mag hier exemplarisch herangezogen werden.

Wenn sich nicht ermitteln läßt, ob nun Tassen, Teller oder etwa Eierbecher nicht mehr zu liefern sind, dann liegt im Zweifel keine Teilbarkeit vor. Diese Feststellung resultiert aber nicht aus dem besonderen Umstand, daß der Vertragspartner Geldleistungsschuldner ist, sondern aus dem schon erläuterten Grundsatz, daß eben immer dann, wenn sich einem Leistungsanteil nicht ein hinreichend bestimmter Gegenleistungsanteil zuordnen läßt, von der Unteilbarkeit der Leistung auszugehen ist. Im Beispiel von *Henckel* wäre dies im spiegelbildlichen Fall, wenn also der Vertragspartner einen Teil des Services ohne Gegenleistung angeliefert hätte, nicht anders.

3. unteilbare Leistungen

Im Rahmen des § 36 Abs. 2 VglO war anerkannt, daß bei Unteilbarkeit der Leistung auch nur einer Vertragspartei § 36 Abs. 2 VglO unanwendbar war.[329]

Der BGH hat in der „Sachsenmilch"-Entscheidung,[330] in der er die Rechtslage unter Geltung der Insolvenzordnung bereits vorweggenommen hat, sowie in seiner Entscheidung vom 04.05.1995,[331] die sich mit dem umgekehrten Fall der Vorleistung des Gemeinschuldners befaßte, die Behandlung der Rechtslage im Fall einer unteilbaren Gegenleistung ausdrücklich auf sich beruhen lassen. Es gibt allerdings keinen Grund anzunehmen, warum der BGH § 105 Satz 1 InsO bei unteilbaren Leistungen für anwendbar halten sollte. Schon nach dem Wortlaut der Norm müssen die beiderseitigen Leistungen, wie bei § 36 Abs. 2 VglO, teilbar sein, insoweit rechtfertigt auch der Gesetzeszweck keine andere Beurteilung. Im übrigen gebietet die mit der Unteilbarkeit der Leistung in der Regel verbundene geschlossene Einheitlichkeit des Vertrages den Verzicht auf gekünstelte Brüche und komplizierte Rechenansätze, um so unter Umständen zu einer Anwendung des § 105 Satz 1 InsO zu gelangen.[332]

Im Falle unteilbarer Leistungen verbleibt es somit bei der Grundregel des § 103 Abs. 1 InsO.[333]

---

[329] BGH, Urteil vom 21.10.1976, BGHZ 67, 242, 246; BGH, Urteil vom 24.02.1969, BGHZ 51, 350, 355; BGH, Urteil vom 23.02.1972, NJW 1972, 827f.; *Bley/Mohrbutter*, § 36 VglO, Rn.48.

[330] BGH, Urteil vom 27.02.1997, ZIP 1997, 688f.

[331] in LM Nr. 31 zu § 17 KO.

[332] *Kepplinger*, S.135 findet die Differenzierung zwischen teilbaren und unteilbaren Leistungen unter Hinweis auf die manchmal schwierige Abgrenzung bedenklich.

[333] ebenso *Kreft*, ZIP 1997, 865, 870; *Krull*, NZI 1998, 66f.

4. Reichweite des § 105 Satz 1 InsO

Bevor die Wirkungsweise des § 105 Satz 1 InsO, insbesondere das Tatbestandsmerkmal der teilbaren Leistung, bei verschiedenen Vertragstypen im einzelnen näher untersucht werden soll, ist zunächst näher zu bestimmen, ob die Anwendbarkeit der Norm allgemein auf bestimmte Arten von Schuldverhältnissen zu beschränken ist.

Voraussetzung für die Anwendbarkeit des § 105 Satz 1 InsO ist, daß es sich bei dem Vertragsverhältnis zwischen Schuldner und Vertragspartner um einen gegenseitigen, synallagmatischen Vertrag im Sinne der §§ 320ff. BGB handelt. Dies ergibt sich aus der systematischen Stellung des § 105 Satz 1 InsO hinter § 103 InsO, der schon vom Wortlaut das Vorliegen eines gegenseitigen Vertrages erfordert.

Über dieses Erfordernis hinaus, könnte man allerdings der Auffassung sein, die Reichweite des § 105 Satz 1 InsO auf Verträge über die fortlaufende Lieferung von Waren oder Energie zu begrenzen:

Die Begründung des Regierungsentwurfes zur Insolvenzordnung hebt die vorgenannten Verträge über die fortlaufende Lieferung von Waren oder Energie explizit hervor. Gerade bei diesen Verträgen soll § 105 Satz 1 InsO es dem Insolvenzverwalter ermöglichen, für die Zukunft Erfüllung zu verlangen, ohne dadurch auch für die Vergangenheit zur vollen Erfüllung verpflichtet zu werden.[334]

Die Begründung des Entwurfs einer Vergleichsordnung von 1933[335] erläutert, daß durch die Einführung von § 36 Abs. 2 VglO die Unterscheidung von Sukzessivlieferungsverträgen und Wiederkehrschuldverhältnissen hinfällig werden sollte, um dem Verwalter auch bei Sukzessivlieferungsverträgen die Erfüllungswahl zu ermöglichen, ohne daß auch die rückständigen Raten zu Masseforderungen würden.

Die Begründung bezieht sich hierbei ausdrücklich auf Verträge, die auf die Lieferung von Gas, Wasser oder Elektrizität gerichtet sind.[336]

Die Erläuterungen von Vogels zur Vergleichsordnung vom 26.02.1935[337] sprechen weniger die Unterscheidung von Sukzessivlieferungsvertrag und Wiederkehrschuldverhältnis an, sondern weisen zurückhaltender auf die Unzuträglichkeiten hin, die sich aus der Behandlung der Sukzessivlieferungsverträge im Vergleichsverfahren ergeben hätten.

---

[334] Begründung zu § 119 RegE, abgedruckt bei *Kübler/Prütting*, RWS-Dok.18, S. 296.

[335] Entwurf einer Vergleichsordnung, Berlin 1933, S. 44, 46.

[336] Entwurf einer Vergleichsordnung, Berlin 1933, S. 45.

[337] in DJ 1935, 373, 375.

Henckel geht davon aus, daß der Anwendungsbereich des § 36 Abs. 2 VglO auf Energielieferungsverträge oder jedenfalls auf Verträge über die fortlaufende Lieferung von Waren im allgemeinen beschränkt war.[338] Nach Einführung des § 6 a.F. des Energiewirtschaftsgesetzes vom 13.12.1935, sei § 36 Abs. 2 VglO obsolet geworden. Der Gesetzgeber habe durch § 36 Abs. 2 VglO die Abgrenzung des Sukzessivlieferungsvertrages vom Wiederkehrschuldverhältnis entbehrlich machen wollen. Durch die gesetzliche Anordnung des Kontrahierungszwanges sei die Konstruktion des Wiederkehrschuldverhältnisses jedoch unnötig geworden. Das Problem, das § 36 Abs. 2 VglO überwinden wollte, sei damit anderweitig gelöst, § 36 Abs. 2 VglO wirke bei fortdauernder Anwendung nur noch vergleichshindernd.[339]

Schon das Reichsgericht ging allerdings davon aus, daß § 36 Abs. 2 VglO über die Entbehrlichkeit der Unterscheidung zwischen Sukzessivlieferungsvertrag und Wiederkehrschuldverhältnis hinaus, alle Gläubiger aus Dauerrechtsverhältnissen, deren zeitlich ablaufende Leistungen sich ihrem wirtschaftlichen Werte nach teilen lassen, am Vergleiche des Schuldners teilnehmen lassen wolle.[340] Der BGH hat diese weite Auslegung des Anwendungsbereiches des § 36 Abs. 2 VglO in mehreren Entscheidungen bestätigt.[341] Auch in der vergleichsrechtlichen Literatur finden sich keine Hinweis auf eine Beschränkung des Anwendungsbereiches des § 36 Abs. 2 VglO.[342]

Auch aus der amtlichen Begründung zu § 36 Abs. 2 VglO vom 26.02.1935 ergibt sich nicht, daß der Anwendungsbereich des § 36 Abs. 2 VglO auf Energielieferungsverträge beschränkt sein sollte.

§ 36 Abs. 2 VglO bestimmt aus Billigkeitsgründen im Interesse der Erleichterung des Vergleichs und der möglichst gleichmäßigen Befriedigung aller Gläubiger des Vergleichsschuldners, daß ein Gläubiger mit seinen bereits vor Verfahrenseröffnung erbrachten Leistungen lediglich Vergleichsgläubiger ist.[343] Ebensowenig läßt sich eine Beschränkung aus der Begründung zum Entwurf einer Vergleichsordnung von 1933 entnehmen.[344] Die Anwendung des § 36 Abs. 2 VglO über

---

[338] Bei Verträgen, die zur Deckung eines unerläßlichen Bedarfs der Masse nicht entbehrt können, aber nicht unter einen Kontrahierungszwang fallen, will *Henckel* mit einer Analogie zu § 6 Energiewirtschaftsgesetz a.F. oder mit zivilrechtlichen Generalklauseln arbeiten, vgl. ZZP 81 (1971), 447, 462.

[339] *Henckel*, ZZP 99 (1986), 419, 442; *ders.* ZZP 81 (1971), 447, 461f.

[340] RG, Urteil vom 18.08.1937, RGZ 155, 306, 312f.

[341] BGH, Urteil vom 21.10.1976, BGHZ 67, 242, 247; BGH, Urteil vom 10.03.1994, ZIP 1994, 715, 717.

[342] vgl. nur *Bley/Mohrbutter*, § 36 VglO, Rn.48.

[343] amtliche Begründung zur Vergleichsordnung vom 26.02.1935, DJ 1935, 389f.; *Vogels*, DJ 1935, 373, 375;

[344] a.A. *Henckel*, ZZP 99 (1986), 419, 442, der jedoch übersieht, daß die Begründung lediglich Verträge, über die fortlaufende Lieferung von Energie aufgrund

Energielieferungsverträge hinaus auf sämtliche Dauerrechtsverhältnisse fördert diesen Gesetzeszweck und damit das Zustandekommen des Vergleichs und wirkt demzufolge keineswegs vergleichshindernd.

Entsprechendes gilt für § 105 Satz 1 InsO.

Die Begründung des Regierungsentwurfes hebt Verträge über die fortlaufende Lieferung von Waren oder Energie zwar ausdrücklich hervor und verdeutlicht zudem, daß die Konstruktion des Wiederkehrschuldverhältnisses durch § 105 Satz 1 InsO überflüssig werde. Durch die Wendung "insbesondere" wird jedoch deutlich, daß Energielieferungsverträge lediglich exemplarisch hervorgehoben werden sollten und darüber hinaus sämtliche Verträge über teilbare Leistungen von der Regelung erfaßt werden. Ferner spricht die Begründung davon, daß Rechtsprechung und Literatur "jedenfalls für Energieversorgungsverträge" mit dem Wiederkehrschuldverhältnis ähnliche Ergebnisse erzielt haben.[345] Auch insofern wird deutlich, daß für andere Verträge die Regelung des § 105 Satz 1 InsO erforderlich ist und anwendbar sein soll.

Eine Beschränkung des Anwendungsbereiches auf bestimmte Vertragstypen wäre auch nicht mit den Zielen der Insolvenzordnung in Einklang zu bringen. Die Insolvenzordnung ist gerade darauf ausgerichtet, die Insolvenzmasse zu stärken und eine gleichmäßige Behandlung aller Gläubiger zu ermöglichen. Eine Einbeziehung sämtlicher Vertragstypen in den Anwendungsbereich des § 105 Satz 1 InsO fördert diese Ziele und ist somit geboten. Gründe, die eine andere Sichtweise rechtfertigten, sind nicht ersichtlich.

Im insolvenzrechtlichen Schrifttum herrscht demzufolge auch Einigkeit darüber, daß § 105 Satz 1 InsO nicht auf Sukzessivlieferungsverträge, insbesondere Energielieferungsverträge oder auf sonstige Dauerschuldverhältnisse beschränkt ist. [346]

Auch *Pape* sieht die Bedeutung des § 105 Satz 1 InsO nicht nur im Bereich von Lieferungsverträgen, sondern auch für Dauerschuldverhältnisse, die nicht unter die §§ 108ff. InsO fallen. Wegen dogmatischer Schwierigkeiten, Ansprüche aus Dauerschuldverhältnissen wie teilbare Leistungen zu behandeln und weil sich in der Begründung kein Hinweis darauf finde, daß der Gesetzgeber § 105 Satz 1 In-

---

deren praktischer Bedeutung exemplarisch hervorhebt.

345 Begründung zu § 119 RegE, abgedruckt bei *Kübler/Prütting*, RWS-Dok.18, S. 296.

346 selbst *Marotzke*, der ansonsten § 105 Satz 1 InsO ablehnend gegenübersteht, begrenzt § 105 Satz 1 InsO in HK, § 105 InsO, Rn.8-14 insofern nicht; vgl. im übrigen *Smid*, § 105 InsO, Rn.2; *Nerlich/Römermann-Balthasar*, § 105 InsO, Rn.2; FK-*Wegener*, § 105 InsO, Rn.5; *Tintelnot*, ZIP 1995, 616, 620; *Haarmeyer/Wutzke/Förster*, S.554; *Huber*, NZI 1999, 98, 100.

sO auch auf Dauerschuldverhältnisse anwenden wollte, müsse § 105 Satz 1 InsO zumindest analog angewendet werden.[347]

Eine analoge Anwendung ist nicht erforderlich. § 105 Satz 1 InsO erfaßt Dauerschuldverhältnisse unmittelbar.[348] Dies ergibt sich schon daraus, daß die in der Regierungsbegründung explizit hervorgehobenen Energielieferungsverträge lediglich eine spezifische Ausprägung eines Dauerschuldverhältnisses sind[349] und die Begründung des Regierungsentwurfes eine Anwendung des § 105 Satz 1 InsO auch auf sonstige Dauerschuldverhältnisse nicht verbietet. Ein ausdrücklicher Hinweis in der Regierungsbegründung ist für eine direkte Anwendung nicht erforderlich, die Regierungsbegründung ist bewußt weit gefaßt, um jegliche Verträge über teilbare Leistungen zu erfassen.[350] Ob die einzelnen Ansprüche aus Dauerschuldverhältnissen wie teilbare Leistungen zu behandeln sind, ist darüber hinaus auch keine Frage der grundsätzlichen Anwendbarkeit der Vorschrift, sondern eine Frage der spezifischen Vertragskonstruktion im jeweiligen Einzelfall, inwieweit also das Tatbestandsmerkmal Teilbarkeit der Leistungen angenommen werden kann oder nicht.[351]

5. Einzelfälle

a) Sukzessivlieferungsverträge

Der wohl bedeutendste Anwendungsfall des § 105 Satz 1 InsO ist der Regelungsbereich der Verträge über die fortlaufende Lieferung von Waren oder Energie. Die Begründung des Regierungsentwurfes zu § 119 hebt diese Verträge als Anwendungsfall des § 105 Satz 1 InsO ausdrücklich hervor. Gerade im Bereich der Lieferung von Gas, Wasser oder Strom wollte der Gesetzgeber durch § 105 Satz 1 InsO einen Regelungszustand herbeiführen, der auf der einen Seite die Unterscheidung zwischen Sukzessivlieferungsverträgen und Wiederkehrschuldverhältnissen, auf der anderen Seite aber auch die "Behelfskonstruktion" der Annahme eines Kontrahierungszwanges entbehrlich macht.

---

[347] in Kölner Schrift, 531, 557, Rn.38; *ders.* in WPrax 1995, 25, 28; ebenso *Pilgram*, S.138; ähnlich Müko-*Hefermehl*, § 55 InsO, Rn.124, m.E. aber unter mißverstandener Bezugnahme auf BGH, Urteil vom 10.03.1994, ZIP 1994, 715, 717; unentschieden BBG-*Goetsch*, § 105 InsO, Rn.11.

[348] so auch *Kübler/Prütting-Tintelnot*, § 105 InsO, Rn.10.

[349] siehe oben B. I. 3.

[350] Es wäre, wie auch *Pape* betont, in der Tat ein Wertungswiderspruch, den Lieferanten einer teilbaren Leistung auf die Quote zu verweisen, nicht aber den Vermieter oder Leasinggeber beweglicher Sachen. Dies ist vom Gesetzgeber aber berücksichtigt worden, zumal auch gemäß § 19 KO vorkonkursliche Rückstände nur quotal bedient wurden, vgl. *Tintelnot*, ZIP 1995, 616, 620.

[351] siehe dazu unten C. I. 5. d) aa)

Ferner wollte der Gesetzgeber es dem Insolvenzverwalter ermöglichen, Energielieferungsverträge mit den Versorgungsunternehmen zu den bisherigen Konditionen fortzusetzen.[352]

Anhand des Stromlieferungsvertrages soll daher exemplarisch dargestellt werden, ob sich die Intentionen des Gesetzgebers für die zukünftige Behandlung von Sukzessivlieferungsverträgen durch § 105 Satz 1 InsO auch tatsächlich erreichen lassen.

Voraussetzung ist, daß die Leistungen eines Stromlieferungsvertrages teilbar im Sinne des § 105 Satz 1 InsO sind.

Stromlieferverträge lassen sich in zwei Kategorien einteilen, die sich durch unterschiedliche Abnehmergruppen voneinander unterscheiden: in Tarifabnehmer- oder Kleinabnehmerverträge sowie in Sonderabnehmerverträge. Innerhalb der Sonderabnehmerverträge sind wiederum verschiedene Unterkategorien voneinander abzugrenzen.

Tarifabnehmer- oder Kleinabnehmerverträge sind Verträge mit Kunden, die zu allgemeinen Bedingungen und allgemeinen Tarifpreisen versorgt werden.[353]

Das Entgelt für die Versorgungsleistung setzt sich in der Regel zusammen aus einem verbrauchsabhängigen Teil, dem Arbeitspreis, einem Mengen- oder Stückpreis, der in erster Linie die mit der Energieerzeugung entstehenden Kosten decken soll sowie aus einem verbrauchsunabhängigen Teil, dem Leistungspreis, mit dem die Bereitstellung der für die Versorgung erforderlichen Erzeugungs- und Verteilungsanlagen sowie die ständige Kapazitätsvorhaltung abgegolten wird. Der Leistungspreis ist unabhängig von der tatsächlichen Energieabnahme zu entrichten.[354] Dem Versorgungsunternehmen obliegt gemäß §§ 1 Abs. 1, 5 Abs. 1 der Verordnung über Allgemeine Bedingungen für die Elektrizitätsversorgung von Tarifkunden (AVBEltV) vom 21.06.1979 eine Lieferpflicht.[355] Mit der Lieferpflicht der Versorgungsunternehmen korrespondiert eine Verpflichtung zur permanenten Lieferbereitschaft, also zur ständigen Vorhaltung elektrischer Energie.[356] Eine Abnahmepflicht des Tarifkunden besteht demgegenüber nicht. Die Verpflichtung des Kunden in § 3 Abs. 1 AVBEltV, seinen Bedarf aus dem Verteilungsnetz des Versorgungsunternehmens zu decken, beinhaltet lediglich die Verpflichtung des Kunden, keine unstatthafte Eigenanlage zu betreiben.[357]

---

[352] Begründung zu § 119 RegE, abgedruckt bei *Kübler/Prütting*, RWS-Dok.18, S. 296.
[353] *Tegethoff/Büdenbender/Klinger*, 13.EL (1993), § 6 EnGW a.F., Rn.84.
[354] *Langhein*, ZIP 1985, 385, 386f.
[355] BGBl. I., S. 684.
[356] *Fuchs-Wissemann*, S.147f.
[357] *Fuchs-Wissemann*, S.146.

Sonderabnehmerverträge werden demgegenüber mit Kunden geschlossen, die sich nach ihrem Leistungsbedarf, der Verbrauchsmenge, der Benutzungsdauer und der Belastungskurve von den Tarifabnehmern unterscheiden.[358] Die Vertragskonditionen, die grundsätzlich privatautonom gestaltet werden können, richten sich nach dem persönlichen Bedarf und den Anforderungen des Abnehmers. Je nach Energieversorgungsunternehmen und Abnehmern, die vom industriellen Großkunden, über weiterverteilende Energieversorgungsunternehmen bis zum kleingewerblichen Betrieb an der Grenze zum Tarifkunden reichen, variieren die Vertragsdauer und die Kündbarkeit des Vertrages, die Erhebung von Baukostenzuschüssen bei erstmaligem Anschluß sowie die Grundlagen der Preisermittlung. Es werden Mindestabnahmepflichten vereinbart oder die Preisbemessung erfolgt nach bestellter oder gemessener Leistung. Ferner werden Rabatte für bestimmten zeitlich begrenzten oder an bestimmte Verbrauchseinrichtungen gebundenen Strombezug, für gute Belastungsverhältnisse, eine große Mengenabnahme oder für intensive und langfristige Benutzungsdauer gewährt.[359]

Für Sonderkunden mit im wesentlichen gleichartigen Bezugsanforderungen sind seitens der Energieversorgungsunternehmen tarifähnlich gestaltete allgemeine Vertragsbedingungen geschaffen worden, auf deren Gestaltung der einzelne Sonderkunde in der Regel keinen Einfluß hat.[360]

Gemeinsam ist den Sonderabnehmerverträgen, daß sie günstigere Versorgungsbedingungen als Tarifabnehmerverträge gewähren und daß gemäß § 11 Abs. 5 der 5. Verordnung zur Durchführung des Energiewirtschaftsgesetzes vom 21.10.1940[361] ein Anspruch auf Anschluß und Versorgung zu Sonderkonditionen nach den allgemeinen Kontrahierungspflichten der Energieversorgungsunternehmen nicht besteht.

Ähnlich wie bei den Tarifabnehmerverträgen zerfällt das Entgelt für den Strombezug auch bei Sonderabnehmerverträgen regelmäßig in einen Arbeitspreis und in einen Leistungspreis. Der Leistungspreis wird im Rahmen eines langfristig angelegten Vertragsverhältnisses als Jahrespreis vereinbart, auf den der Kunde monatliche oder zweimonatliche Abschläge bzw. Vorauszahlungen leistet.

aa) Sukzessivlieferungsvertrag-Wiederkehrschuldverhältnis

Die Diskussion um die rechtliche Behandlung von Kleinabnehmer- und Sonderabnehmerverträgen war in Rechtsprechung und Literatur in der Vergangenheit

[358] *Tegethoff/Büdenbender/Klinger*, 13.EL (1993), § 6 EnGW a.F., Rn. 84.
[359] *Langhein*, ZIP 1985, 385, 386.
[360] *Wichmann*, S.20f.
[361] RGBl. I 1940, 1391; BGBl. III 752, 1-5.

überwiegend geprägt von der Auseinandersetzung um die Klassifizierung des Stromlieferungsvertrages als Sukzessivlieferungsvertrag oder als Wiederkehrschuldverhältnis.

Die Diskussion entsprang der unter der Konkursordnung vorherrschenden Auffassung, daß der Konkursverwalter, wollte er sich für die Erfüllung eines Energielieferungsvertrages entscheiden, auch die bis zur Konkurseröffnung aufgelaufenen Rückstände als Masseschulden begleichen mußte, wenn sich nicht der Energielieferungsvertrag anstatt als Sukzessivlieferungsvertrag als Wiederkehrschuldverhältnis einstufen ließe.[362]

Während der Sonderabnehmervertrag von Rechtsprechung[363] und Schrifttum[364] einhellig als Sukzessivlieferungsvertrag angesehen wurde, war die rechtliche Behandlung des Kleinabnehmervertrages umstritten. Während das Reichsgericht[365] den Kleinabnehmervertrag als Wiederkehrschuldverhältnis eingestuft hat, hat der BGH[366] hierzu nie abschließend Stellung genommen. Der BGH hat die Frage, in Gegensatz zu mehreren Untergerichten[367] mehrfach offengelassen, weil er mit der Annahme eines Kontrahierungszwanges für die Versorgungsunternehmen zugunsten des Verwalters zu den gleichen Ergebnissen gelangt ist, wie mit der Annahme eines Wiederkehrschuldverhältnisses.

Das Schrifttum[368] ging entweder überwiegend davon aus, daß es sich bei Kleinabnehmerverträgen um Wiederkehrschuldverhältnisse handele oder es hielt die Beantwortung dieser Frage ebenfalls unter Hinweis auf die Kontrahierungspflicht der Versorgungsunternehmen für entbehrlich.

Fraglich ist jedoch, welche Erkenntnisse sich für die rechtliche Behandlung der Energielieferungsverträge im Rahmen des § 105 Satz 1 InsO aus der Einstufung

---

[362] siehe oben B. I. 3.

[363] RG, Urteil vom 13.09.1935, RGZ 148, 326, 332; BGH, Urteil vom 19.10.1960, KTS 1961, 8f.; BGH, Urteil vom 21.4.1982, ZIP 1982, 854, 855; BGH, Urteil vom 01.07.1981, BGHZ 81, 90, 91; OLG Frankfurt, Urteil vom 20.03.1981, DB 1981, 2072, 2073.

[364] *Kuhn/Uhlenbruck*, § 17 KO, Rn.3; *Jaeger/Henckel*, § 17 KO, Rn.85; *Böhm*, NJW 1953, S.1699f.; *Fuchs-Wissemann*, NJW 1984, 27, 28; RGRK-*Mezger*, vor § 433 BGB, Rn.36; *Fischerhof*, NJW 1954, 1874f; *Larenz*, Schuldrecht I, § 2 VI.

[365] RG, Urteil vom 13.09.1935, RGZ 148, 326, 332.

[366] BGH, Urteil vom 25.09.1952, BB 1952, 868f.; BGH, Urteil vom 19.10.1960, KTS 1961, 8f.; BGH, Urteil vom 21.4.1982, ZIP 1982, 854, 855.

[367] das OLG Frankfurt, Urteil vom 20.03.1981, DB 1981, 2072, 2073 hat Kleinabnehmerverträge als Sukzessivlieferungsvertrag qualifiziert, das OLG Köln, Urteil vom 22.10.1980, NJW 1981, 1105 hingegen als Wiederkehrschuldverhältnis.

[368] *Kuhn/Uhlenbruck*, § 17 KO, Rn.3; *Jaeger/Henckel*, § 17 KO, Rn.85; *Kilger/K.Schmidt*, § 36 VglO, Anm.5.; *Bley/Mohrbutter*, § 36 VglO, Rn.46; *Fuchs-Wissemann*, NJW 1984, 27f.; *Fikentscher*, § 8, Rn.37.

der Verträge als Wiederkehrschuldverhältnis oder als Sukzessivlieferungsvertrag überhaupt gewinnen lassen.

Für die Anwendung des § 105 Satz 1 InsO ist entscheidend, ob die einzelnen Leistungen der Energielieferungsverträge teilbar sind. Die rechtliche Qualifizierung als Sukzessivlieferungsvertrag oder Wiederkehrschuldverhältnis, als sonstiges Dauerschuldverhältnis oder als Ratenlieferungsvertrag ist hierbei nicht von Bedeutung, weil der grundsätzliche Anwendungsbereich der Norm nicht auf bestimmte Vertragstypen beschränkt ist.[369] Die Einordnung des Sonderabnehmervertrages als Sukzessivlieferungsvertrag wurde überwiegend damit begründet, daß es sich bei einem Sonderabnehmervertrag um ein einheitliches, dauerndes Vertragsverhältnis bezüglich aller sich aus dem Bezug von Elektrizität ergebenden Rechten und Pflichten der Parteien handele, welches vom Konkursverwalter folgerichtig nur insgesamt erfüllt oder abgelehnt werden könne.[370]

Von dieser Auffassung rückte der BGH erst durch die „Sachsenmilch"-Entscheidung vom 27.02.1997 ab.[371]

Hier entschied der BGH im Fall eines Milchzulieferungsvertrages, daß die rückständigen Forderungen aus der Zeit vor Verfahrenseröffnung auch im Rahmen des § 17 KO keine Masseschulden seien.

Bei dem Milchzulieferungsvertrag handelte es sich ebenfalls um einen Sukzessivlieferungsvertrag, weil der Vertrag auf längere Zeit ohne Festlegung einer bestimmten Liefermenge, die sich nach dem Bedarf des Abnehmers und der Kapazität des Lieferanten richtete, geschlossen wurde. Ferner hat der BGH bereits 1960 angedeutet, daß im Rahmen des § 36 Abs. 2 VglO bei einem Stromlieferungsvertrag der Arbeitspreis als teilbare Leistung möglicherweise lediglich als Vergleichsforderung geltend gemacht werden könne, der Jahresgrundpreis, seine Unteilbarkeit unterstellt, hingegen als Vollforderung.[372] Der BGH konnte die Frage allerdings offenlassen, da es im zugrundeliegenden Fall um einen Anschlußkonkurs ging, bei dem letztlich einzig die Regelung des § 17 KO einschlägig war.

Diese beiden Entscheidungen machen deutlich, daß sich auch aus der bei Sukzessivlieferungsverträgen im Gegensatz zu Wiederkehrschuldverhältnissen angenommenen Einheitlichkeit des Vertrages für die Teilbarkeit der Leistungen keinerlei Erkenntnisse gewinnen lassen. Die Einordnung eines Stromlieferungsver-

---

[369] siehe oben B. I. 3.

[370] BGH, Urteil vom 19.10.1960, KTS 1961, 8f.; BGH, Urteil vom 01.07.1981, BGHZ 81,90f.; BGH, Urteil vom 21.04.1982, ZIP 1982, 854f.; OLG Frankfurt, Urteil vom 20.03.1981, DB 1981, 2073f.

[371] ZIP 1997, 688ff.; vgl. auch die Vorinstanz OLG Dresden, Urteil vom 04.12.1995, ZIP 1195, 2001ff. sowie OLG Dresden, Urteil vom 28.03.1996, ZIP 1996, 715ff.

[372] BGH, Urteil vom 19.10.1960, KTS 1961, 8ff.

trages als Wiederkehrschuldverhältnis oder als Sukzessivlieferungsvertrag hatte letztlich nur spezifische, mit der Auslegung des § 17 KO zusammenhängende, konkursrechtliche Gründe. Eine Einschätzung im Rahmen des § 36 Abs. 2 VglO oder des § 105 Satz 1 InsO muß unter anderen Gesichtspunkten getroffen werden. Die rechtliche Qualifizierung als Wiederkehrschuldverhältnis bzw. Sukzessivlieferungsvertrag ist damit für die rechtliche Behandlung im Rahmen des § 105 Satz 1 InsO wenig fruchtbar. Für § 105 Satz 1 InsO hat die Unterscheidung zwischen Wiederkehrschuldverhältnis und Sukzessivlieferungsvertrag im Ergebnis jegliche Bedeutung verloren.

bb) Teilbarkeit der Leistungen

Zur Frage der Teilbarkeit der Leistungen eines Stromlieferungsvertrages gibt es in der Rechtsprechung, von der bereits erwähnten Andeutung des BGH aus dem Jahre 1960 abgesehen, keinerlei einschlägige Entscheidungen.[373]

Das vergleichsrechtliche Schrifttum hebt überwiegend die Teilbarkeit der Leistungen aus Energielieferungsverträgen entweder nicht explizit hervor oder begnügt sich mit dem pauschalen Hinweis, daß die fortlaufende Lieferung von Gas, Wasser oder Strom eine teilbare Leistung im Sinne des § 36 Abs. 2 VglO darstelle, ohne sich weiter argumentativ zur Frage der Teilbarkeit zu äußern.[374]

Mohrbutter/Mohrbutter[375] sind weitergehend der Auffassung, daß bei einem Stromlieferungsvertrag die Arbeitspreisforderung des Versorgungsunternehmens für die abgenommene elektrische Energie aus der Zeit vor Eröffnung des Vergleichsverfahrens dem Vergleich unterliege, die Forderung für den Jahresgrundpreis jedoch nicht, wenn dieser nicht teilbar sei.

Auch nach der energierechtlichen Literatur handelt es sich bei rückständigen Arbeitspreisforderungen um Teilleistungen im Sinne des § 36 Abs. 2 VglO. Da sich jedoch der Leistungspreis aus besonderen fixen Kosten des jeweiligen Abnehmers und aus der dauernden Vorhalteverplichtung des Energieversorgungsunternehmens zusammensetze, sei dieser nicht teilbar. Die Dauervorhalteverpflichtung werde nicht sukzessiv in bestimmten Teilen erbracht, sondern sei als Einheit zu

---

[373] das LG Erfurt, Urteil vom 22.04.1999, ZIP 1999, 1453, 1455 hat die Leistungen eines Sonderkundenvertrages unter Bezugnahme auf die neue Rechtsprechung des BGH für teilbar gehalten.

[374] *Bley/Mohrbutter*, § 36 VglO, Rn.48; *Baur/Stürner*, Rn.27.5, *Vogels/Nölte*, § 36 VglO, Anm. III 2; *Warneyer*, § 36, Anm. VII, *Krieg*, § 36, Anm.4. *Kilger/K.Schmidt*, § 36 VglO, Anm.6 weist, allerdings ohne eigenen Lösungsansatz, auf die Problematik bei Sonderkundenverträgen hin.

[375] in Handbuch der Insolvenzverwaltung, XX.71, die jedoch nicht erläutern, wann eine Unteilbarkeit des Jahresgrundpreises anzunehmen sei.

erfassen. Aufgrund der vertraglich vorgesehenen Berechnung nach Abrechnungsjahren sei eine größenmäßige, zeitliche Aufteilung der dem Jahresleistungspreis zugrundeliegenden Leistungen nicht möglich. Die erbrachten Abschlagszahlungen stellten auch kein Äquivalent für den jeweiligen Wert der von dem Energieversorgungsunternehmen erbrachten Leistungen dar.[376]

Sehr ausführlich beschäftigt sich *Langhein*[377] mit der Problematik teilbarer Leistungen bei Sonderkundenverträgen. *Langhein* bejaht im Ergebnis die Teilbarkeit des Arbeitspreises, verneint jedoch eine Teilbarkeit des Leistungspreises.

Im Gegensatz dazu vertritt das neuere insolvenzrechtliche Schrifttum einhellig die Position, daß die Leistungen aus einem Energielieferungsvertrag teilbar sind, ohne allerdings konkret auf die einzelnen Leistungen näher einzugehen und etwa zwischen Arbeits- und Leistungspreis zu unterscheiden.[378] Unter Hinweis auf die Begründung zu § 119 des Regierungsentwurfes, die dem Verwalter ausdrücklich die Möglichkeit einräumt, Verträge über die fortlaufende Lieferung von Waren und Energie zu den gleichen Bedingungen fortzusetzen, sei es nicht möglich, die Teilbarkeit für derartige Verträge zu verneinen.[379]

(1) Arbeitspreis

Der Arbeitspreis stellt ein echtes Äquivalent zu den durch die Messungen des Stromverbrauchs festgestellten Stromlieferungen des Energieversorgungsunternehmens dar. An den Verbrauch einer bestimmten Kilowattmenge Strom ist eine von vorneherein genau bestimmte Zahlungspflicht geknüpft. Die Höhe der jeweiligen Arbeitspreisforderung entspricht daher dem tatsächlichen Verbrauch an Energie, die Arbeitspreisforderung ist damit teilbar im Sinne des § 105 Satz 1 InsO.

Dies gilt sowohl für den Tarifabnehmer- als auch für den Sonderabnehmervertrag.[380]

---

[376] *Büdenbender*, Rn.846f.; *Hermann/Recknagel/Schmidt-Salzer*,Rn.21ff.; *Tegethoff/Büdenbender/Klinger*, 13.EL (1993), § 6 EnWG a.F., Rn.148ff.

[377] in ZIP 1985, 385ff.; eine Auseinandersetzung mit *Langheins* Argumentation folgt sofort unter C. I. 5. a) bb) (2).

[378] HK-*Marotzke*, § 105 InsO Rn.9; *Nerlich/Römermann-Balthasar*, § 105 InsO, Rn.8; ausführlicher auch für Sonderkunden *Smid*, § 105 InsO, Rn.6; *Smid*, Insolvenzrecht, § 17, Rn.22; *Marotzke*, Gegenseitige Verträge, Rn.4.161; *Hess*, § 105 InsO, Rn.7 und 11.; FK-*Wegener*; § 105 InsO, Rn.10; *Kübler/Prütting-Tintelnot*, § 105 InsO, Rn.6; *Tintelnot*, ZIP 1995, 616, 619.

[379] so ausdrücklich *Kübler/Prütting-Tintelnot*, § 105 InsO, Rn.6; *Tintelnot*, ZIP 1995, 616, 619.

[380] *Langhein*, ZIP 1985, 385, 391, 394, der den Arbeitspreis gar als Idealtyp einer teilbaren Leistung bezeichnet.

(2) Leistungspreis

Differenzierter stellt sich die Situation bei den Leistungspreisen dar. Nach den Ausführungen *Langheins* lasse sich der Leistungspreis bei Tarifabnehmerverträgen entsprechend der monatlichen Kündigungsfrist des § 32 Abs. 1 AVBEltV noch als teilbare Leistung auffassen. Da die Mindestvertragsdauer zunächst ein Jahr betrage, sei dieser Zeitraum auch als einheitliches und unteilbares Leistungsverhältnis anzusehen. Die Unteilbarkeit des Leistungspreises bei Sonderkundenverträgen begründet *Langhein* im wesentlichen damit, daß die Versorgung der Sonderkunden regelmäßig besondere und unterschiedliche Leistungsvorkehrungen sowie Investitionen erfordere und die Jahresleistungspreise nicht der vom Energieversorgungsunternehmen vorgehaltenen Jahresleistung entsprächen, sondern nur ein langfristiges Mittel der insgesamt einzufordernden fixen Kosten darstellten.

Nur anhand der vereinbarten Gesamtmindestbezugszeiträume finde eine Kostenkalkulation statt und nicht aufgrund einer an Erfahrungswerten ausgerichteten Kostenschätzung. Ferner bewegten sich die Preise bei industriellen Großkunden häufig im Grenzbereich, weil sie anhand von bestimmten Wettbewerbs- und Marktsituationen gebildet worden seien. Bei einer unterstellten Teilbarkeit des Jahrespreises komme es somit zu erheblichen Störungen des vertraglichen Äquivalenzverhältnisses. Der Sonderkunde könne zu Lasten des Energieversorgungsunternehmens und damit zu Lasten aller übrigen Abnehmer zu Konditionen Strom beziehen, die jenseits vernünftiger Preistellung und sogar unterhalb der tariflichen Ebene lägen.[381]

Diese Ausführungen sehen sich erheblichen Bedenken ausgesetzt.

Zunächst ist nicht einleuchtend, warum eine Teilbarkeit während vertraglicher Mindestlaufzeiten nicht möglich sein soll. Nur aufgrund von Mindestvertragslaufzeiten wird aus dem Vertragsverhältnis keine derartige Einheit, die eine „Aufspaltung“ in sich verselbständigte Teile unmöglich macht. Mindestlaufzeiten werden in aller Regel deshalb vereinbart, um den Kunden für einen bestimmten Zeitraum an sich zu binden, um so eine tragfähige Kalkulationsgrundlage für Art und Umfang der zu erbringenden und der einzufordernden Leistungen zu ermitteln. Durch ein aus Sicht des Vertragspartners unvorhergesehenes Ereignis, der Insolvenz, wird diese Kalkulationsgrundlage aus den Angeln gehoben.[382] Der Vertragspartner sieht sich unter Umständen der Situation ausgesetzt, vorgeleistet zu haben. Wegen § 105 Satz 1 InsO ist diese Vorleistung, deren Teilbarkeit unterstellt, nicht mehr werthaltig.

---

[381] ausführlich in ZIP 1985, 385, 394ff.
[382] nicht durch § 105 Satz 1 InsO, vgl. oben B. IV. 2.

Daß der Vertragspartner seine Leistungen erst bei voller Vertragslaufzeit amortisiert hätte, liegt in der Natur der Sache. Das subjektive Äquivalenzinteresse des Vertragspartners wird hierdurch nicht verletzt, zumal er seine noch zu erbringenden Leistungen nach Verfahrenseröffnung vollständig aus der Masse vergütet erhält. Ebensowenig ist durch § 105 Satz 1 InsO ein Eingriff in die Preiskalkulation des Vertragspartners gegeben.[383]

Insoweit ist es auch nicht zutreffend, daß der Sonderkunde Strom unterhalb des Normaltarifs bezieht. Für die Zeit nach Verfahrenseröffnung läuft das ursprüngliche Vertragsverhältnis weiter, die Forderungen vor Verfahrenseröffnung sind nach der gesetzgeberischen Intention zum Schutz der Masse und wegen der Gleichbehandlung aller Insolvenzgläubiger quotal zu befriedigen. Reine Rechenexempel, daß je nach Zeitpunkt der Insolvenz rein faktisch weniger an das Versorgungsunternehmen geleistet wurde als bei einem normalen Kleinabnehmervertrag, gehen am Kern der Sache vorbei.

Ferner entspricht es betriebswirtschaftlichen Grundsätzen, daß entsprechend aufgestellte Unternehmen Insolvenzen eines Teils ihrer Vertragspartner auf ihre Preisgestaltung umlegen und damit andere Kunden "belasten".

Der Leistungspreis kann demzufolge eine teilbare Leistung im Sinne des § 105 Satz 1 InsO darstellen, sofern ihm sich ein entsprechender Anteil der Gegenleistung, konkret der Vorhalte- und Bereitstellungspflichten der Versorgungsunternehmen zuordnen läßt.

Die Versorgungsunternehmen werden regelmäßig den von ihnen zugrunde gelegten Leistungspreis aufgrund empirischer Grundlagen ermittelt haben, die sich aus der Betrachtung der einzelnen Kundengruppen und einem Vergleich der durchschnittlich anfallenden Aufwendungen für jeden einzelnen Kunden ergeben. Auf diese Weise läßt sich der Jahresleistungspreis hinreichend genau bestimmen und somit auch die täglich, wöchentlich oder monatlich zu erbringenden Leistungsaufwendungen.[384] Dies dürfte zumindest für Tarifkunden und auch für Sonderkunden, die eine ähnliche Bezugsstruktur aufweisen, gelten. Die in regelmäßigen Abständen zu erbringenden Vorauszahlungen bzw. Abschlagszahlungen werden somit das durchschnittliche Leistungsäquivalent für die im entsprechenden Zeitraum bereit gestellten Leistungen des Versorgungsunternehmens darstellen. Dabei mag die Dauervorhalteverpflichtung durchaus als Einheit betrachtet werden. Diese Einheit läßt sich jedoch zwanglos in sich verselbständigte kleinere Einheiten aufteilen.

Bei industriellen Großkunden oder bei besonderen Vertragskonstellationen, etwa Pauschalpreisvereinbarungen, kann im Einzelfall eine andere Beurteilung gerecht-

---

[383] siehe oben B. IV. 2.

[384] ähnlich *Langhein*, ZIP 1985, 385, 396 für typische Sonderkunden.

fertigt sein. Aber auch hier wird das Versorgungsunternehmen grundsätzlich seine mit der Vorhalte- und Bereitstellungsverpflichtung in Verbindung stehenden Aufwendungen kalkulatorisch entsprechend auf die anfallenden Vorauszahlungen umgelegt haben.

Gegebenenfalls werden die Energieversorgungsunternehmen ihre Preisgestaltung zukünftig den insolvenzrechtlichen Vorgaben anzupassen haben. Denn angesichts des insoweit zweifelsfreien Willens des Gesetzgebers[385] soll der Insolvenzverwalter an einem Sonderabnehmervertrag festhalten dürfen, was für eine Veräußerung der werthaltigen Teile oder eine Sanierung des schuldnerischen Unternehmens auch regelmäßig erforderlich sein wird.[386] Wie gezeigt, sprechen die (teilbaren) energievertraglichen Leistungsbestandteile auch nicht gegen diese Zielvorstellung. Energieversorgungsunternehmen ist es demnach verwehrt, durch entsprechend verklausulierte Preisbestimmungen ein unteilbares Leistungsverhältnis herbeizuführen, da die Rechtsfolgen des § 105 Satz 1 InsO ansonsten beliebig umgangen werden könnten.[387] Auch die Leistungspreisforderung stellt demnach sowohl bei Kleinabnehmerverträgen wie auch bei Sonderkundenverträgen eine teilbare Leistung im Sinne des § 105 Satz 1 InsO dar.

Daß die Energieversorgungsunternehmen bei Zahlungsverzug des Schuldners künftig häufiger als bisher den Strombezugsvertrag bereits vor der Eröffnung des Insolvenzverfahrens kündigen werden, ist eine Folge, die durch das Insolvenzverfahrensrecht nicht zu beeinflussen ist. Soweit hierdurch die Insolvenz früher ausgelöst wird, ist dies mit den Intentionen des Gesetzgebers vereinbar.[388] Bedauerlicherweise könnte eine vorzeitige Kündigung aber den alten konkursrechtlichen Rechtszustand des § 17 KO wiederherstellen: Nach der bisherigen Rechtsprechung des BGH hätte der Schuldner wegen des angeblich bestehenden Kontrahierungszwanges einen Anspruch auf Neuabschluß eines Stromvertrages, allerdings zu normalen Tarifbedingungen.[389]

Das gefundene Ergebnis läßt sich unter Beachtung der spezifischen Besonderheiten des jeweiligen Einzelfalles auch auf sonstige Sukzessivlieferungsverträge übertragen. Zu denken ist hierbei beispielsweise an Bierbezugs- oder an Milchzulieferverträge. Im einleitend unter A. I. bereits näher dargestellten "Sachsenmilch"-Fall hat der BGH 1997[390] im Anschluß an zwei Urteile des OLG Dres-

---

[385] Begründung zu § 119 RegE, abgedruckt bei *Kübler/Prütting*, RWS-Dok.18, S. 296.
[386] *Smid*, Insolvenzrecht, § 17, Rn.22.
[387] ähnlich *Kübler/Prütting-Tintelnot*, § 105 InsO, Rn.6.
[388] siehe oben B. V. 2. c) bb).
[389] *Gottwald-Huber*, § 36, Rn.11; *Huber*, NZI 1998, 98, 100 und oben unter B. V. 3. mit den dargestellten Bedenken gegen die uneingeschränkte Geltung des Kontrahierungszwanges.
[390] Urteil vom 27.02.1997, ZIP 1997, 688ff.

den[391] bereits vor Inkrafttreten der Insolvenzordnung, aber unter Hinweis auf § 105 Satz 1 InsO einen Milchzuliefervertrag als teilbar angesehen, wobei er dieses Ergebnis aus einer Auslegung des § 17 KO gewonnen hat, die mit der des entscheidungserheblichen § 9 Abs. 1 GesO identisch ist. Mit dieser Entscheidung hat der BGH konsequent seine Rechtsprechung fortgeführt, nach der die Masse nur für solche Gegenleistungen aufzukommen hat, die nicht dem Schuldner, sondern der Masse selbst zugeflossen sind.[392] Der BGH befindet sich mit seiner Rechtsprechung damit in Einklang mit den durch § 105 Satz 1 InsO beabsichtigten Intentionen des Gesetzgebers.

b) Ratenlieferungsverträge

Ratenlieferungs- oder Teillieferungsverträge unterscheiden sich von den zuvor behandelten Bezugs- oder Dauerlieferungsverträgen dadurch, daß die zu liefernde Gesamtleistungsmenge von vorneherein fest bestimmt ist. Die Gesamtmenge wird nach Abruf oder in vorher fest bestimmten Zeitabschnitten Stück für Stück angeliefert und die Teillieferung entsprechend vergütet. Ein Ratenlieferungsvertrag ist nichts anderes als eine Wegbedingung des disponiblen § 266 BGB, der Teilleistungen grundsätzlich verbietet.[393] Ratenlieferungsverträge, wie beispielsweise die stückweise Lieferung von Heizöl oder Lebensmitteln bereiten im Rahmen des § 105 Satz 1 InsO keine besonderen Schwierigkeiten. Sie beinhalten bereits begriffsnotwendig teilbare Leistungen. Hat demnach der Vertragspartner sich seine Teilleistungen nicht entsprechend vergüten lassen, so ist er nach der Eröffnung des Insolvenzverfahrens mit dem seiner Teilleistung entsprechenden Betrage seines Gegenleistungsanspruchs gemäß § 105 Satz 1 InsO lediglich Insolvenzgläubiger.

c) Werk- und Bauverträge

Es wurde bereits an anderer Stelle darauf hingewiesen, daß Werkverträge, denen im Rahmen der §§ 266, 420ff. BGB zumeist die Teilbarkeit abgesprochen wird, im insolvenzspezifischen Sinne des § 105 Satz 1 InsO durchaus teilbar sein können.[394]

---

[391] Urteil vom 28.03.1996, ZIP 1996, 715ff. und Urteil vom 04.12.1995, ZIP 1995, 2001ff.

[392] vgl. auch BGH, Urteil vom 04.05.1995, LM Nr.31 zu § 17 KO und zuletzt die „Segelboot"-Entscheidung vom 22.02.2001, ZIP 2001, 1380f.

[393] *Fikentscher*, § 8, Rn.37.

[394] s.o. C. I. 1.; a.A. *Heidland*, BauR 1998, 643, 649 unter Bezugnahme auf die BGB-Kommentarliteratur und die zu §§ 327, 346 BGB ergangene Entscheidung des Reichsgerichtes vom 23.06.1911, JW 1911, 756; *Ingenstau/Korbion*, VOB

Es ist auch ohne weiteres einleuchtend, daß beispielsweise ein Haus, welches ohne Dach hergestellt wurde, im Bereich des Leistungsstörungsrechtes des BGB keine Teilleistung, sondern Nichterfüllung darstellt.[395] Für die insolvenzrechtliche Betrachtung gibt es aber gar keinen Grund, das nicht vollständig fertiggestellte Gewerk als teilbare Leistung anzusehen, sofern die bislang erbrachten Leistungen wirtschaftlich betrachtet anteilig der Gesamtleistung entsprechen und sich wirtschaftlich einem entsprechenden Gegenleistungsanteil zuordnen lassen. Werkverträge sind insofern wie alle anderen gegenseitigen Verträge zu behandeln, die nicht auf einen einmaligen Leistungsaustausch gerichtet sind und die grundsätzlich in den Anwendungsbereich des § 105 Satz 1 InsO fallen.

In Rechtsprechung[396] und Schrifttum[397] besteht daher auch weitgehend Einigkeit, daß eine Teilbarkeit von Werkleistungen anzunehmen bzw. keineswegs von vorneherein ausgeschlossen sei. Dies gelte auch für Bauverträge.

Heidland ist hingegen der Auffassung, Werkleistungen seien unteil-bar, weil beim Werkvertrag ein Erfolg geschuldet werde, der gerade nicht teilbar sei, auch wenn zur Erreichung dieses Erfolges in sich abgeschlossene Teile möglich oder gar notwendig und diese nach allgemeiner Verkehrsauffassung als selbständig oder unabhängig anzusehen seien. Inhalt des Bauvertrages sei die Herstellung eines bestimmten, genau zu bezeichnenden Werkes, gleichgültig welche Teilleistungen zur Herstellung nötig seien. Ferner folge die Unteilbarkeit daraus, daß der Schuldner zu Teilleistungen gemäß § 266 BGB nicht berechtigt sei.[398]

Diese Auffassung verkennt, daß es in der insolvenzrechtlichen Abwicklung gerade nicht um werkvertragsrechtliche Erfolgsregeln geht, sondern darum, die Masse nicht mit Gegenansprüchen zu belasten, deren Gegenleistung nicht ihr, sondern dem Schuldner zugeflossen sind und auch darum, es dem Verwalter zu ermöglichen, zugunsten der Masse wirtschaftlich interessante Verträge fortzuführen.[399] Sichtweisen, die bürgerlich-rechtlich, z.B. im Recht der Leistungsstörungen oder

---

Teil B, § 8 VOB/B, Rn.67

[395] Beispiel nach *Staudinger-Selb*, § 266 BGB, Rn.3

[396] BGH, Urteil vom 25.04.2002, NJW 2002, 2783f.; BGH, Urteil vom 22.02.2001, ZIP 2001, 1380, 1382; BGH, Urteil vom 21.10.1976, BGHZ 67, 242, 247f.; BGH, Urteil vom 05.05 1977, BGHZ 68, 379, 381; BGH, Urteil vom 14.02.1980, BauR 1980, 356f.; BGH, Urteil vom 01.02.1962, BGHZ 36, 316, 318; BGH, Urteil vom 04.05.1995, BGH LM Nr.31 zu § 17 KO.

[397] *Kübler/Prütting-Tintelnot*, § 105 InsO, Rn.8; *Nerlich/Römermann-Balthasar*, § 105 InsO, Rn.8; FK-*Wegener*, § 105 InsO, Rn.8; *Kilger/K.Schmidt*, § 36 VglO, Anm.6; *Kirchhof/Kreft*, ZInsO 2000, 449f.; *Bley/Mohrbutter*; § 36 VglO, Rn.48; *Scheffler*, ZIP 2001, 1182, 1183f.; *Thode*, ZfIR 2000, 165, 180f.; *Kreft*, FS-*Uhlenbruck*, 387, 403; *Meyer*, NZI 2001, 294, 297; zweifelnd HK-*Marotzke*, § 105 InsO, Rn.11.

[398] *Heidland*, BauR 1998, 643, 649f.; *Ingenstau/Korbion*, VOB Teil B, § 8 VOB/B, Rn.67 unter Bezugnahme auf *Heidlands* Argumentation.

[399] *Schmitz*, DZWIR 1999, 485, 488.

bei der Vertragserfüllung durchaus ihre Berechtigung besitzen, haben bei einer insolvenzspezifischen Betrachtung hinter die Ziele des Insolvenzverfahrens zurückzutreten und sind entsprechend zu modifizieren. Daher ist es für die insolvenzrechtliche Behandlung auch unerheblich, ob der Vertragspartner zu Teilleistungen im Sinne des § 266 BGB berechtigt ist oder nicht.[400]

Auch *Krull* vertritt die Position, daß Werkleistungen prinzipiell unteilbar sind. Teilbarkeit im insolvenzrechtlichen Sinne erfordere stets eine evidente Teilbarkeit, weil nur ein auf Eindeutigkeit angelegter Maßstab Rechtsunsicherheiten und damit Konfliktpotentiale unter den Beteiligten verhindere.[401] Die einzelnen Leistungen müßten sich, wie vom BGH in seiner Entscheidung vom 21.10.1976[402] vorgegeben, von der Gesamtleistung sinnvoll abtrennen und die Gegenleistungsanteile unter wirtschaftlichen Gesichtspunkten auf die Teilleistungen beziehen lassen. Ein Bauvertrag erfülle diese Differenzierung nur ausnahmsweise.[403]

In der Entscheidung des BGH vom 21.10.1976 ging es um die Erstellung von 120 Eigentumswohnungen in drei Häusern, die der Vertragspartner für den späteren Vergleichsschuldner zu einem Pauschalpreis errichten sollte. Die Vergütung sollte in einem besonderen Zahlungsplan je nach Baufortschritt in 17 Raten entrichtet werden. Der BGH sah sich im Ergebnis wegen der Pauschalpreisvereinbarung nicht in der Lage, eine Teilbarkeit der zum Zeitpunkt der Eröffnung des Vergleichsverfahrens bereits fertiggestellten Wohnungen zu bejahen. Die Ausschreibungsunterlagen sowie das Leistungsverzeichnis hatten nur den Gesamtumfang der auszuführenden Arbeiten festgelegt, nicht aber die Vergütung für die Einzelleistungen, der Zahlungsplan sah keine Teilentgelte für einzelne Arbeiten, sondern nur überschlägige Abschlagszahlungen vor und die Arbeiten an jeder der 120 Eigentumswohnungen waren untrennbar mit den Arbeiten an den Gemeinschaftseinrichtungen verbunden. Da keines der drei zu errichtenden Häuser zum Zeitpunkt der Verfahrenseröffnung bereits fertiggestellt war, kam auch insoweit nach Auffassung des BGH eine Teilbarkeit nicht in Betracht.

Demgegenüber steht eine Entscheidung des BGH aus dem Jahre 1995, die einleitend unter Teil A. III. bereits vorgestellt wurde:

Der BGH hatte sich mit Teilleistungen im Zusammenhang mit der Aufrechnungsbefugnis des Vertragspartners gegen Ansprüche der Masse zu befassen, die aufgrund einer vorkonkurslichen Teilleistung des Schuldners entstanden waren.[404] Der BGH bejahte die Aufrechnungsbefugnis des Vertragspartners unter anderem mit dem Hinweis darauf, daß eine Auf-

---

400 *Smid*, § 105 InsO, Rn.2.
401 in ZInsO 1998, 291, 293; diese Argumentation verwundert, weil eine engere Sichtweise der Teilbarkeit eher größere Abgrenzungsprobleme im Einzelfall und damit weniger Rechtssicherheit mit sich bringen dürfte als eine weite Auslegung, vgl. auch oben C. I. 2. e).
402 BGHZ 67, 242ff.
403 *Krull*, ZInsO 1998, 291, 293.
404 BGH, Urteil vom 04.05.1995, BGH LM Nr.31 zu § 17 KO.

spaltung eines einheitlichen Rechtsverhältnisses dem geltenden Recht nicht fremd sei. So habe der Auftraggeber das Recht, einen Bauvertrag unter Geltung der VOB gemäß § 8 Nr. 2 VOB/B im Konkurs des Auftragnehmers zu kündigen. Gleichzeitig verweist der BGH auf § 36 Abs. 2 VglO sowie § 105 InsO.[405]

Der BGH nimmt in diesem Zusammenhang Bezug auf eine Entscheidung aus dem Jahre 1977, die bezüglich der Vergütung von Teilleistungen des Gemeinschuldners ebenfalls auf § 8 Nr. 2 VOB/B hinweist.[406]

Auf den ersten Blick läßt sich der Verweis des BGH auf § 8 Nr. 2 VOB/B in seinem Urteil vom 04.05.1995 nur schwer mit seinem im Urteil vom 21.10.1976 aufgestellten Maßstab an die Teilbarkeit im Rahmen des § 36 Abs. 2 VglO in Einklang bringen.

Gemäß § 8 Nr. 2 VOB/B kann der Auftraggeber den Bauvertrag in der Insolvenz des Unternehmers kündigen mit der Folge, daß er für den bereits ausgeführten Teil die entsprechende Vergütung zu zahlen hat und für den noch nicht ausgeführten Teil Schadensersatz erhält.

Die für die Abwicklung des Vertragsverhältnisses nach der VOB/B geltenden, notwendigerweise flexiblen Kriterien, die sich unter Umständen lediglich ansatzweise aus der Leistungsbeschreibung oder gar erst durch eine Gegenüberstellung erledigter Leistungsteile mit der Kalkulation des Auftragnehmers ergeben,[407] können im Einzelfall durchaus hinter den Anforderungen des BGH an wesensgleiche, verhältnismäßig werthaltige Teilleistungen, die über eine bloße Feststellung und Bewertung hinausgehen, zurückbleiben.[408]

Fraglich ist jedoch, ob sich der BGH im zugrundeliegenden Fall aus dem Jahre 1995 tatsächlich einzig auf die Kündigung des Bauvertrages als Kriterium für die Teilbarkeit der Leistungen bezogen hat. Die vom BGH angeführte Regelung des § 8 Nr. 2 VOB/B wird in den Entscheidungsgründen nicht in konkreten Bezug zum zu entscheidenden Fall gesetzt, sondern neben anderen Bestimmungen wie § 36 Abs. 2 VglO oder § 105 Satz 1 InsO lediglich allgemein zur Begründung dafür herangezogen, daß sich gegenseitige Verträge überhaupt teilen lassen. Auf die konkrete Teilbarkeit des Bauvertrages ist der BGH gar nicht näher eingegangen. Diese wurde offenbar stillschweigend darauf gestützt, daß die bis zur Kündigung des Bauvertrages verdiente Werklohnforderung des späteren Schuldners

---

[405] ein Verweis auf § 36 Abs. 2 VglO und § 105 InsO findet sich auch in der „Sachsenmilch"-Entscheidung des BGH vom 27.02.1997, ZIP 1997, 688, 690, in der der BGH den durch § 105 InsO geschaffenen Zustand bereits vorweggenommen hat.

[406] BGH, Urteil vom 05.05.1977, BGHZ 68, 379ff.

[407] *Ingenstau/Korbion*, VOB Teil B, § 6 VOB/B, Rn.90.

[408] weitergehend *Krull*, InVo 1998, 180, 182f.; *ders.* in NZI 1998, 66ff.; *ders.* in ZInsO 1998, 291, 293.

zwischen den Parteien unstreitig war und auch tatsächlich ein äquivalentes Entgelt für die bis zur Kündigung erbrachten Leistungen darstellte. Der BGH hatte sich, im Gegensatz zu seiner Entscheidung vom 21.10.1976 letztlich auch gar nicht mit teilbaren Leistungen als Tatbestandsmerkmal des § 36 Abs. 2 VglO bzw. des damals noch nicht in Kraft getretenen § 105 InsO zu befassen, sondern mit einer vorkonkurslichen Aufrechnungsbefugnis des Vertragspartners bei teilweise erbrachten Leistungen des Schuldners. Insofern sollte man die Entscheidung des BGH vom 04.05.1995 nicht dergestalt in Bezug zum Urteil vom 21.10.1976 setzen, daß der BGH seine Anforderungen an die Teilbarkeit der Leistungen gegenüber der früheren Entscheidung auf ein Minimum reduziert hat.[409]

Gleichwohl hat der BGH sich im „Segelboot"-Fall dahingehend geäußert, in der Entscheidung vom 04.05.1995 sei die Teilbarkeit von Bauverträgen, unabhängig davon, ob sich die Leistung des Vertragspartners unter wirtschaftlichen Gesichtspunkten einem Gegenleistungsanteil zuordnen lasse, allgemein bejaht worden.[410] Auch in seiner Entscheidung vom 25.04.2002 hat der BGH die Teilbarkeit von Bauleistungen für den Regelfall bejaht und zum Ausdruck gebracht, dass die restriktive Rechtsprechungzu § 36 Abs. 2 VglO nicht auf § 17 KO und § 9 GesO übertragbar sei.[411]

Der Entscheidung des BGH vom 04.05.1995 ist insofern zuzustimmen, daß sich die Teilbarkeit von Bauleistungen regelmäßig anhand der Grundsätze der Abrechnung von gekündigten Bauverträgen vornehmen läßt.[412] Die vorzeitige Kündigung des Bauvertrages hat zur Folge, daß durch Aufmaß der Umfang der erbrachten Leistungen im Verhältnis zum Gesamtleistungsumfang und der darauf entfallende Vergütungsanspruch festzustellen und zu bewerten ist. Diese Bewertung setzt denknotwendig voraus, daß die jeweiligen Leistungsanteile teilbar sind und in wechselseitige wirtschaftliche Beziehung zur Gegenleistung gesetzt werden, insoweit also hinreichend verselbständigte Einheiten bilden. Es ist nicht erforderlich, daß die Teilbarkeit evident ist. Dafür gibt das Gesetz weder in § 36 Abs. 2 VglO noch in § 105 Satz 1 InsO Anhaltspunkte. Die Teilbarkeit eines Werk- oder Bauvertrages kann daher auch dann vorliegen, wenn sie sich erst aus den Ausschreibungsunterlagen, dem Leistungsverzeichnis oder sonstigen Aufzeichnungen ergibt.[413] Nur weil die Teilbarkeit unter Umständen erst aufgrund aufwendiger

---

409 So aber *Krull*, NZI 1998, 66ff.; *ders.* in ZInsO, 1998, 291, 293; *ders.* in InVo 1998, 180, 182f., wo er die Auffassung vertritt, daß die Konstellation aus dem Jahre 1995 gegenüber der aus dem Jahre 1976 "Lichtjahre" entfernt und daher unrichtig entschieden sei.

410 Urteil vom 22.02.2001, ZIP 2001, 1380, 1382.

411 in NJW 2002, 2783f.

412 Zustimmend *Thode*, ZfIR 2000, 165, 180f.; *Kreft*, FS-Uhlenbruck, 387, 399, 403; *Meyer*, NZI 2001, 294, 297; *Schmitz*, DZWIR 1999, 485, 488.

413 so auch BGH, Urteil vom 21.10.1976, BGHZ 67, 242, 250, der in diesen Unterlagen nach Anhaltspunkten für die Teilbarkeit gesucht hat und der deshalb

Tatsachenfeststellungen geklärt werden kann, wird die Leistung nicht unteilbar.[414] Unerheblich für die Teilbarkeit ist auch, ob die den teilweise erbrachten Leistungen gegenüberstehende Werklohnforderung unstreitig ist oder nicht.[415] Anderenfalls ließen sich durch eine komplizierte oder verdeckte Kalkulation oder durch bloßes Bestreiten der Werklohnforderung die Teilbarkeit und damit letztlich die Wirkungen des § 105 Satz 1 InsO umgehen.

Die Formulierung hinreichend verselbständigte Einheiten als Kriterium der Teilbarkeit meint nicht, daß einzelne Gewerke etwa räumlich voneinander getrennt sein müssen, sondern daß sich unter wirtschaftlichen Gesichtspunkten eine erbrachte Teilleistung als äquivalenter Teil der Gesamtleistung auffassen und sich auf einen konkreten Gegenleistungsanteil beziehen läßt.[416] So kann ein Zahlungsplan für die Annahme der Teilbarkeit ausreichen, sofern sich die einzelnen Abschlagszahlungen am tatsächlichen Baufortschritt orientieren und sie sich nicht nur als einzelne Raten der Gesamtvergütung darstellen.

Auch die Abrechnung nach Einheitspreisen gemäß § 2 Nr. 2 VOB/B wird den Anforderungen an die Teilbarkeit regelmäßig genügen.[417] Beim Einheitspreisvertrag werden zur Berechnung der dem Bauunternehmen zustehenden Vergütung Einheitspreise für technisch und wirtschaftlich einheitliche Teilleistungen genannt, in einer Position des Leistungsverzeichnisses beschrieben und deren Menge nach Maß, Gewicht oder Stückzahl angeben.[418] Es ist also möglich, ggf. in Verbindung mit regelmäßigen Aufmaßen sowie des Bautagebuches eindeutig festzustellen, welche Leistungen wann und zu welchem Preis erbracht worden sind.

Bei einer Pauschalpreisvereinbarung wird indes die Aufteilung der einzelnen Leistungen und der hieraus resultierenden Gegenansprüche mitunter schwierig sein, insbesondere dann, wenn der Pauschalpreis Festpreischarakter hat. Der Pauschalpreis als Gesamtvergütung steht den einzelnen durchzuführenden Arbeiten einheitlich gegenüber, eine Aufteilung und Abrechnung des Pauschalpreises auf einzelne Gewerke ist nicht vorgesehen. Nach der Rechtsprechung des BGH zur Kündigung eines noch nicht vollständig erfüllten Pauschalpreisvertrages läßt sich die Höhe der Teilvergütung aber nach dem Verhältnis des Werts der erbrachten Teilleistungen zum Wert der nach dem Pauschalvertrag geschuldeten Gesamtleis-

---

"verselbständigte Einheiten" keineswegs grundsätzlich nur in den drei insgesamt zu errichtenden Häusern als getrennte Gewerke gesehen hätte.

[414] a.A. *Krull*, ZInsO 1998, 2091, 293; *ders.* in NZI 1998, 66, 67f.

[415] a.A. *Krull*, ZInsO 1998, 2091, 293; *ders.* in NZI 1998, 66, 67f.

[416] zu eng Müko-*Hefermehl*, § 55 InsO, Rn.123.

[417] *Nerlich/Römermann-Balthasar*, § 105 InsO, Rn.8; *Schmitz*, DZWIR 1999, 484, 488; a.A. *Heidland* BauR 1998, 643, 650; unklar BGH, Urteil vom 21.10.1976; BGHZ 67, 242, 250.

[418] *Ingenstau/Korbion*, VOB Teil A, § 5 VOB/A, Rn.8; *Motzke/Pietzcker*, VOB Teil A, § 5 VOB/A, Rn.51

tung errechnen.[419] Diese Berechnung, die gerade bei Globalpauschalverträgen auch spezialisierten und erfahrenen Abrechnern in Bauunternehmen oftmals große Schwierigkeiten bereitet, erfordert, daß die globale Leistung nachträglich in Teilleistungen aufgegliedert und mit Preisanteilen bewertet wird. Hierzu hat der Bauunternehmer die Grundlagen seiner Preiskalkulation offenzulegen oder die maßgeblichen Preisermittlungsgrundlagen unter Beibehaltung des Preisniveaus der vereinbarten Pauschale überhaupt erst nachträglich zusammenzustellen. Untauglich ist das Abstellen auf Subunternehmerrechnungen, auf einen Zahlungsplan oder auf nachträglich gebildete Einheitspreise.[420] Sollte die Feststellung, welche Teile des vom Besteller zu leistenden Pauschalpreises auf welche Teile der Bauleistung des Unternehmers entfallen, nicht möglich sein, wird man von einer unteilbaren Leistung auszugehen haben.[421]

Die Abgrenzung von teilbaren und unteilbaren Leistungen ist in diesen Randbereichen fließend und immer vom jeweiligen Einzelfall abhängig. Liegt dem Pauschalpreisvertrag beispielsweise ein Leistungsverzeichnis zugrunde, welches nicht nur den Gesamtumfang der Leistungen festlegt, sondern auch Ansatzpunkte für die Vergütung der Einzelleistungen beinhaltet, so wird man auch bei einem Pauschalpreisvertrag ohne weiteres die Teilbarkeit der Leistungen annehmen können.[422] Auch eine aus Gründen der Gläubigergleichbehandlung und des Masseschutzes gebotene weite Auslegung des § 105 Satz 1 InsO, die nicht mit einem rein gegenständlichen Begriff der teilbaren Leistungen korrespondiert, sondern in erster Linie auf wirtschaftliche Gesichtspunkte abstellt, wird sich in Einzelfällen auftretenden Abgrenzungsproblemen zu stellen haben. Bei den im heutigen Wirtschaftsleben oftmals verwendeten komplizierten Vertragswerken und neu entwickelten Vertragstypen lassen sich Abgrenzungsfragen auch gar nicht vermeiden. Eine weite Auslegung ist aber, anders als eine enge, gegenständliche Sichtweise, in der Lage, auch diese Verträge zu erfassen. Eine weite Auslegung der Teilbarkeit benachteiligt den vorleistungspflichtigen Bauunternehmer auch nicht unangemessen, weil er durch den durch das Gesetz zur Beschleunigung fälliger Zah-

---

[419] BGH, Urteil vom 29.06.1995, NJW 1995, 2712f.; BGH, Urteil vom 14.02.1980, BauR 1980, 356f.

[420] BGH, Urteil vom 07.11.1996, BauR 1997, 304f.; BGH, Urteil vom 06.03.1997, BauR, 1997, 643f.; *Schmitz*, ZIP 1998, 1421, 1426.

[421] *Scheffler*, ZIP 2001, 1182, 1184; *Schmitz*, ZIP 1998, 1421, 1426.

[422] Richtigerweise weist *Meyer*, NZI 2001, 294, 297 daher daraufhin, daß für die Frage der Teilbarkeit im Sinne des § 105 Satz 1 InsO keine Differenzierung nach der Vergütungsart des Bauvertrages zu erfolgen hat. Auch der BGH bemerkt in der „Segelboot"-Entscheidung, daß vereinbarte Einzelpreise die Zuordnung von Bauleistung und Baulohn erleichterten, aber nicht erst ermöglichten. Zu weit geht aber die Auffassung des BGH, die Teilbarkeit von Bauleistungen allgemein zu bejahen, vgl. Urteil vom 22.02.2001, ZIP 2001, 1380, 1382 und Urteil vom 25.04.2002, NJW 2002, 2783f.

lungen vom 30.03.2000[423] neu eingefügten § 632a BGB für in sich abgeschlossene Teile des Werkes Abschlagszahlungen verlangen kann.[424]

d) Miet- und Pachtverträge

Für Miet- und Pachtverhältnisse finden sich in den §§ 108ff. InsO Regelungen, die als Sondervorschriften § 103 InsO und damit auch § 105 Satz 1 InsO vorgehen.[425] Anders als die §§ 19-21 KO, die für Miet- und Pachtverhältnisse über Mobilien und Immobilien galten, beschränkt § 108 Abs. 1 Satz 1 InsO den Anwendungsbereich auf Miet- und Pachtverhältnisse über unbewegliche Gegenstände und Räume. Darüber hinaus werden gemäß § 108 Abs. 1 Satz 2 InsO auch Miet- und Pachtverhältnisse erfaßt, die der Schuldner als Vermieter oder Verpächter eingegangen war und die sonstige Gegenstände betreffen, sofern diese einem Dritten, der ihre Anschaffung oder Herstellung finanziert hat, zur Sicherheit übertragen wurden. Gemäß § 108 Abs. 1 InsO bestehen solche Verträge mit Wirkung für die Insolvenzmasse fort. Für ein Wahlrecht des Verwalters bleibt somit, unbeschadet der Gestaltungsmöglichkeiten gemäß § 109 InsO, kein Raum. Gemäß § 108 Abs. 2 InsO kann der andere Teil Ansprüche für die Zeit vor der Insolvenzeröffnung nur als Insolvenzgläubiger geltend machen. Diese Regelung entspricht zum einen der bisherigen Auffassung im Geltungsbereich der Konkursordnung,[426] zum anderen verhält sie sich systemkonform zu § 105 Satz 1 InsO, indem sie vorleistende Vertragspartner derselben Rechtsfolge unterwirft.

Der Anwendungsbereich der §§ 103, 105 Satz 1 InsO beschränkt sich somit auf Miet- und Pachtverhältnisse über bewegliche Sachen ohne Refinanzierung im Sinne von § 108 Abs. 1 Satz 2 InsO.

---

[423] BGBl. I 330.

[424] Entsprechende Vereinbarungen wurden gleichwohl auch schon vor Inkrafttreten des § 632a für zulässig erachtet, BGH, Urteil vom 21.02.1985, NJW 85, 1840. A.A. Meyer, NZI 2001, 294, 298, der die Anwendung des § 105 Satz 1 InsO ohne nähere Begründung auf Bauverträge für unbillig hält und daher insoweit teleologisch reduzieren will.

[425] FK-*Wegener*, § 105 InsO, Rn.3.

[426] *Jaeger/Henckel*, § 19 KO, Rn.80; *Kuhn/Uhlenbruck*, § 19 KO, Rn.18; Kilger/K.Schmidt, § 19 KO, Anm.9; für die VglO *Bley/Mohrbutter*, § 51, Rn.33; *Kilger/K.Schmidt*, § 51 VglO, Anm. 3; a.A. *Pape*, WPrax 1995, 25, 28, der aber offensichtlich nur von § 17 KO ausgeht und die konkursrechtlichen Besonderheiten der §§ 19-21 KO außer Acht läßt.

aa) Miet-/Pachtzinsanspruch des Vertragspartners

Die weitaus größte Bedeutung wird im Rahmen von Miet- und Pachtverhältnissen über bewegliche Sachen der Anwendung des § 105 Satz 1 InsO auf rückständige Miet- bzw. Pachtzinsforderungen des Vermieters/Verpächters zukommen. Als Hauptleistungspflichten eines Mietvertrages stehen sich zuvörderst die dauernde Gebrauchsüberlassungspflicht des Vermieters sowie die Pflicht zur Entrichtung des vereinbarten Mietzinses seitens des Mieters gegenüber. Da die zeitbezogene Überlassung eines Gegenstandes ebenso wie die Pflicht zur Zahlung der monatlichen Raten ohne weiteres teilbar ist, steht einer Anwendung des § 105 Satz 1 InsO auf Miet- und Pachtverhältnisse über bewegliche Sachen auch nichts entgegen. Dafür spricht nicht zuletzt die Regelung des § 108 Abs. 2 InsO, die für Verträge über unbewegliche bzw. refinanzierte Sachen die gleiche Rechtsfolge anordnet wie § 105 Satz 1 InsO. Es ist auch nicht ersichtlich, daß der Gesetzgeber Verträge über die Nutzungsüberlassung beweglicher Sachen gegenüber unbeweglichen Sachen oder gegenüber sonstigen Vertragstypen privilegieren wollte. Ansprüche des Vertragspartners auf bis zur Eröffnung des Verfahrens aufgelaufenen Miet- oder Pachtzins sind damit teilbare Leistungen im Sinne von § 105 Satz 1 InsO.[427] Entgegen der bereits erwähnten Ansicht von *Pape*[428] ist § 105 Satz 1 InsO auf Miet- und Pachtverhältnisse unmittelbar anwendbar. Speziell bei Mietverträgen sieht *Pape* eine direkte Anwendung des § 105 Satz 1 InsO als zweifelhaft an, weil es sich bei der Erfüllung der einzelnen Mietzinsraten nicht um Teilleistungen, sondern um vollständige Erfüllung handele.[429]

Richtig ist, daß § 266 BGB auf Mietzinsraten keine Anwendung findet. Das liegt aber darin begründet, daß ein Mietvertrag bezüglich der Mietzinszahlungen von vorneherein Teilleistungen zum Gegenstand hat und es sich bei den monatlichen Mietzinsansprüchen um selbständige Forderungen handelt, die bei Erfüllung dann keine Teilleistung, sondern vollständige Erfüllung darstellen.[430] Daraus lassen sich für Teilleistungen im Rahmen des § 105 Satz 1 InsO jedoch keine Erkenntnisse gewinnen. Abgesehen davon, daß § 266 BGB und § 105 Satz 1 InsO völlig unterschiedliche Regelungsziele besitzen, handelt es sich bei den monatlichen Mietzinszahlungen bereits ausdrücklich um von vorneherein vereinbarte *Teil*leistungen innerhalb des Gesamtvertrages.

---

[427] BGH, Urteil vom 10.03.1994, ZIP 1994, 715, 717 zu § 36 Abs. 2 VglO; *Kübler/Prütting-Tintelnot*, § 105 InsO, Rn.10; *Nerlich/Römermann-Balthasar*, § 105 InsO, Rn.8; HK-*Marotzke*, § 105 InsO, Rn.12; *Hess*, § 105 InsO, Rn.11; *Häsemeyer*, Rn.20.48; *Tintelnot*, ZIP 1995, 616, 620.

[428] in WPrax 1995, 25, 28 sowie in Kölner Schrift, S.531, 556, Rn.37 und oben C. I. 4.

[429] in WPrax 1995, 25, 28 unter Bezugnahme auf § 266 BGB.

[430] Müko-*Keller*, § 266 BGB, Rn.8.

Für die Anwendung des § 105 Satz 1 InsO ist auch nicht die Erfüllung, sondern gerade die Nichterfüllung von entscheidender Bedeutung. Hätte der schuldnerische Mieter bis zu Eröffnung des Verfahrens sämtliche Mietzinsforderungen bezahlt, so käme § 105 Satz 1 InsO unabhängig davon, ob nun Teilerfüllung oder vollständige Erfüllung anzunehmen wäre, gar nicht zur Anwendung. Umgekehrt ist der Anwendungsbereich des § 105 Satz 1 InsO immer dann eröffnet, wenn der erbrachten Leistung des Vertragspartners kein erbrachtes Leistungsäquivalent des Schuldners gegenübersteht, unabhängig davon, ob einzelne Teilleistungen Teilerfüllung oder jeweils vollständige Erfüllung darstellen.

bb) Wiederherstellungsanspruch des Vertragspartners

Der Vermieter hat gegen den Mieter gemäß § 546 Abs. 1 BGB einen Anspruch auf Rückgabe der Mietsache im ursprünglichen Zustand. Dieser Anspruch entsteht bei Vertragsschluß und wird bei Vertragsbeendigung fällig.[431] Nach überwiegender Ansicht steht die Pflicht zur Wiederherstellung des ursprünglichen Zustandes in einem Austauschverhältnis, wenn die Erfüllung des Anspruchs mit erheblichen Kosten verbunden ist.[432]

In dem einleitend unter A. IV. bereits vorgestellten Fall hatte sich der BGH 1994 im Rahmen des § 36 Abs. 2 VglO mit der Frage zu befassen, ob der Wiederherstellungsanspruch des Verpächters teilbar ist.

Der BGH stellte fest, daß die dem Pächter als Hauptleistungspflicht obliegende Wiederherstellung des ursprünglichen Zustandes der Gebrauchsgewährung des Verpächters zugeordnet sei. Der Verpächter überlasse seine Sache dem Pächter nur deshalb zum Gebrauch, weil er davon ausgehen könne, daß sein Vertragspartner die mit dem Gebrauch einhergehenden Veränderungen am Ende der Pachtzeit wieder beseitige. Sobald eine Veränderung seitens des Pächters vorgenommen worden sei, stehe der dadurch ausgelöste Wiederherstellungsanspruch in einer Wechselbeziehung zu dem bis dahin gewährten Gebrauch.[433] Da die Wiederherstellungsleistungen auch Gegenstand eines Werkvertrages und Werkverträge wiederum teilbar im Sinne des § 36 Abs. 2 VglO sein können, ist die Wiederherstellung der Pachtsache dann teilbar, als sie sich auf die Summe mehrerer Veränderungen bezieht, die jeweils Grundlage eines selbständigen Wiederherstellungsanspruches sein können. Aus diesen Erwägungen folgert der BGH, daß dann, wenn die Veränderung vor der Eröffnung des Verfahrens verwirklicht wurde, der ent-

---

431 *Palandt*-Putzo, § 556 BGB, Rn.5.

432 BGH, Urteil vom 16.03.1988, BGHZ 104, 6, 10; BGH, Urteil vom 12.04.1989, BGHZ 107, 179, 183; BGH, Urteil vom 20.10.1976, WM 1976, 1277, 1278; *Soergel-Wiedemann*, § 326 BGB, Rn.23; *Erman-Jendrek*, § 556 BGB, Rn.12.

433 BGH, Urteil vom 10.03.1994, ZIP 1994, 715, 717.

sprechende Teil des Wiederherstellungsanspruchs lediglich Vergleichsforderung sei. Der Wiederherstellungsanspruch dürfe jedoch nicht aufgespalten werden in einen Teil, der sich auf die Beseitigung der bis zur Eröffnung des Verfahrens vorgenommenen Veränderungen bezieht und in einen anderen Teil, der spätere Veränderungen betrifft. Eine Teilung in zeitlicher Hinsicht komme nämlich nicht in Betracht. So sei § 36 Abs. 2 VglO nicht anwendbar, wenn sich die Veränderungen der Sache als einheitlicher Vorgang darstellten, der zwar vor Verfahrenseröffnung begonnen, aber erst danach geendet hat.[434]

Der BGH hat den seiner Entscheidung zugrundeliegenden Sachverhalt zutreffend gemäß § 36 Abs. 2 VglO gewürdigt.[435] Im Rahmen des § 105 Satz 1 InsO werden indes zukünftig wegen § 108 Abs. 1 InsO nur Wiederherstellungsansprüche wegen Veränderungen an beweglichen Sachen in Frage kommen.

Der Wiederherstellungsanspruch ist erst dann voll aus der Masse zu erfüllen, wenn die Veränderungen der Miet-/ Pachtsache nach Verfahrenseröffnung vorgenommen wurden und demnach zum Vorteil der Masse wirken können. Daraus folgt, daß die Masse keine Aufwendungen zu tätigen braucht, die nicht von ihr, sondern vom Schuldner verursacht wurden. Ausgehend von einer wirtschaftlichen Betrachtungsweise ist es auch richtig, daß man die vor Verfahrenseröffnung vorgenommenen Veränderungen in eine konkrete Beziehung zur Gebrauchsüberlassung setzt. Der Grundsatz der Gläubigergleichbehandlung wird sachgerecht gefördert, weil der Vermieter entsprechend seiner Vorleistung mit dem Insolvenzrisiko belastet wird. Zu bedenken ist allerdings, daß der Wiederherstellungsanspruch erst mit Beendigung des Mietverhältnisses fällig wird und der Vermieter somit zwangsläufig mit seiner Pflicht zur Gebrauchsüberlassung in Vorleistung treten muß. Aber auch die Pflicht zur Entrichtung des Mietzinses, die regelmäßig entgegen § 579 Abs. 1 BGB im voraus zu erfüllen ist, schützt den Vermieter aufgrund von Kündigungsfristen oder allein durch bloßen Zeitablauf bei Durchführung eines Herausgabeprozesses nicht davor, mit der Gebrauchsüberlassung in Vorleistung zu gehen, ohne daß dies dazu führen würde, daß der Vermieter mit seiner Forderung nicht mehr nur Insolvenzgläubiger wäre. Der durch die Eröffnung des Verfahrens geschaffene einheitliche Haftungsverbund der Gläubigergemeinschaft soll für eine möglichst gleichmäßige Befriedigung sämtlicher Gläubiger sorgen. Dies kann nur dann erreicht werden, wenn sämtliche ungesicherten, vorleistenden Gläubiger auch gleich behandelt werden.

Die vom BGH vorgenommene Einschränkung der Teilbarkeit auf Veränderungen, die jeweils für sich Grundlage eines selbständigen Wiederherstellungsanspruches sein können, wird in konsequenter Fortführung seiner wirtschaftlichen Betrachtungsweise und der oben unter C. I. 2. d) herausgearbeiteten Grundsätze aber auch

[434] BGH, Urteil vom 10.03.1994, ZIP 1994, 715, 717f.
[435] zustimmend *Giesen*, KTS 1995, 579, 600f, Fn.125.

bei nur einer einzigen Veränderung und damit bei nur einem einzigen Wiederherstellungsanspruch zu gelten haben, sofern sich dessen einzelne Teile wiederum in hinreichend verselbständigte Einheiten trennen und somit einem konkreten Anteil an der Gegenleistung zuordnen lassen. Unter diesen Voraussetzungen kommt auch eine „Aufspaltung" in einen Teil, der sich auf die bis zur Verfahrenseröffnung erfolgten Veränderungen bezieht und in einen anderen Teil, der spätere Veränderungen erfaßt, in Betracht. Die vom BGH verwendete Formulierung "einheitlicher Vorgang" wird demzufolge erst dann erreicht sein, wenn im Sinne des § 105 Satz 1 InsO Unteilbarkeit vorliegt. Das vom BGH nicht für ausreichend erachtete Kriterium der zeitlichen Teilbarkeit ist insoweit mißverständlich und wird dahingehend zu interpretieren sein, daß die Teilbarkeit nicht durch eine bloße gekünstelte Aufbrechung einer an sich unteilbaren Leistung herbeigeführt werden kann.[436]

e) Finanzierungsleasingverträge

Anders als bei rückständigen Mietzinsraten in der Mieterinsolvenz, wird die Frage der Teilbarkeit von bei Verfahrenseröffnung noch ausstehenden Leasingraten in der Insolvenz des Leasingnehmers nicht einhellig beantwortet.

Der BGH[437] und die überwiegende Auffassung im Schrifttum qualifizieren Finanzierungsleasingverträge als einen auf den Austausch wechselseitiger Leistungen gerichteten Gebrauchsüberlassungsvertrag, der nur insoweit vom Leitbild des in den §§ 535ff. BGB normierten Mietrechts abweiche, als für ihn die am kaufrechtlichen Vorbild orientierte Gewährleistungsregelung strukturtypisch ist.[438] Die Hauptleistungspflicht des Leasinggebers besteht in der zeitbezogenen Nutzungsüberlassung des Leasinggutes, so daß auf das Finanzierungsleasing in erster Linie die Regeln des gesetzlichen Mietrechts anwendbar sind.[439] Die Abwälzung der Gefahrtragung und der Sachunterhaltung auf den Leasingnehmer steht der Anwendung der Mietrechtsvorschriften nicht entgegen, weil sie zwar für das gesetzliche Mietrecht nicht typisch, diesem aber auch nicht fremd ist. Entscheidend ist, daß das Schwergewicht des Vertrages nach dem Willen der Vertragsparteien in erster Linie in der für Mietverträge typischen zeitlich begrenzten Gebrauchsüberlassung liegt.[440]

---

436 siehe bereits oben C. I. d).

437 BGH, Urteil vom 05.04.1978, BGHZ 71, 189, 1191ff; BGH, Urteil vom 24.11.1993, ZIP 1993, 1875f.; BGH, Urteil vom 14.12.1989, ZIP 1990, 180, 182; BGH, Urteil vom 28.03.1990, BB 1990, 1017, 1019.

438 *Smid*, § 108 InsO, Rn.7; *Smid-Fehl*, § 9 GesO, Rn.134; Fehl, DZWIR 1999, 89ff.; ders. in BB 1998, Beilage zu Heft 5, 12ff.; *v. Westphalen*, Rn.1551.

439 BGH, Urteil vom 19.02.1986, BB 1986, 900.

440 BGH, Urteil vom 05.04.1978, BGHZ 71, 189, 191.

Folglich ist das Finanzierungsleasing auch im Falle der Insolvenz nach den für Mietverhältnisse geltenden Vorschriften der §§ 108ff. InsO zu behandeln.[441] Zu beachten ist, daß wegen der in den §§ 108ff. InsO bestehenden Sonderregelungen eine Anwendung der allgemeinen Vorschriften der §§ 103, 105 Satz 1 InsO nur bei Leasingverträgen über bewegliche Sachen in Frage kommt, die im Falle der Insolvenz des Leasinggebers nicht von einem Dritten refinanziert worden sein dürfen. Im Falle der Insolvenz des Leasinggebers wird eine Anwendung des § 105 Satz 1 InsO aber nur dann denkbar sein, wenn der Leasingnehmer mit der Zahlung der Leasingraten in Vorleistung getreten ist. Auf die in diesen Fällen auftretende Problematik, daß die Gegenleistungspflicht des Vertragspartners in einer Geldzahlung besteht wurde bereits hingewiesen.[442]

Der BGH hat aber auch mehrfach betont, daß Leasingraten nicht nur das Entgelt für eine zeitlich begrenzte Nutzungsüberlassung seien, sondern zugleich für die vom Leasinggeber erbrachte Finanzierungsleistung.[443] Wegen dieses Finanzierungszwecks des Leasingvertrages sowie dessen im voraus festgelegten Zahlungsmodalitäten seien Leasingraten für bewegliche Gegenstände in der festgelegten Grundmietzeit damit, anders als Mietzinsraten, regelmäßig betagte Forderungen.[444] Ferner sei der Leasinggeber nach der Gebrauchsüberlassung regelmäßig nur noch dazu verpflichtet, den Leasingnehmer nicht in der Nutzung zu stören und ihn bei etwaigen Störungen durch Dritte zu unterstützen.[445]

Wie unter A. V. bereits einleitend dargestellt, resultieren aus diesen Feststellungen unterschiedliche Auffassungen darüber, wie rückständige Leasingraten in der Insolvenz des Leasingnehmers zu befriedigen sind:

Nach einer im Schrifttum verbreiteten Ansicht habe der Insolvenzverwalter bei Erfüllungswahl des Leasingvertrages die bis zur Verfahrenseröffnung aufgelaufenen rückständigen Leasingraten als Masseschulden gemäß § 55 Abs. 1 Nr. 2 InsO voll zu erfüllen.[446]

---

[441] *Smid*, § 108 InsO, Rn.7; *Smid-Fehl*, § 9 GesO, Rn.134; Fehl, DZWIR 1999, 89ff.; ders. in BB 1998, Beilage zu Heft 5, 12ff.;

[442] siehe oben C. I. 2. f).

[443] BGH, Urteil vom 28.03.1990, BB 1990, 1017ff.; BGH, Urteil vom 14.12.1989, ZIP 1990, 180ff.; BGH, Urteil vom 03.06.1992, BGHZ 118, 282, 290.

[444] BGH, Urteil vom 30.01.1997, ZIP 1997, 513ff; BGH, Urteil vom 14.12.1989, ZIP 1990, 180, 182; BGH, Urteil vom 28.03.1990, BB 1990, 1017, 1019; BGH, Urteil vom 03.06.1992, BGHZ 118, 282, 290.

[445] BGH, Urteil vom 14.12.1989, ZIP 1990, 180, 185; BGH, Urteil vom 30.09.1987, NJW 1988, 198ff.; *Eckert*, ZIP 1997, 2077, 2079; *Zahn*, DB 1995, 1597, 1599; *v. Westphalen*, Rn.1549.

[446] *Obermüller*, Rn.7.17; *Obermüller/Livonius* DB 1995, 27f.; *Krull*, ZInsO 1998, 291, 296; *Zahn*, DB 1995, 1597, 1599; *Scheffler*, ZIP 2001, 1182f.

Gerade weil die Summe der Leasingraten beim Finanzierungsleasingvertrag nicht nur die Gebrauchsüberlassung, sondern darüber hinaus auch die Finanzierungsleistung des Leasinggebers vergüte, sei die Leasinggeberleistung nicht sinnvoll "pro rata temporis" teilbar. Die bei Vertragsbeginn vorzunehmende Finanzierungsleistung stehe in untrennbarem Zusammenhang mit der anschließenden Gebrauchsüberlassung.[447] Dies führe dazu, daß die bis zur Eröffnung des Verfahrens aufgelaufenen Leasingraten nicht das Entgelt für die bis dahin erbrachte Leistung des Leasinggebers und die nach der Verfahrenseröffnung fällig werdenden Raten nicht nur das Entgelt für die aus der Masse zu erbringende Leistung, sondern zugleich auch für die vor Eröffnung des Verfahrens geleistete Vorfinanzierung darstellten.[448]

Einen dieser Auffassung diametralen Standpunkt vertritt *Eckert*.[449]

Ausgehend von der Überlegung, daß der Leasinggeber bereits bei Vertragsschluß den wesentlichen Teil seiner ihm obliegenden und in der Anschaffung, Finanzierung und Übergabe des Leasinggutes bestehenden Leistung erbracht habe, reduziere sich die Verpflichtung zur weiteren Zahlung nach Verfahrenseröffnung auf einen Bruchteil der Leasingraten, der der verbleibenden Verpflichtung des Leasinggebers, den Leasingnehmer die weitergehende Nutzung des Leasinggutes zu gewähren und ihn vor Störungen durch Dritte zu schützen, entspreche.[450] Gemäß § 108 Abs. 2 InsO würden Leasingverträge über unbewegliche Sachen einer wirtschaftlichen Betrachtung folgend in den Gebrauch vor und nach Verfahrenseröffnung aufgeteilt. Folglich seien auch bei den, dem Wahlrecht des Verwalters gemäß § 103 InsO unterliegenden Leasingverträgen über bewegliche Sachen die Nutzungsgewährung sowie die sonstigen Leistungen und deren Gegenleistungen in Leistungen vor und nach Verfahrenseröffnung gemäß § 105 Satz 1 InsO aufzuspalten. Dies sei auch ohne weiteres möglich, weil sich beim Leasing die vor Verfahrenseröffnung erbrachten Leistungen von der nachfolgenden Nutzungsbelassung und der Abwehr von Störungen trennen ließen.[451]

Diese Sichtweise führt im Ergebnis dazu, daß der Leasinggeber die Leasingraten auch nach Erfüllungswahl durch den Verwalter nur als einfache Insolvenzforderung gemäß § 38 InsO geltend machen kann.

---

[447] *Krull*, ZInsO 1998, 291, 296 ; *Zahn*, DB 1995, 1597, 1599.
[448] *Zahn*, DB 1995, 1597, 1599.
[449] In ZIP 1997, 2077, 2079; *ders.* in ZIP 1990, 185f. Ihm folgend *v. Westphalen*, Rn.1553ff., der aber die Leasingraten für die Dauer der Gewährleistungshaftung des Leasinggebers als Masseschuld gemäß § 55 InsO Abs. 1 Satz 2 ansieht; a.A. *Smid*, § 108 InsO, Rn.16; *Schmidt-Burgk*, ZIP 1998, 1022f.
[450] *Eckert*, ZIP 1997, 2077, 2079; *Haarmeyer/Wutzke/Förster*, S.568.
[451] *Eckert*, ZIP 1997, 2077, 2079.

Obwohl beide Ansichten zu völlig unterschiedlichen Ergebnissen kommen, gehen beide von annähernd derselben Prämisse aus, daß der Leasinggeber mit der Anschaffung, Finanzierung und Übergabe des Leasinggutes seine Vertragspflichten im wesentlichen erfüllt habe.

Vom Standpunkt des § 105 Satz 1 InsO aus, erscheint auf den ersten Blick die Auffassung *Eckerts* plausibel zu sein. Sicherlich wird man die Finanzierung des Leasinggutes von der sich anschließenden Gebrauchsüberlassung trennen können. Auch wird man die monatlichen Leasingraten aufteilen können in einen Teil, der die Gebrauchsüberlassung und in einen Teil, der die Finanzierung des Leasinggutes vergütet. Wenn nun also der Leasinggeber durch die Finanzierung des Leasinggutes seine Vertragspflichten im wesentlichen erfüllt und insoweit vorgeleistet hätte, so hat er gemäß § 105 Satz 1 InsO eben nur einen Masseschuldanspruch auf den Teil, den er noch nicht vorgeleistet hat. Wenn dieser "nur" in der weiteren Gebrauchsüberlassung besteht, dann braucht der Verwalter auch nur dafür zu "zahlen".

Diese Sichtweise übersieht jedoch, daß § 105 Satz 1 InsO so konzipiert ist, daß der Vertragspartner nur mit dem Betrag seines Anspruchs Insolvenzgläubiger sein soll, der seiner Vorleistung für die vor Verfahrenseröffnung gegenseitig geschuldeten Leistungen entspricht, daß er aber bei Erfüllungswahl nach Verfahrenseröffnung stets vollständig aus der Masse zu befriedigen ist. Die Wirkung des § 105 Satz 1 InsO beschränkt sich also auf Ansprüche des Vertragspartners aus der Zeit vor Verfahrenseröffnung, nicht aber auf dessen Ansprüche nach Erfüllungswahl, auch wenn der Vertragspartner die entsprechenden Leistungsverpflichtungen bereits vor Verfahrenseröffnung erfüllt hat.[452]

Konsequenterweise hätte Eckert nach seiner Prämisse vielmehr zu dem Ergebnis gelangen müssen, daß § 105 Satz 1 InsO und auch § 103 InsO gar nicht anwendbar sind, da der Leasinggeber seine wesentlichen Vertragspflichten ja bereits erfüllt habe.[453]

Aber auch die entgegenstehende Auffassung verdient keine Zustimmung, weil sie der bereits von dem Leasinggeber erbrachten Anfangsleistung ein zu hohes Gewicht einräumt. Der Schwerpunkt des Leasingvertrages liegt gerade nicht in der Vorfinanzierung des Leasinggutes, sondern in der dauernden Gebrauchsüberlassung des Leasinggebers. Für den Leasingnehmer steht in erster Linie die Nutzung des Leasinggutes im Vordergrund. Die Art und Weise wie der Leasinggeber die Leasingsache beschafft hat, ist für den Leasingnehmer nachrangig. Die Anschaffung und die Finanzierung des Leasinggutes stellen sich gleichsam als Vorberei-

---

[452] insoweit ähnlich *Schmidt-Burgk*, ZIP 1998, 1022f.
[453] *Smid*, § 108 InsO, Rn.16; *Fehl*, DZWIR 1999, 89, 93; *ders.* in BB 1998, Beilage zu Heft 5, 12, 15.

tungshandlungen dar, die die eigentliche Hauptleistung, die fortdauernde Nutzungsüberlassung, überhaupt erst ermöglichen sollen.[454]

Auch der BGH hat die Anwendung der Mietrechtsvorschriften auf das Finanzierungsleasing damit begründet, daß die für das Mietrecht wesensbestimmende Gebrauchsgewährung derart im Vordergrund stehe, daß eine Behandlung nach Kaufrechtsnormen willkürlich wäre.[455] Insofern wird der Aussage des BGH, die Leasingraten stellten auch ein Entgelt für die vom Leasinggeber bereits erbrachte Finanzierungsleistung dar, eine dieser nicht innewohnende Bedeutung beigemessen, die die tatsächlichen Verhältnisse und die Interessen der Vertragsparteien nur verkürzt wiedergibt. Daran ändert auch der Umstand nichts, daß Finanzierungsleasingverträge regelmäßig eine bei Vertragsbeginn vollständig festgelegte Gesamtlaufzeit haben.[456]

Im übrigen wird auch niemand behaupten wollen, Mietzinsraten seien deshalb nicht teilbar, weil etwa der Vermieter die Mietsache vor Vertragsschluß beispielsweise umfänglich instandgesetzt hätte. Daß der Vermieter das Mietobjekt in irgendeiner Weise vorfinanziert hat, versteht sich daneben von selbst. Schließlich steckt der Wert der Vorfinanzierung letztlich in der Sache selbst; diesen Wert nutzt der Leasingnehmer durch den dauernden Gebrauch und er nutzt dabei auch die Sache Stück für Stück ab. Dies übersieht insbesondere *Eckert*, dessen Auffassung die für den Leasinggeber fatale und nicht hinnehmbare Folge hat, daß er keinerlei Gegenwert für die Nutzung durch den Insolvenzverwalter erhält, das Leasinggut aber auch nicht vom Veralter herausverlangen kann und am Ende der Nutzungszeit unter Umständen eine durch Abnutzung wertlose Sache zurückerlangt. Dies zeigt eindringlich, daß nicht die Finanzierung des Leasinggutes im Vordergrund steht, sondern die Nutzung dieser Finanzierung durch den fortwährenden Gebrauch des in der Sache verkörperten Wertes.

Es stehen sich somit bei einem Finanzierungsleasingvertrag die gegenseitigen Leistungspflichten Gebrauchsüberlassung und Leasingraten als teilbare Leistungen im Sinne von § 105 Satz 1 InsO gegenüber.[457] Der Leasinggeber kann die bis

---

[454] *Sinz* in Kölner Schrift, 593, 608, Rn.34; *Smid*, § 108 InsO, Rn.7, Fn.9; *Fehl*, DZWIR 1999, 89; ders. in BB 1998, Beilage zu Heft 5, 12.

[455] BGH, Urteil vom 05.04.1978, BGHZ 71, 189, 192; BGH, Urteil vom 28.03.1990, BB 1990, 1017, 1019; BGH, Urteil vom 08.10.1975, NJW 1977, 195f.; BGH, Urteil vom 23.02.1977, BGHZ 68, 118, 123.

[456] a.A. *Krull*, ZInsO 1998, 291, 296 ohne Hinweis darauf, wieso sich aus diesem Umstand ein entscheidender Unterschied zum befristeten Mietverhältnis ergeben sollte.

[457] *Sinz* in Kölner Schrift, 593, 608, Rn.34.; *Smid*, § 108 InsO, Rn.16; Fehl, DZWIR 1999, 89, 93; *ders.* in BB 1998, Beilage zu Heft 5, 12, 15; Müko-*Hefermehl*, § 55 InsO, Rn. 124 und 132. *Tintelnot*, § 105 InsO, Rn.10.; wohl auch *Nerlich/ Römermann-Balthasar*, § 105 InsO, Rn.8; unklar *Schmidt-Burgk*, ZIP 1998, 1022f.; für die KO *Kuhn/Uhlenbruck*, § 19, Rn.27; insoweit unrichtig *Sinz* in

zur Verfahrenseröffnung aufgelaufenen, rückständigen Leasingraten nur als Insolvenzgläubiger geltend machen. Nach Verfahrenseröffnung und Erfüllungswahl des Insolvenzverwalters wird er hingegen für die künftig anfallenden Raten voll aus der Masse bedient. § 105 Satz 1 InsO schafft somit gerade auch im Hinblick auf § 108 Abs. 2 InsO, der für Leasingverträge über unbewegliche Sachen dieselbe Rechtsfolge anordnet, ein sachgerechtes Ergebnis.

f) verzinsliche Darlehensverträge

Der verzinsliche Darlehensvertrag war, sofern die Darlehensvaluta vom Darlehensgeber noch nicht vollständig ausgezahlt wurde, ein gegenseitiger Vertrag im Sinne des § 17 KO. Für den Zeitraum nach Valutierung enthielten die §§ 19ff. KO spezielle Sonderregelungen, die die Anwendung des § 17 KO ausschlossen.[458]

Im Rahmen des § 103 Abs. 1 InsO steht hingegen die vollständige Auskehrung der Darlehensvaluta einer Anwendung des § 103 Abs. 1 InsO nicht entgegen, weil § 103 Abs. 1 InsO, wie der im Gegensatz zu § 19ff. KO auf bestimmte Dauerschuldverhältnisse beschränkte Anwendungsrahmen des § 108 Abs. 1 InsO zeigt, auch für sonstige Dauerschuldverhältnisse gilt und die Kapitalbelassung an den Darlehensnehmer die synallagmatische Hauptpflicht des Darlehensgebers bildet.[459]

Im Rahmen des § 105 Satz 1 InsO gewinnt der verzinsliche Darlehensvertrag dann Relevanz, wenn der Darlehensgeber die Darlehensvaluta bei Eröffnung des Insolvenzverfahrens über das Vermögen des Darlehensnehmers bereits teilweise ausgezahlt hat und sich der Insolvenzverwalter für die weitere Erfüllung des Darlehensvertrages entscheidet. Nach vollständiger Auskehrung der Darlehensvaluta wird sich der Insolvenzverwalter sinnvollerweise stets für die Ablehnung des Darlehensvertrages entscheiden, so daß insoweit § 105 Satz 1 InsO keine eigenständige Bedeutung zukommt. Bei nur teilweise ausgekehrter Valuta stellt sich aber die Frage, ob der Insolvenzverwalter im Falle der Erfüllungswahl den Anspruch des Darlehensgebers auf Rückzahlung der bereits ausgekehrten Valuta als Masseschuld gemäß § 55 Abs. 1 Nr. 2 InsO zu bedienen hat oder nur als Insolvenzforderung gemäß §§ 105 Satz 1, 38 InsO.

Kölner Schrift, 593, 608, Rn.23.

[458] *Jaeger/Henckel*, § 17 KO, Rn.12; *Kuhn/Uhlenbruck*, § 17 KO, Rn.1b; *Kilger/K.Schmidt*, § 17 KO, Anm. 2a; *Luther*, S.131; *Schmidt*, JZ 1976, 756, 760.

[459] *Smid*, § 103 InsO, Rn.15; *Kübler/Prütting-Tintelnot*, § 103 InsO, Rn.19. *Hess*, § 103 InsO, Rn.11 und *Nerlich/Römermann-Balthasar*, § 103 InsO, Rn.12, knüpfen aber die Anwendung des § 103 InsO nach wie vor an die noch nicht vollständige Valutierung der Darlehenssumme. Zur Kapitalbelassungspflicht *Luther*, S.22f.

Obermüller[460] geht ohne Begründung davon aus, daß der Insolvenzverwalter den Vertrag nur insgesamt übernehmen könne, so daß die Forderungen des Kreditgebers den Rang einer Masseverbindlichkeit erhielten. Der Insolvenzverwalter werde sich daher bei teilweise ausgekehrter Darlehenssumme nicht für die Erfüllung entscheiden.

Die gleiche Auffassung vertritt *Luther*, allerdings auf Basis der §§ 17, 59 Abs. 1 Nr. 2 KO und der im Geltungsbereich der Konkursordnung vorherrschenden Ansicht, der Konkursverwalter könne den Vertrag gemäß § 17 KO nur einheitlich erfüllen, weil § 17 KO nicht zwischen vorkonkurslich bereits erbrachten und noch ausstehenden Leistungen differenziere.[461]

Diese Ansicht wird sich nach Einführung der Insolvenzordnung nicht mehr aufrechterhalten lassen. Die Darlehensumme läßt sich ebenso wie die Zins- und Tilgungszahlungen ohne weiteres teilen. Darüber hinaus läßt sich der Anteil der Zins- und Tilgungsleistungen des Darlehensnehmers, der sich auf die bereits ausgekehrte Darlehensvaluta sowie der Anteil, der sich auf die nach Verfahrenseröffnung ausgezahlte Darlehenssumme bezieht, zweifelsfrei berechnen. Der Gesetzgeber will Dauerschuldverhältnisse, deren Leistungen nach ihrem wirtschaftlichen Wert geteilt werden können, von § 105 Satz 1 InsO erfaßt sehen. Die wechselseitig geschuldeten Leistungen eines verzinslichen Darlehensvertrages sind damit teilbar im Sinne des § 105 Satz 1 InsO.[462] Für die Masse ist dieses Ergebnis vorteilhaft, weil die Erlangung von Massekrediten sich erfahrungsgemäß als schwierig gestaltet. Sofern der Darlehensnehmer zur Inanspruchnahme des gesamten Darlehens nicht verpflichtet ist, das Darlehen also innerhalb des zugesagten Kreditrahmens nach Belieben abrufbar ist, läßt sich eine Parallele zu einem Sukzessivlieferungsvertrag in Form des Bezugsvertrages mit ständiger Lieferbereitschaft nicht verkennen. Dies rechtfertigt auch eine gleiche insolvenzrechtliche Behandlung.[463]

---

[460] Rn. 5.275.

[461] *Luther*, S.60, 121. *Luther*, S.121f. weist zudem auf das Äquivalenzverhältnis hin, welches gestört wäre und nachträglich verändert würde, wenn der Verwalter das Erfüllungsverlangen beschränken könnte. Dies soll aber dann nicht gelten, wenn der Darlehensnehmer nicht zur Inanspruchnahme der vollen Darlehenssumme verpflichtet ist.

[462] *Kübler/Prütting-Tintelnot*, § 105 InsO, Rn.9; *Hess*, § 105 InsO, Rn.7; HK-*Marotzke*, § 105 InsO, Rn.13, der jedoch Bedenken wegen § 610 und der AGB der Banken äußert und § 105 Satz 1 InsO zudem nur analog anwendet; wohl auch *Nerlich/Römermann-Balthasar*, § 103 InsO, Rn.12 und § 105 InsO, Rn.8.

[463] so auch *Luther*, S.122, aber mit umgekehrten Ergebnis. Unzutreffend ist die Ansicht von *Marotzke* in HK, § 105 InsO, Rn. 8 und 13, der ein Darlehen dann als summenmäßig nicht teilbar ansieht, wenn für den Darlehensnehmer nur die volle Darlehenssumme von Interesse ist. Diese Sichtweise verkennt, daß für den schuldnerischen Darlehensnehmer -allein diese Konstellation ist für § 105 Satz 1

§ 490 Abs. 1 BGB (vormals § 610 BGB a.F.), der dem Darlehensgeber ein außerordentliches Kündigungsrecht einräumt, wenn sich die Vermögensverhältnisse des Darlehensnehmers oder die Werthaltigkeit einer Sicherheit wesentlich verschlechtert haben oder eine wesentliche Verschlechertung droht, dürfte der Wirkungsweise des § 105 Satz 1 InsO nach Eröffnung des Insolvenzverfahrens nicht entgegenstehen.

Durch das Erfüllungsverlangen des Insolvenzverwalters werden die Zins- und Tilgungsansprüche des Darlehensgebers gemäß § 55 Abs. 1 Nr. 2 InsO zu Masseverbindlichkeiten. Eine wesentliche Vermögensverschlechterung ist daher regelmäßig nicht mehr zu befürchten. Für § 490 Abs. 1 BGB bleibt daher allenfalls dann Platz, wenn die Rückzahlungsansprüche des Darlehensgebers nach wie vor gefährdet erscheinen, etwa bei Masseunzulänglichkeit.[464] Ein Widerruf des Darlehens gemäß Nr. 19 AGB-Banken bzw. Nr. 26 AGB-Sparkassen ist nach dem oben unter B V. 2. c) Ausgeführten ausgeschlossen.[465]

g) Versicherungsverträge

Versicherungsverträge fallen in der Insolvenz des Versicherungsnehmers unter § 103 InsO, wenn der Versicherungsvertrag weder von dem Versicherer noch von dem Versicherungsnehmer zur Zeit der Eröffnung des Insolvenzverfahrens vollständig erfüllt worden ist.[466]

Von keiner Vertragspartei erfüllt ist der Versicherungsvertrag beispielsweise dann, wenn der Versicherungsnehmer mit der Prämienzahlung in Rückstand geraten und ein Versicherungsfall noch nicht eingetreten ist.

Entscheidet sich der Insolvenzverwalter in einem solchen Fall für die Erfüllung des Versicherungsvertrages, so wird kontrovers diskutiert, ob die rückständigen Versicherungsprämien vom Verwalter als Mas-seschuld gemäß § 55 Abs. 1 Nr. 2

InsO relevant- die Anwendung von § 105 Satz 1 InsO nur vorteilhaft ist, weil der Darlehnsnehmer die gesamte Darlehensumme erhält, aber nur die nach Verfahrenseröffnung ausgekehrte Valuta voll bedienen muß.

[464] so auch *Luther*, S.95 zu § 610 BGB; *Jaeger/Henckel*, § 17 KO, Rn.12 und *Schmidt*, JZ 1976, 756, 759 gingen hingegen für § 610 BGB ohne näheres Eingehen auf dessen Voraussetzungen davon aus, daß der Darlehensgeber sein Darlehensversprechen in der Regel nach § 610 BGB widerrufen wird.

[465] vgl. auch *Nerlich/Römermann-Balthasar*, § 103 InsO, Rn.12.

[466] RG, Urteil vom 20.06.1902, RGZ 52, 49, 53; BGH, Urteil vom 04.03.1993, ZIP 1993, 600f; *Smid*, § 103 InsO, Rn.15; *Hess*, § 103 InsO, Rn.14; *Nerlich/Römermann-Balthasar*, § 103 InsO, Rn.17; *Honsell*, § 14 VVG, Rn.5; *Prölss/Martin*, § 14 VVG, Rn.1; *Kuhn/Uhlenbruck*, § 17 KO, Rn.2g zu § 17 KO; *Bley/Mohrbutter*, § 36 VglO, Rn.48 zu § 36 Abs. 1 VglO.

InsO zu befriedigen oder ob diese lediglich quotal als Insolvenzforderung gemäß § 38 InsO zu bedienen sind.

Der Grund für die divergierenden Ansichten liegt in der unterschiedlichen Sichtweise der dem Versicherungsverhältnis zugrundeliegenden synallagmatischen Vertragspflichten:

Nach einer Auffassung bestehe die primäre Hauptverpflichtung des Versicherers in der Erstattung des entstandenen Vermögensschadens nach Eintritt eines Versicherungsfalles. Demgegenüber könne die Deckungsübernahme des Versicherers, d.h. dessen fortlaufende Gefahrtragungsverpflichtung für einen während der Versicherungslaufzeit eintretenden Versicherungsfall, nicht als Teilleistung der Hauptverpflichtung des Versicherers angesehen werden.[467] Die Gefahrtragung des Versicherers sei lediglich ein Haftungszustand, welcher aus dem durch den Eintritt des Versicherungsfalles bedingten Einstehen des Versicherers resultiere und keine Leistung im Sinne des § 241 Abs. 1 BGB.[468] Solange der Versicherungsfall nicht eingetreten sei, habe der Versicherer demnach seine geschuldete Leistung nicht teilweise erbracht, die Leistung des Versicherers sei demzufolge auch nicht teilbar im Sinne von § 36 Abs. 2 VglO. Im Falle der Erfüllungswahl seien daher die rückständigen Prämienforderungen des Versicherers vollständig zu befriedigen.[469]

Mit der Gegenauffassung ist allerdings richtigerweise davon auszugehen, daß nicht die Erstattung des Vermögensschadens des Versicherungsnehmers nach einem Versicherungsfall die Hauptleistung des Versicherers darstellt, sondern gerade die fortdauernde Gefahrtragung des Versicherers, für einen etwaigen Versicherungsfall einzustehen.[470]

Das Einstehen des Versicherers für die während der Versicherungslaufzeit möglicherweise entstehenden und durch die Risikoübernahme des Versicherers gedeckten Schäden des Versicherungsnehmers sowie die Prämienzahlung des Versicherungsnehmers stehen in einem synallagmatischen Gegenseitigkeitsverhältnis, weil das Risiko eines möglichen Versicherungsfalles durch die Versicherungsprämie unabhängig davon abgegolten wird, ob letztlich tatsächlich ein Versicherungsfall eintritt oder nicht.[471] Der Versicherungsnehmer ist schließlich auch nicht berech-

---

[467] OLG Celle, Urteil vom 05.01.1961, KTS 1961, 154f.; LG Hagen, Urteil vom 13.03.1957, KTS 1958, 28f.; *Bley/Mohrbutter*, § 36 VglO, Rn.48 und § 50 VglO, Rn.9; *Höring/Markowsky*, VersR 1950, 63.

[468] *Haymann*, S. 53; *Prölss/Martin*, § 1 VVG, Rn.22.

[469] LG Hagen, Urteil vom13.03.1957, KTS 1958, 28f; für das Konkursverfahren jeweils ohne Begründung ebenso *Prölss/Martin*, § 14 VVG, Rn.2 und 10; *Kuhn/ Uhlenbruck*, § 17 KO, Rn. 2g; *Jaeger/Henckel*, § 25 KO, Rn.10; *Haymann*, S.98.

[470] OLG Celle, Urteil vom 08.10.1982, VersR 1985, 1099; *Bley*, 2.Auflage, § 36 VglO, Anm.9; *Kübler/Prütting-Tintelnot*, § 105 InsO, Rn.12.

[471] *Bley*, 2.Auflage, § 36 VglO, Anm.9; *Kübler/Prütting-Tintelnot*, § 105 InsO,

tigt, seine Versicherungsprämie zurückzuverlangen, wenn während der Deckungsperiode kein Versicherungsfall eingetreten ist.

Die Zahlungspflicht des Versicherers ist lediglich eine mögliche Folgeleistung seiner Risikoübernahme. Insofern stellt die Zahlungspflicht des Versicherers quasi einen Reflex seiner unbedingten Gefahrtragungszusage dar. Die Gegenauffassung verdreht die kausalen Zusammenhänge, wenn sie genau umgekehrt die Gefahrtragung nur als bloße Folge der auf den Versicherungsfall bedingten Einstehungsverpflichtung des Versicherers betrachtet.[472] Deshalb ist es auch nicht zutreffend, daß das OLG Celle[473] davon ausgeht, daß selbst dann, wenn die Versicherungsleistung in der Gefahrtragung zu sehen wäre, die Leistung nicht teilbar sei, weil sie, je nachdem, ob ein Schadensfall sie belaste, derart unterschiedlich sei, daß sie wertmäßig in ihren Einzelteilen nicht beliebig auf die Gesamtleistung aufgeteilt werden könne. Der hypothetische Fall des Schadenseintritts darf nicht mit der Gefahrtragung als hiervon grundsätzlich unabhängiges Dauerverhalten vermengt werden. Die Versicherungsprämien werden je nach vereinbartem Versicherungsumfang unter anderem nach der Schadenswahrscheinlichkeit und der Höhe eines möglichen Schadenseintritts bemessen. Im konkreten Einzelfall wirkt sich der Eintritt eines Schadens auf die Höhe der Versicherungsprämie aber gar nicht aus.

Es bestehen auch keine Bedenken, die Gefahrtragung des Versicherers als Leistung im Sinne des § 241 Abs. 1 BGB anzusehen. Der Leistungserfolg tritt nicht bereits mit Abschluß des Versicherungsvertrages ein. Der Vertragsschluß begründet lediglich die Zusage der Gefahrübernahme, die Gefahrtragung selbst verwirklicht sich erst während der Dauer der Versicherungszeit. Die Gefahrtragung ist daher entsprechend der Natur des Versicherungsverhältnisses als Dauerschuldverhältnis eine Dauerleistung.[474] Da diese Dauerleistung im synallagmatischen Verhältnis zur Prämienzahlung des Versicherungsnehmers steht, ist es für die Teilbarkeit der Leistungen im Sinne des § 105 Satz 1 InsO auch unerheblich, ob während der Versicherungszeit bereits ein Versicherungsfall eingetreten oder ein Versicherungsschaden ersetzt worden ist.[475]

Das Versicherungsunternehmen kann daher, wenn sich der Insolvenzverwalter für die Erfüllung des Versicherungsvertrages entscheidet, seine Forderungen wegen der rückständigen Prämienforderungen gemäß §§ 105 Satz 1, 38 InsO nur als Insolvenzgläubiger geltend machen,[476] weil sich die Prämienzahlungen des Versi-

---

Rn.12.

[472] *Bley*, 2.Auflage, § 36 VglO, Anm.9.

[473] Urteil vom 05.01.1961, KTS 1961, 154f.

[474] *Bley*, 2.Auflage, § 36 VglO, Anm.9; a.A. *Prölss/Martin*, § 1 VVG, Rn.22.

[475] zu § 36 Abs. 2 VglO *Bley*, 2.Auflage, § 36 VglO, Anm.9.

[476] ebenso ohne Begründung *Hess*, § 105 InsO, Rn.7; *Honsell*, § 14 VVG, Rn.6; wohl auch FK-*Wegener*, § 105 InsO, Rn.12. *Sieg*, VersR 1992, 1161f. kommt für das Konkursrecht mit einer anderen Begründung zum selben Ergebnis: weil

cherungsnehmers ohne weiteres einem beliebigen Versicherungszeitraum zuordnen lassen.

Für die Versicherungsunternehmen bedeutet das Ergebnis auch keine unangemessene Benachteiligung, weil sie sich bei Prämienrückstand des Versicherten gemäß §§ 38, 39 VVG vom Versicherungsverhältnis lösen können. Überdies können die Versicherungsunternehmen sich gemäß § 14 Abs. 1 VVG für den Fall der Eröffnung des Insolvenzverfahrens über das Vermögen des Versicherungsnehmers die Befugnis ausbedingen, das Versicherungsverhältnis mit einer Frist von einem Monat zu kündigen. § 14 VVG war bei den Beratungen der Insolvenzrechtsreform nicht unumstritten. Der Regierungsentwurf sah noch seine ersatzlose Streichung vor,[477] wohingegen der Rechtsausschuß seine Beibehaltung empfahl.[478] Anders als bei der Streichung der §§ 137 Abs. 2 und Abs. 3 RegE[479] hat der Wille des Gesetzgebers, den Versicherungsunternehmen die Lösung von Versicherungsverträgen zu gestatten, durch die Beibehaltung des § 14 VVG im Gesetz Ausdruck gefunden.[480] § 14 VVG wird daher als geltendes Recht zu akzeptieren sein. § 105 Satz 1 InsO wird sich somit auf Versicherungsverträge nur dann erfolgreich anwenden lassen, wenn das Versicherungsunternehmen ein eigenes Interesse an der Fortsetzung des Vertrages besitzt.

II. bereits teilweise erbrachte (Vor-)Leistung des Vertragspartners

Gemäß § 105 Satz 1 InsO muß der Vertragspartner vor der Eröffnung des Insolvenzverfahrens die ihm obliegende Leistung teilweise erbracht haben. Das schließt nicht aus, daß auch der Schuldner vor der Eröffnung des Verfahrens bereits teilweise geleistet hat. Stehen sich die Leistungen des Vertragspartners und des Schuldners als gleichwertige Teilleistungen gegenüber, hat der Vertragspartner nicht vorgeleistet, § 105 Satz 1 InsO findet insoweit keine Anwendung. § 105 Satz 1 InsO erfaßt in solchen Fällen nur den Leistungsteil des Vertragspartners, welcher die erbrachte Teilleistung des Schuldners übersteigt.[481]

---

der Versicherungsvertrag in der Regel jeweils auf ein Jahr fixiert werde und jedes Versicherungsjahr daher ein abgeschlossenes Ganzes bilde, seien nur die nach dem Erfüllungsverlangen anfallenden Versicherungsprämien Masseschulden. Diese Argumentation wird dann auf Probleme stoßen, wenn die Versicherungsprämien nicht nur jährlich fällig werden.

477 BT-Drucksachen 12/3803, 109.

478 BT-Drucksachen 12/7303, 114f.

479 siehe oben B. V. 2. b).

480 *Schwörer*, Rn.112.

481 *Kübler/Prütting-Tintelnot*, § 105 InsO, Rn.13; *Nerlich/Römermann-Balthasar*, § 105 InsO, Rn. 9.

§ 105 Satz 1 InsO ist demnach so zu lesen, daß der Vertragspartner bis zu Eröffnung des Insolvenzverfahrens die ihm obliegende Leistung teilweise überschüssig "vor"erbracht, sprich einseitig vorgeleistet haben muß.

Die erbrachte Teilleistung des Schuldners muß vor der Eröffnung des Insolvenzverfahrens für sich genommen vollständig den mit der Leistung aus dem Kausalgeschäft beabsichtigten Leistungserfolg herbeigeführt haben. § 105 Satz 1 InsO stellt ebenso wie auch § 36 Abs. 2 VglO nicht auf die Leistungshandlung, sondern auf den Leistungserfolg ab.[482] Dies bedeutet, daß beispielsweise bei der Teillieferung einer vertretbaren Warenmenge diese nicht nur an den Schuldner übergeben, sondern an diesen gemäß § 433 Abs. 2 BGB auch übereignet werden muß. Dieses Erfordernis wirft bei der Vereinbarung eines Eigentumsvorbehaltes Fragen auf.

1. Auswirkungen des Eigentumsvorbehaltes und seinen Erweiterungsformen

a) einfacher Eigentumsvorbehalt

Bei der Übereignung einer Sache unter der Bedingung der vollständigen Kaufpreiszahlung gemäß §§ 929, 158 BGB hat der Verkäufer nicht schon mit der Übergabe der Kaufsache und der bedingten Übereignung voll erfüllt, weil er bis zum Bedingungseintritt noch auflösend bedingt Eigentümer der Sache bleibt.[483] Da der Kaufvertrag also noch nicht vollständig erfüllt ist, sind die Bestimmungen des § 103 InsO bzw. der damaligen § 36 Abs. 1 VglO, § 17 KO anwendbar.

Der Eigentumsvorbehaltsverkäufer wird aus § 103 InsO bzw. den Vorgängernormen privilegiert, da ihm nicht zugemutet werden soll, dem Eigentumsvorbehaltskäufer das Volleigentum zu verschaffen, aber wegen des noch ausstehenden Kaufpreises nur die Stellung eines Insolvenzgläubigers einzunehmen.[484] Eine Privilegierung ergibt sich nach überwiegender Ansicht zudem aus dem Recht des

---

[482] HK-*Marotzke*, § 105 InsO, Rn.15; FK-*Wegener*, § 105 InsO, Rn.13; für die VglO *Bley/Mohrbutter*, § 36 VglO, Rn.49; *Krieg*, § 36 VglO, Anm. 5; *Serick*, Bd.I., § 14 II 1, S.383; *Gutewort*, S.17f.; in § 105 Satz 1 InsO findet sich wie in § 36 Abs. 2 VglO unverändert die Wendung "erbracht". Ferner ergibt sich dies aus § 105 Satz 2 InsO.

[483] RG, Urteil vom 02.06.1931, RGZ 133, 40, 42; RG, Urteil vom 09.06.1936, JW 1936, 2881f.; BGH, Urteil vom 12.06.1968, NJW 1968, 2106f; BGH, Urteil vom 09.07.1986, BGHZ 98, 160, 168; OLG Düsseldorf, Urteil vom 09.07.1959, NJW 1960, 157; *Bley/Mohrbutter*, § 36 VglO, Rn.38; *Serick*, Bd. I., § 14 II 1, S.383; *Kilger/K.Schmidt*, § 17 KO, Anm.3b; *Jauernig*, § 48 II; *Neuschäffer*, JW 1935, 3516f. A.A. *Staudinger-Honsell*, § 455 BGB, Rn.29 und 49; LG München, Beschluß vom 18.06.1953, BB 1954, 73.

[484] *Bley/Mohrbutter*, § 36 VglO, Rn.38.

Verkäufers zur Aussonderung des Vorbehaltsgutes gem. § 47 InsO (§ 43 KO bzw. 26 VglO).[485]

Für § 105 Satz 1 InsO bedeutet dies jedoch, daß Teilleistungen, die unter Eigentumsvorbehalt erfolgt sind, keine Bewirkung des Leistungserfolges bzgl. dieser Teilleistung darstellen. § 105 Satz 1 InsO ist somit bei Leistungen, die unter Eigentumsvorbehalt erfolgt sind, nicht anwendbar.[486] Der Eigentumsvorbehalt erlischt auch nicht stufenweise nach Maßgabe der gezahlten Raten, sondern er erlischt erst mit Zahlung des Gesamtkaufpreises.[487]

§ 103 InsO findet aber dann keine Anwendung, wenn sich der Eigentumsvorbehalt erledigt hat. Dies kann etwa dadurch geschehen, daß der Eigentumsvorbehaltskäufer das Vorbehaltsgut weiterveräußert oder daß das Eigentumsvorbehaltsgut mit anderen Sachen verbunden, vermischt oder verarbeitet wird.[488] Der Verkäufer ist dann nicht mehr in der Lage, dem Käufer das Eigentum an der Vorbehaltssache zu verschaffen, von dieser Verpflichtung wird er gemäß § 275 Abs. 1 BGB frei. Da somit der Verkäufer alles erforderliche zur Erfüllung des Kaufvertrages getan hat, liegt kein gegenseitiger, von beiden Seiten noch nicht vollständig erfüllter Vertrag (mehr) vor, so daß § 103 InsO nicht eingreift.

Dies bedeutet aber für die Anwendbarkeit des § 105 Satz 1 InsO im Umkehrschluß, daß dann, wenn sich der Eigentumsvorbehalt erledigt hat, die Teilleistungen seitens des Verkäufers vollständig erfüllt sind und sie damit Teilleistungen im Sinne von § 105 Satz 1 InsO darstellen.[489]

---

[485] RG, Urteil vom 04.04.1933, RGZ 140, 223, 226; BGH, Urteil vom 21.05.1953, BGHZ 10, 69, 72; BGH, Urteil vom 01.07.1970, BGHZ 54, 214, 218; *Obermüller/Hess*, Rn.26; *Gottwald/Adolphsen*, Kölner Schrift, 1043, 1047, Rn.13; *Bork*, Rn.238; *Hess/Obermüller*, Rn.1179; a.A. *Smid*, § 47 InsO, Rn.17 und § 51 InsO, Rn.13; *Häsemeyer*, Rn.11.10, die dem Eigentumsvorbehaltsverkäufer in der Insolvenz ebenso wie dem Sicherungseigentümer wegen der Nähe zum Pfandrecht lediglich ein Absonderungsrecht einräumen.

[486] *Marotzke*, Gegenseitige Verträge, Rn.4.167, Fn.446; *Nerlich/Römermann-Balthasar*, § 105 InsO, Rn.12; FK-*Wegener*, § 105 InsO, Rn.4; HK-*Marotzke*, § 105 InsO, Rn.15;
für § 36 Abs. 2 VglO *Bley/Mohrbutter*, § 36 VglO, Rn.40 und 47; *Serick*, Bd. I., § 14 II 6, S.399; *Gutewort*, S.17f.; *Warneyer*, § 36 VglO, Anm. IV.

[487] *Hess*, § 105 InsO, Rn.18; *Kilger/K.Schmidt*, § 36 VglO, Anm.7; *Bley/Mohrbutter*, § 36 VglO, Rn.40 und 47; *Serick*, Bd. I., § 14 II 6, S.399.

[488] RG, Urteil vom 09.06.1936, JW 1936, 2881f.; BGH, Urteil vom 21.10.1976, BGHZ 66, 242, 247; BGH, Urteil vom 24.02.1969, BGHZ 51, 350, 355; *Bley/Mohrbutter*, § 36 VglO, Rn.38 und 41f.; *Serick*, Bd. I., § 7 I 3a, S.122 und § 15 VII 2a, S.447; Entwurf einer Vergleichsordnung von 1933, S. 44f.

[489] RG, Urteil vom 09.06.1936, JW 1936, 2881f.; *Kübler/Prütting-Tintelnot*, § 105 InsO, Rn.7; FK-*Wegener*, § 105 InsO, Rn.4; *Hess*, § 105 InsO, Rn.18; für § 36 Abs. 2 VglO *Kilger/K.Schmidt*, § 36 VglO, Anm. 7; *Bley/Mohrbutter*, § 36 VglO, Rn.47; *Vogels/Nölte*, § 36 VglO, Anm. V 1b; *Vogels*, § 36 VglO, Anm. V

Hat also der Schuldner bei einem Eigentumsvorbehaltskauf über 1000 Paar Schuhe bereits 999 Paar Schuhe verkauft und noch 1 Paar am Lager, so ist der Vertragspartner mit der Forderung auf Bezahlung der 999 Paar Schuhe lediglich Insolvenzgläubiger. Der Vertrag ist wegen des Eigentumsvorbehaltes noch nicht vollständig erfüllt, durch den Abverkauf der Schuhe liegt aber bezüglich der 999 Paare eine vollständige Teilleistung vor.[490]

In dem Entwurf einer Vergleichsordnung von 1933 ist diese Rechtsfolge als angemessen angesehen worden. Nach altem Rechtszustand, d.h. dem der Vergleichsordnung von 1927, hätte der Vertragspartner mangels einer § 36 Abs. 2 VglO vergleichbaren Norm im obengenannten Beispiel nicht am Vergleich teilgenommen, weil der Kaufvertrag nur einheitlich hätte abgelehnt oder erfüllt werden können.

Gerade weil der Schuldner durch das Vergleichsverfahren aber die Möglichkeit erhalten sollte, seine Geschäfte fortzuführen, kann ihm diese Entscheidung nicht dadurch unmöglich gemacht oder wenigstens erheblich erschwert werden, daß er den Vertrag nur insgesamt erfüllen kann. Durch die Einführung des § 36 Abs. 2 VglO wird vielmehr dem Interesse des Schuldners Rechnung getragen, den Vertrag nicht im ganzen ablehnen zu müssen.[491]

Unerheblich ist, ob der Eigentumsvorbehaltskäufer das Vorbehaltsgut mit Ermächtigung des Eigentumsvorbehaltsverkäufers oder unberechtigt weiterveräußert hat. Im ersten Fall geht das Eigentum auf den Abkäufer gemäß §§ 929, 185 BGB, im zweiten Fall gemäß §§ 929, 932 BGB durch gutgläubigen Erwerb des Abkäufers auf diesen über. Der Verkäufer ist somit im einen wie dem anderen Fall nicht mehr in der Lage, dem Käufer das Eigentum an der Vorbehaltsware zu verschaffen und wegen § 275 Abs. 1 BGB von seiner Erfüllungspflicht frei geworden.[492] Der Verkäufer ist bei unberechtigter Weiterveräußerung des Vorbehaltsgutes einigermaßen dadurch geschützt, daß er gemäß § 48 InsO Ersatzaussonderung der Gegenleistung verlangen kann. Unabhängig davon ist aber allein die dingliche Zuordnung und nicht ein vertragsgetreues Verhalten des Käufers entscheidend.

1b; *Serick*, Bd. I., § 14 II 6, S.399f.

[490] Beispiel nach *Neuschäffer*, JW 1935, 3516, 3519; anders als von *Vogels/Nölte*, § 36 VglO, Anm. V 1b, angenommen, ist eine Beschränkung auf laufende Warenlieferungen unter Eigentumsvorbehalt aber nicht vorzunehmen. Ein Grund hierfür ist nicht ersichtlich.

[491] Entwurf einer Vergleichsordnung von 1933, S.44f.; zustimmend *Neuschäffer*, JW 1935, 3516, 3519; vgl. auch *Gutewort*, S.17ff.

[492] RG, Urteil vom 09.06.1936, JW 1936, 2881f.; BGH, Urteil vom 12.06.1968, NJW 1968, 2106, 2108; *Bley/Mohrbutter*, § 36 VglO, Rn.47; *Serick*, Bd. I., § 14 II 6, S.399f.; *Kübler/Prütting-Tintelnot*, § 105 InsO, Rn.7; FK-*Wegener*, § 105 InsO, Rn.4; *Kilger/K.Schmidt*, § 36 VglO, Anm. 7; einschränkend auf zulässige Weiterveräußerung noch *Böhle-Stamschräder/Kilger*, § 36 VglO, Anm. 7; *Schlegelberger-Hefermehl*, Anh. zu § 368 HGB, Rn.136.

b) verlängerter Eigentumsvorbehalt mit Vorausabtretung

Häufig wird die Ermächtigung des Käufers zur Weiterveräußerung des Vorbehaltsgutes mit einer Vorausabtretung des entsprechenden Veräußerungserlöses verbunden. Da der Eigentumsvorbehalt unabhängig von der Vorausabtretung durch die Weiterveräußerung erloschen ist, ist der Eigentumsvorbehaltsverkäufer mit seinem Anspruch auf die Gegenleistung für seine Teillieferungen gemäß § 105 Satz 1 InsO lediglich Insolvenzgläubiger. Der Eigentumsvorbehaltsverkäufer kann diese Einschränkung seiner Rechtsstellung auch nicht dadurch kompensieren, daß er sich an der im voraus abgetretenen Forderung schadlos hält. Denn nach der neuen Rechtsprechung des BGH sind die Erfüllungsansprüche mit der Eröffnung des Insolvenzverfahrens nicht mehr durchsetzbar. Erst mit Erfüllungswahl des Verwalters erhalten die Erfüllungsansprüche die Form von originären Masseansprüchen. Das hat zur Folge, daß gemäß § 91 InsO vorinsolvenzliche Abtretungen des Schuldners aus dem gegenseitigen Vertrag der Masse gegenüber keine Wirkungen entfalten.[493] Den Veräußerungserlös des Schuldners aus dem Kaufvertrag mit dem Abkäufer kann der Verwalter also trotz der Vorausabtretung zur Insolvenzmasse ziehen.

c) Verbindung, Vermischung, Vermengung

Der Eigentumsvorbehalt entfällt, wenn die Vorbehaltsware durch Verbindung zu einem wesentlichen Bestandteil eines Grundstückes gemäß §§ 93, 94, 946 BGB wird. Der Eigentumsvorbehalt entfällt weiterhin, wenn das Vorbehaltsgut mit einer anderen Sache des Vorbehaltskäufers oder mit einer anderen, für den Verkäufer fremden Sache gemäß § 947 BGB verbunden wird, sofern das Vorbehaltsgut nicht als Hauptsache anzusehen ist, § 947 Abs. 2 BGB. Entsprechendes gilt gemäß § 948 BGB, wenn die Vorbehaltsware mit einer anderen (Haupt-)Sache untrennbar vermischt oder vermengt wird.

Unerheblich ist wiederum, ob der Käufer zur Verbindung, Vermischung oder Vermengung dem Verkäufer gegenüber berechtigt oder unberechtigt war, weil auch hier allein die dingliche Zuordnung entscheidend ist. § 105 Satz 1 InsO ist demnach anwendbar. Führt die Verbindung, Vermischung oder Vermengung aber zu Miteigentum des Eigentumsvorbehaltsverkäufers, so setzt sich der Eigentumsvorbehalt gemäß §§ 947 Abs. 1, 948, 949 Satz 2 BGB am Miteigentumsanteil fort.

---

[493] BGH, Urteil vom 25.04.2002, NJW 2002, 2783, 2785; BGH, Urteil vom 22.06.1989, ZIP 1989, 1413, 1415; BGH, Urteil vom 20.12.1988, ZIP 1988, 171, 173; *Brandes*, Rn.92f.; *ders.* in RWS-Forum 9, 1, 6f. und oben B. II. 1.

Der Verkäufer hat dann seine Vertragspflichten noch nicht vollständig erfüllt und eine Teilleistung im Sinne von § 105 Satz 1 InsO ist nicht gegeben.[494]

d) Eigentumsvorbehalt mit Verarbeitungsklausel

Der Eigentumsvorbehalt entfällt ferner, wenn aus der Vorbehaltssache durch Verarbeitung oder Umbildung eines oder mehrerer Stoffe eine neue bewegliche Sache hergestellt wird, sofern nicht der Wert der Verarbeitung oder Umbildung erheblich geringer ist, als der Wert des Stoffes, § 950 Abs. 1 Satz 1. Um dem Eigentumsvorbehaltsverkäufer hier eine weitergehende Sicherung zu ermöglichen, werden in der Praxis verlängerte Eigentumsvorbehalte mit Verarbeitungsklausel verwendet. Aufgrund der Verarbeitungsklausel gilt als Hersteller im Sinne des § 950 BGB nicht der Eigentumsvorbehaltskäufer sondern der Eigentumsvorbehaltsverkäufer.[495] Dies führt dazu, daß sich der Eigentumsvorbehalt an der neuen Sache fortsetzt. Hierdurch soll dem Verkäufer jedoch lediglich eine Sicherung für die noch ausstehende Kaufpreiszahlung zustehen. Demgemäß wird dem Eigentumsvorbehaltsverkäufer in der Insolvenz des Käufers kein Aussonderungs-, sondern lediglich ein Absonderungsrecht zugebilligt.[496]

Als Absonderungsberechtigter nimmt der Eigentumsvorbehaltsverkäufer am Insolvenzverfahren teil, arg. ex. § 47 InsO. Mit seinem Anspruch auf Zahlung des Kaufpreises für die bereits erbrachte Teilleistung ist der Verkäufer damit gemäß § 105 Satz 1 InsO Insolvenzgläubiger. Wählt der Verwalter die Erfüllung des Kaufvertrages, so muß er lediglich die noch ausstehenden Leistungen des Vertragspartners voll aus der Masse vergüten. Der Vertragspartner ist wegen seines Zahlungsanspruchs aufgrund seiner bereits erbrachten Vorleistung allerdings nach Maßgabe der §§ 166-173 InsO zur abgesonderten Befriedigung berechtigt.

e) erweiterter Eigentumsvorbehalt

Fraglich ist schließlich die Situation beim sog. erweiterten Eigentumsvorbehalt. Beim erweiterten Eigentumsvorbehalt wird dem Eigentumsvorbehaltsverkäufer an der Vorbehaltsware eine über seine Kaufpreisforderung hinausgehende Sicherung auch für Forderungen, die ihm aus anderen Geschäften mit dem Käufer zustehen,

---

[494] zum ganzen ausführlich *Bley/Mohrbutter*, § 36 VglO, Rn.41.

[495] BGH, Urteil vom 03.03.1956, BGHZ 20, 159, 163f.; BGH, Urteil vom 28.06. 1954 , BGHZ 14, 114, 117; *Gottwald/Adolphsen*, Kölner Schrift, 1043, 1048, Rn.18; a.A. aber mit gleichem Ergebnis *Jauernig*, § 45 I 3.

[496] RG, Urteil vom 14.10.1927, RGZ 118, 209f.; RG, Urteil vom 19.04.1929, RGZ 124, 73, 75, BGH, Urteil vom 09.12.1970, BB 1971, 17; *Gottwald/Adolphsen*, Kölner Schrift, 1043, 1048, Rn.19; *Kuhn/Uhlenbruck*, § 43 KO, Rn.36.

eingeräumt. Der erweiterte Eigentumsvorbehalt soll erst dann erlöschen, wenn der Eigentumsvorbehaltsverkäufer wegen sämtlicher Forderungen, die ihm gegen den Käufer zustehen, befriedigt ist.[497]

Nach Auffassung von *Marotzke*[498] und *Tintelnot* [499] sei der erweiterte Eigentumsvorbehalt mangels Teilbarkeit kein Fall des § 105 Satz 1 InsO.

Als Ausgangspunkt für eine Antwort auf diese These mag folgende Konstellation dienen:

Der Eigentumsvorbehaltsverkäufer hat dem Käufer aufgrund eines Kaufvertrages über die Lieferung von 100 kg Reis bereits 50 kg geliefert. Die komplette Lieferung soll erst dann in das Eigentum des Käufers übergehen, wenn dieser nicht nur die Reislieferung sondern darüber hinaus auch eine weitere Forderung des Verkäufers aus einem Vertrag über die Lieferung von 100 kg Tomaten beglichen hat, bei dem der Verkäufer ebenfalls bereits 50 kg geliefert hat.

Solange nicht der Kaufpreis für die Reis- und die Tomatenlieferung durch den Käufer vollständig beglichen wurde, besteht der Eigentumsvorbehalt über die Reislieferung fort, § 105 Satz 1 InsO findet demzufolge keine Anwendung. Wenn sich nach der Eröffnung des Insolvenzverfahrens der Verwalter allerdings für die Erfüllung des Reislieferungsvertrages entscheidet, hat der erweiterte Eigentumsvorbehalt an der dann bezahlten Ware (hier der Reislieferung) lediglich noch die Funktion, andere Forderungen des Verkäufers aus der Geschäftsverbindung zu sichern, während die Erfüllungsfunktion entfallen ist.[500] Die einzelnen Verträge werden durch den erweiterten Eigentumsvorbehalt nicht zu einem einheitlichen Schuldverhältnis zusammengefaßt. Die schuldrechtliche Selbständigkeit der einzelnen Verträge bleibt bestehen, weil die rein dingliche Wirkung des Eigentumsvorbehaltes deren schuldrechtliche Trennung nicht berührt.[501]

Die Annäherung an die für Sicherungsübereignungen typische Konstellation führt dazu, daß dem Verkäufer im Insolvenzverfahren an der bereits gelieferten Ware nunmehr lediglich ein Absonderungsrecht zusteht.[502] Ein Absonderungsrecht zu-

---

[497] *Kilger/K.Schmidt*, § 17 KO, Anm. 3d; *Gottwald-Huber*, § 36, Rn.32. *Bley/Mohrbutter*, § 36 VglO, Rn.44.

[498] in Gegenseitige Verträge, Rn. 4.167 sowie in HK, § 105 InsO, Rn.15.

[499] in *Kübler/Prütting*, § 105 InsO, Rn.7.

[500] BGH, Urteil vom 10.02.1971, WM 1971, 347, 349; BGH, Urteil vom 09.07. 1986, BGHZ 98, 160, 170.

[501] BGH, Urteil vom 09.07.1986, BGHZ 98, 160, 170; *Gutewort*, S.27; a.A. *Neuschäffer*, JW 1935, 3516, 3520, der der dinglichen Wirkung des erweiterten Eigentumsvorbehaltes aber zu große Bedeutung beimißt.

[502] BGH, Urteil vom 23.11.1977, WM 1977, 1422; BGH, Urteil vom 10.02.1971, WM 1971, 347f.; BGH, Urteil vom 09.07.1986, BGHZ 98, 160, 170; *Gottwald-Huber*, § 36, Rn.33; *Gottwald/Adolphsen*, Kölner Schrift, 1043, 1048, Rn.16; a.A. *Lambsdorff*, Rn.537; *Baur/Stürner*, Rn.14.9 Fn.7.

gunsten des Verkäufers kann jedoch wegen § 91 Abs. 1 InsO nach der Eröffnung des Verfahrens nicht mehr wirksam entstehen. Der Vorbehaltsverkäufer ist daher wegen der Forderungen, die in den erweiterten Eigentumsvorbehalt einbezogen worden sind, lediglich Insolvenzgläubiger. Der Insolvenzverwalter muß demnach nicht sämtliche gesicherten Forderungen als Masseschuld tilgen.[503] *Marotzke*[504] ist indes der Auffassung, daß der erweiterte Eigentumsvorbehalt nur durch eine vollständige Erfüllung sämtlicher Forderungen beseitigt werden könne. Der Eigentumsvorbehalt habe die Funktion einer automatisierten Form eines vertraglichen Zurückbehaltungsrechtes, welches auf den anderen, in den erweiterten Eigentumsvorbehalt einbezogenen Verträgen beruhe. Diese Sichtweise übersieht jedoch, daß das Zurückbehaltungsrecht des § 273 BGB, aus dem Marotzke offensichtlich die Insolvenzfestigkeit des erweiterten Eigentumsvorbehaltes ableitet, nicht insolvenzfest ist.[505]

Für § 105 Satz 1 InsO bedeutet dieses Ergebnis, um zum Ausgangsbeispiel zurückzukehren, daß der Verwalter bei Erfüllungswahl den Vertrag über die Tomatenlieferung nur insoweit als Masseschuld zu befriedigen hat, als noch Teillieferungen ausstehen. Wegen der bereits gelieferten 50 kg ist der Verkäufer lediglich Insolvenzgläubiger. Den Vertrag über die Reislieferung muß der Insolvenzverwalter hingegen vollständig erfüllen.

Anders verhält es sich im Ausgangsfall indes, wenn zur Zeit der Eröffnung des Verfahrens der Vertrag über die Reislieferung bereits von dem späteren Schuldner vollständig erfüllt worden ist. Dann entsteht bereits zu diesem Zeitpunkt für den Verkäufer das Absonderungsrecht. Dies führt dann dazu, daß ähnlich wie oben unter d) beim Eigentumsvorbehalt mit Verarbeitungsklausel auf den Vertrag über die Tomatenlieferung zwar § 105 Satz 1 InsO Anwendung findet, der Verkäufer aber wegen seines Anspruchs auf die Bezahlung seiner Teillieferung das Recht zur abgesonderten Befriedigung besitzt.

§ 105 Satz 1 InsO hat demzufolge auch für den erweiterten Eigentumsvorbehalt Bedeutung. Zwar nicht für den Vertrag, durch den der erweiterte Eigentumsvorbehalt begründet wird, weil der Eigentumsvorbehalt, von sonstigen Erlöschensgründen einmal abgesehen, insoweit bis zur vollständigen Bezahlung bestehen

---

[503] OLG München, Urteil vom 28.05.1969, JuS 1970, 139; *Jaeger/Henckel*, § 17 KO, Rn.62; *Kuhn/Uhlenbruck*, § 17 KO, Rn.18i; *Serick*, Bd. V, § 68 III 2b, S.694, 694f.; *ders.* in BB 1978, 1477, 1483; *Gottwald-Huber*, § 36, Rn.33;

[504] in Gegenseitige Verträge, Rn.4.168; ebenso LG Stuttgart, Urteil vom 19.09.1957 MDR 1958, 100f. und wohl auch *Bley/Mohrbutter*, § 36 VglO, Rn.44f; *Gutewort*, S.27f. und *Bley*, ZAkDR 1937, 41, 43 sind der Auffassung, dem erweiterten Eigentumsvorbehalt komme nach der Bezahlung des Vorbehalsgutes die Funktion eines Leistungsverweigerungs- und Zurückbehaltungsrechtes zu, sie verneinen aber dessen Insolvenzfestigkeit.

[505] vgl. oben B. V. 1 b) und *Henckel*, ZZP 99 (1986), 419, 428.

bleibt. § 105 Satz 1 InsO gilt aber für alle Verträge, die zur Sicherung in den erweiterten Eigentumsvorbehalt mit einbezogen worden sind.

2. mangelhafte Leistung

Fraglich ist des weiteren, ob § 105 Satz 1 InsO auf eine mangelhafte Vorleistung des Vertragspartners anwendbar ist.

In die Vergleichsordnung vom 26.02.1935 wurde neben der Vorschrift des § 36 Abs. 2 VglO auch § 36 Abs. 3 VglO neu eingefügt. Nach § 36 Abs. 3 VglO war der Gläubiger einer mangelhaften Leistung, die wegen des Mangels nicht als vollständig bewirkt anzusehen war, mit seinem ihm trotz des Mangels evtl. zustehenden Anspruch auf die Gegenleistung Vergleichsgläubiger. Die dem Schuldner wegen des Mangels zustehenden Rechte blieben unberührt.

In der amtlichen Begründung der Vergleichsordnung wurde hierzu ausgeführt, daß Absatz 3 bestimme, daß der Gläubiger einen etwa seiner Leistung anhaftenden Mangel nicht dazu benutzen dürfe, um sich der Vergleichswirkung zu entziehen.[506]

In der vergleichsrechtlichen Literatur wurde § 36 Abs. 3 VglO entsprechend so verstanden, daß eine mangelhafte Leistung des Gläubigers im Sinne der § 36 Abs. 1 und § 36 Abs. 2 VglO als vollständige Erfüllung galt, damit der Gläubiger wegen des Mangels im Vergleichsverfahren keine Vorteile ziehen könne.[507] *Marotzke* ist hingegen der Ansicht, § 36 Abs. 3 VglO sei als lex specialis zu § 36 Abs. 1 VglO, nicht aber als Konkretisierung zu § 36 Abs. 2 VglO kreiert worden.[508] Da § 36 Abs. 1 VglO nicht in die Insolvenzordnung übernommen worden sei, sei es demnach konsequent gewesen, § 36 Abs. 3 VglO ebenfalls nicht zu übernehmen. Um den Anwendungsbereich des § 105 Satz 1 InsO nicht unnötig zu erweitern, solle man sich an den üblichen Wortsinn halten und eine mangelhafte Teilleistung nicht als in sich vollständige Leistung betrachten, so daß § 105 Satz 1 InsO auf mangelhafte Teilleistungen des Vertragspartners keine Anwendung finde.[509] Mit "üblichem Wortsinn" scheint *Marotzke* auf die im insolvenzrechtlichen Schrifttum vorherrschende Auffassung anzuspielen, die im Rahmen des § 103 InsO bzw. des § 17 KO eine mit Sach- oder Rechtsmängeln behaftete Leistung nicht als vollständige Vertragserfüllung genügen läßt.[510]

---

[506] in DJ 1935, 389f.

[507] *Bley/Mohrbutter*, § 36 VglO, Rn.31; *Kilger/K.Schmidt*, § 36 VglO, Anm.10; *Krieg*, § 36 VglO, Anm. 8; *Neuschäffer*, JW 1935, 3516, 3518.

[508] in HK, § 105 InsO, Rn.16.

[509] HK-*Marotzke*, § 105 InsO, Rn.16.

[510] HK-*Marotzke*, § 103 InsO, Rn.28; *Kübler/Prütting-Tintelnot*, § 103 InsO, Rn.46;

Allein aus der Tatsache, daß in der Insolvenzordnung eine dem § 36 Abs. 3 VglO vergleichbare Norm fehlt, läßt sich jedoch nicht darauf schließen, daß eine mangelhafte Teilleistung keine Teilleistung im Sinne von § 105 Satz 1 InsO darstellt. Die von *Marotzke* herangezogene Argumentation, mangelhafte Teilleistungen nicht unter § 105 Satz 1 InsO fallen zu lassen, um den Anwendungsbereich des seiner Auffassung nach ohnehin verfehlten § 105 Satz 1 InsO nicht unnötig zu erweitern, vermag jedenfalls nicht zu überzeugen.[511] Der Wortlaut des § 105 Satz 1 InsO verbietet seine Anwendung auf mangelhafte Teilleistungen nicht. Zwar wurde bereits ausgeführt, daß der Vertragspartner mit seiner Teilleistung den aus dem Kausalgeschäft geschuldeten Leistungserfolg herbeigeführt haben muß,[512] doch hat er eben diese Wirkung mit Übereignung der mangelhaften Teilleistung an den Schuldner erzielt. Denn anders als bei Teilleistungen unter Eigentumsvorbehalt geht die mangelbehaftete Teilleistung mit Einigung und Übergabe in das Eigentum des Schuldners über.

Dies mag für eine vollständige Erfüllung im Rahmen des § 103 InsO nicht ausreichen, weil mit der Lieferung einer mangelhaften Sache noch verschiedene Gewährleistungsansprüche im Raume stehen; für die teilweise "erbrachte" Leistung im Sinne des § 105 Satz 1 InsO spielen diese Erwägungen jedoch keine Rolle. Die zu § 103 InsO bzw. § 17 KO vorherrschende Auffassung läßt sich auf die spezifischen Besonderheiten des § 105 Satz 1 InsO nicht übertragen, sie nimmt auch hierzu keine Stellung. Auch die von *Uhlenbruck* und *Balthasar* angeführten reichsgerichtlichen Urteile befassen sich nicht mit der Thematik. In der Entscheidung des Reichsgerichts vom 22.11.1902[513] ging es im wesentlichen um die Frage, ob dem Käufer vor Abnahme der Kaufsache ein Recht auf Wandlung oder ein Recht auf Erfüllungsverweigerung zusteht, in dem Urteil vom 26.04.1907[514] wurde lediglich in einem nicht entscheidungserheblichen Nebensatz zur Minderung erwähnt, daß der Käufer, weil er mangelhaft, also noch nicht gehörig erfüllt habe, nachzuerfüllen habe. Die Entscheidungen befassen sich daher mit kaufrechtlicher Gewährleistung und dessen Verhältnis zu den allgemeinen Vorschriften der §§ 320ff. BGB.[515]

Hess, § 103 InsO, Rn.67; *Nerlich/Römermann-Balthasar*, § 103 InsO, Rn.34; *Kuhn/Uhlenbruck*, § 17 KO, Rn. 18u, die beiden letzteren mit Verweis auf RG, Urteil vom 22.02.1902, RGZ 53, 70, 72 sowie RG, Urteil vom 26.04.1907, RGZ 66, 73, 76; *Kirchhof/Kreft*, ZInsO 2000, 449f.; differenzierend *Jaeger/Henckel*, § 17 KO, Rn.87ff. und 90ff. sowie *Kilger/K.Schmidt*, § 17 KO, Anm. 3a.

511 HK-*Marotzke*, § 105 InsO, Rn.8 und 16 sowie oben unter B. IV. 1.

512 siehe oben C. II.

513 RGZ 53, 70, 72.

514 RGZ 66, 73, 76.

515 Auch der im zivilrechtlichen Schrifttum herrschende Disput der sog. Erfüllungstheorie mit der sog. Gewährleistungstheorie über das Verhältnis der Mängelansprüche zu den allgemeinen Vorschriften der §§ 320ff. BGB ist für die vorlie-

Die unterschiedliche Wortlaute von § 103 Abs. 1 InsO und § 105 Satz 1 InsO zwingen auch nicht zu einer identischen Sichtweise. Sinn und Zweck des § 105 Satz 1 InsO gebieten im Gegenteil eine differenzierende Betrachtung. Würde ein Vertragspartner wegen einer mangelhaften Teilleistung nicht der Rechtsfolge des § 105 Satz 1 InsO unterworfen, so würde dieser gerade wegen der Mangelhaftigkeit gegenüber anderen vorleistenden Gläubigern, die mit ihrem Gegenanspruch für die fehlerfrei erbrachte Teilleistung nur quotal befriedigt werden, in nicht zu rechtfertigender Weise privilegiert. Dem schlechtleistenden Vertragspartner dürfen aber auf Grund der bloßen Tatsache der Schlechtleistung keine Vorteile gebühren.[516] Dem Vertragspartner steht insbesondere kein Recht zu, sich auf einen Mangel der verkauften Sache zu berufen, was aber im Ergebnis darauf hinausliefe, wenn er mit seiner Teilleistung nicht lediglich Insolvenzgläubiger wäre. Der Insolvenzverwalter kann aber trotz der mangelhaften Vorleistung sehr wohl ein Interesse daran haben, sich für die Fortsetzung des Vertragsverhältnisses zu entscheiden. Es muß ihm in diesem Fall unbenommen bleiben, auf die Geltendmachung des Mangels (zunächst) zu verzichten und den Schlechtleistenden wie jeden anderen Vertragspartner auch zu behandeln. Der Insolvenzverwalter ist aber selbstverständlich nicht daran gehindert, wegen der Mangelhaftigkeit der Leistung weitergehende Gewährleistungsansprüche geltend zu machen.[517]

Unrichtig ist in diesem Zusammenhang die Auffassung Marotzkes,[518] der § 105 Satz 1 InsO nur dann für anwendbar hält, wenn der Schuldner Minderung verlangt, weil dann der Mangel gegen entsprechende Herabsetzung der Gegenleistungpflicht nachträglich akzeptiert und damit aus der mangelhaften Teilleistung eine in sich vollständige geworden sei. Diese Sichtweise wirkt arg konstruiert, weil sie zum einen die Geltendmachung von Gewährleistungsansprüchen unnötigerweise mit der rein tatsächlichen Erbringung von Teilleistungen im Sinne des § 105 Satz 1 InsO verquickt und zum anderen voraussetzt, daß der Minderungsbetrag genau die Höhe der bereits erbrachten Teilleistung erreicht.

Das gefundene Ergebnis hätte sich im Geltungsbereich der Vergleichsordnung von 1935 auch ohne die Existenz des § 36 Abs. 3 VglO bereits aus dem Sinn und Zweck des § 36 Abs. 2 VglO ergeben. § 36 Abs. 3 VglO hat insoweit sowohl für § 36 Abs. 1 VglO als auch für § 36 Abs. 2 VglO, wenn man § 36 Abs. 3 VglO

---

gende Problematik ohne Belang, vgl. hierzu *Larenz*, Schuldrecht II, § 41 II e sowie *Staudinger-Honsell*, vor § 459, Rn.7ff., der im übrigen in Rn.12 davon ausgeht, daß der Streit auch für § 17 KO keinerlei Relevanz aufweist.

516 *Neuschäffer*, JW 1935, 3516, 3518 spricht von einem "sonderbaren Ergebnis." Vgl. auch die amtliche Begründung der Vergleichsordnung vom 26.02.1935, DJ 1935, 389f.

517 vgl. *Jaeger/Henckel*, § 17 KO, Rn.87ff. und 90ff.; *Bley/Mohrbutter*, § 36 VglO, Rn.31.

518 in HK, § 105 InsO, Rn.16.

überhaupt auf Absatz 2 beziehen will, nur klarstellende Bedeutung. Denn bereits im Geltungsbereich der Vergleichsordnung von 1927, also ohne eine § 36 Abs. 3 VglO vergleichbare Norm, entsprach es vorherrschender Ansicht, daß eine mangelhafte Leistung keine Erfüllung im Sinne von § 4 VglO von 1927, der durch § 36 Abs. 1 VglO in der Vergleichsordnung von 1935 ersetzt wurde, bedeutete.[519] Insofern wäre es eine falsche Schlußfolgerung, aus dem Fehlen einer § 36 Abs. 3 VglO vergleichbaren Vorschrift in der Insolvenzordnung darauf zu schließen, § 105 Satz 1 InsO erfasse mangelhafte Teilleistungen nicht.[520]

Entscheidet sich der Insolvenzverwalter demnach für die Erfüllungswahl, so ist der Vertragspartner mit dem seiner mangelhaften Teilleistung entsprechenden Anspruch auf die Gegenleistung lediglich Insolvenzgläubiger, unabhängig davon, ob der Insolvenzverwalter weitergehende Gewährleistungsansprüche geltend macht.

3. synallagmatische Verknüpfung der Vorleistung

Voraussetzung für die Anwendbarkeit des § 105 Satz 1 InsO ist ein von keiner Partei vollständig erfüllter gegenseitiger Vertrag im Sinne des § 103 Abs. 1 InsO. Fraglich ist jedoch, ob § 105 Satz 1 InsO darüber hinaus verlangt, daß auch die Vorleistung des Vertragspartners stets im synallagmatischen Verhältnis steht oder ob es ausreichend ist, daß sie auf einem gegenseitigen Vertrag beruht, ohne aber selbst in einem synallagmatischen Verhältnis zu stehen.

Zur Verdeutlichung mag der oben unter C. I. 5. d) bb) näher behandelte Wiederherstellungsanspruch des Vermieters dienen. Die Pflicht des Mieters zur Wiederherstellung der Mietsache steht nach überwiegender Meinung in einem synallagmatischen Austauschverhältnis zu der Gebrauchsgewährungspflicht des Vermieters, wenn die Erfüllung des Wiederherstellungsanpsruches mit erheblichen Kosten verbunden ist.[521] Der Wiederherstellungsanspruch steht folglich dann nicht in einen synallagmatischen Verhältnis, wenn er nicht mit erheblichem Kostenaufwand verbunden ist. Von dieser Konstellation ist für die folgenden Erwägungen auszugehen.

Im Schrifttum finden sich nur spärliche Ausführungen zum Erfordernis synallagmatischer Verknüpfung im Rahmen des § 105 Satz 1 InsO.

---

[519] *Neuschäffer*, JW 1935, 3516, 3518; RG, Urteil vom 19.11.1926, JW 1927, 699f. zu § 17 KO.

[520] *Marotzke* in HK, § 105 InsO, Rn. 16 hat § 36 Abs. 3 VglO ohnehin nur für § 36 Abs. 1 VglO Bedeutung beigemessen.

[521] vgl. BGH, Urteil vom 10.03.1994, ZIP 1994, 715f; BGH, Urteil vom, 16.03.1988 BGHZ 104, 6, 10; BGH, Urteil vom 12.04.1989, BGHZ 107, 179, 183 551; *Soergel-Wiedemann*, § 326, Rn.23; *Erman-Jendrek*, § 55 InsO6, Rn.12.

Tintelnot[522] geht ohne Begründung davon aus, daß die Vorleistung des Vertragspartners nicht in einem synallagmatischen Verhältnis stehen müsse. *Wegener*[523] und *Mohrbutter* [524] verstehen unter teilbaren Leistungen im Sinne des § 105 Satz 1 InsO hingegen nur die im Synallagma stehenden Leistungen. Der BGH[525] hat diese Frage in einem Urteil zu § 36 VglO offengelassen.

Umfänglich und kontrovers diskutiert wird hingegen, ob die Nichterfüllung des gegenseitigen Vertrages im Rahmen des § 103 InsO nur dann anzunehmen ist, wenn die wenigstens zum Teil noch unerfüllte Verpflichtung im Synallagma steht,[526] oder ob es für die Nichterfüllung ausreicht, daß überhaupt noch eine vertragliche Verpflichtung offen ist.[527] Diese Streitfrage ist jedoch für die Behandlung nicht im Synallagma stehender Leistungen im Rahmen des § 105 Satz 1 InsO wenig aussagekräftig. Zum einen dreht sich die Kontroverse im Rahmen des § 103 InsO im wesentlichen darum, ob die Abnahmepflicht des Käufers bzw. die Mitwirkungspflicht des Käufers bei der Auflassung in der Insolvenz des Verkäufers in das Kriterium unvollständiger Vertragserfüllung einzubeziehen ist oder nicht. Dieses Problem stellt sich bei Vorleistungen im Sinne des § 105 Satz 1 InsO aber überhaupt nicht. § 105 Satz 1 InsO erlangt nur dann Bedeutung, wenn für die Vorleistung des Vertragspartners ein meßbarer und vor allem teilbarer Gegenwert ermittelt werden kann. Zum anderen stellt sich die Problematik bei § 105 Satz 1 InsO quasi spiegelbildlich zu § 103 InsO dar. Die Anwendung des § 105 Satz 1 InsO erfordert eine (teilweise) Vorleistung des Vertragspartners, bei § 103

---

[522] in *Kübler/Prütting*, § 105 InsO, Rn.4, vgl. aber auch § 103 InsO, Rn.37.

[523] ebenfalls ohne Begründung in FK, § 105 InsO, Rn.6.

[524] zu § 36 VglO ohne Begründung in *Bley/Mohrbutter*, § 36 VglO, Rn.48; anders aber in Rn.28 für § 36 Abs. 1 VglO.

[525] Urteil vom 10.03.1994, ZIP 1994, 715f. Die Frage war nicht entscheidungserheblich, weil der Wiederherstellungsanspruch mit erheblichen Kosten verbunden war und deshalb in einem Austauschverhältnis stand. Im übrigen hat der BGH nur einen Bezug zu § 36 Abs. 1 VglO hergestellt und die Problematik gar nicht im Kontext des § 36 Abs. 2 VglO behandelt. Letztlich hat der BGH sich damit zu der bei § 103 InsO existierenden Streitfrage geäußert und nicht zu § 105 Satz 1 InsO.

[526] RG, Urteil vom 16.10.1937, HRR 1938, Nr.106; *Kübler/Prütting-Tintelnot*, § 103 InsO, Rn.37; *Hess/Obermüller*, Rn.944; *Häsemeyer*, Rn.20.14; *ders.* KTS 1973, 2, 5; *Henckel*, ZZP 99 (1986), 419, 424; *Jacobson*, JR 1929, 96f.; *Staudinger-Rieble*, § 339 BGB, Rn.160; differenzierend nach dem Nutzen für die Masse *Smid*, EWiR 1997, 553f. zu OLG Naumburg, Urteil vom 27.02.1997; *Henckel*, § 17 KO, Rn.8.

[527] RG, Urteil vom 25.11.1933, RGZ 142, 296, 299; BGH, Urteil vom 17.03.1972, BGHZ 58, 246f; BGH, Urteil vom 25.02.1983, ZIP 1983, 709; OLG Dresden, Urteil vom 13.05.1998, ZIP 1998, 1154, 1155f.; *Bley/Mohrbutter*, § 36 VglO, Rn.28; *Pape*, Kölner Schrift, 531, 545, Rn.19; HK-*Marotzke*, § 103 InsO, Rn.28; *ders.* in Gegenseitige Verträge, Rn.4.100; *Nerlich/Römermann-Balthasar*, § 103 InsO, Rn.33.

InsO geht es gerade umgekehrt um die (teilweise) Nichterfüllung vertraglicher Pflichten.[528]

Gemäß § 105 Satz 1 InsO ist der Vertragspartner mit dem aus seiner teilbaren Vorleistung resultierenden Gegenleistungsanspruch stets Insolvenzgläubiger. § 105 Satz 1 InsO stellt von seinem Wortlaut nicht das zusätzliche Erfordernis einer synallagmatischen Vorleistung auf. Dieses Erfordernis würde dazu führen, daß der Vertragspartner des Schuldners mit einer nicht im Synallagma stehenden Vorleistung aus dem Anwendungsbereich des § 105 Satz 1 InsO herausfiele und bei Erfüllungswahl des Insolvenzverwalters seinen entsprechenden Gegenleistungsanspruch voll aus der Masse vergütet bekäme. Der Vertragspartner wäre somit gegenüber synallagmatischen Vorleistungen privilegiert. Ein Grund für eine derartige Privilegierung ist aber nicht ersichtlich. Im Gegenteil, wenn überhaupt, kommt eine Privilegierung wegen § 103 InsO eher den Vertragspartnern des Schuldners aus synallagmatischen Austauschverhältnissen zugute, weil diese ihre vertraglichen Verpflichtungen auch im eröffneten Insolvenzverfahren (abgesehen von teilbaren Vorleistungen gemäß § 105 Satz 1 InsO) nur gegen Erhalt der ungeschmälerten Gegenleistung zu erfüllen haben.[529]

Die Vertragspartner des Schuldners aus nicht synallagmatischen Verträgen nehmen mit ihren Gegenansprüchen aus der (Vor-)Erfüllung ihrer vertraglichen Pflichten dagegen unabhängig von einem Wahlrecht des Verwalters (§ 103 InsO ist insoweit gar nicht einschlägig) stets als Insolvenzgläubiger am Verfahren teil.

Insoweit ist es nur systemkonform, nicht im Synallagma stehende teilbare Vorleistungen innerhalb eines gegenseitigen Vertrages dem Anwendungsbereich des § 105 Satz 1 InsO zu unterwerfen. Diese Sichtweise ist für die Masse vorteilhaft; sie fördert den Zweck des § 105 Satz 1 InsO, die Masse vor Ansprüchen zu schützen, deren Gegenwert nicht ihr, sondern bereits vor Verfahrenseröffnung dem Schuldner zugeflossen ist. Letztlich erspart man sich zudem die in Einzelfällen recht problematische[530] Abgrenzung von synallagmatischen und nicht synallagmatischen Vertragspflichten.

---

[528] daß die Problematiken offenbar wenig Berührungspunkte besitzen, zeigt auch die Tatsache, daß *Mohrbutter* in *Bley/Mohrbutter*, § 36 VglO, Rn.48 für § 36 Abs. 2 VglO eine synallagmatische Verknüpfung für erforderlich hält, in § 36 VglO, Rn.28 für § 36 Abs. 1 VglO diese aber für entbehrlich erachtet, wohingegen *Tintelnot* in *Kübler/Prütting*, § 105 InsO, Rn.15 und § 103 InsO, Rn.37 genau zum umgekehrten Ergebnis kommt.

[529] vgl. *Jaeger/Henckel*, § 17 KO, Rn.6; *Kübler/Prütting-Tintelnot*, § 103 InsO, Rn.3; *Nerlich/Römermann-Balthasar*, § 105 InsO, Rn.; *Smid*, § 105 InsO, Rn.6.

[530] vgl. *Marotzke*, JA 1988, 117, 120.

4. Leistungserbringung während des Eröffnungsverfahrens

§ 105 Satz 1 InsO ist nach seinem Wortlaut auf Leistungen des Vertragspartners anwendbar, die dieser vor der Eröffnung des Insolvenz-verfahrens erbracht hat. Eine Ausnahme regelt § 55 Abs. 2 Satz 2 InsO für das Insolvenzeröffnungsverfahren. Danach sind Verbindlichkeiten aus einem bereits von dem Schuldner begründeten Dauerschuldverhältnis aus der Masse zu erfüllen, soweit der vorläufige Insolvenzverwalter mit Verwaltungs- und Verfügungsbefugnis für das von ihm verwaltete Vermögen die Gegenleistung des Vertragspartners in Anspruch genommen hat. Dies führt dann entgegen § 105 Satz 1 InsO dazu, daß teilbare Vorleistungen des Vertragspartners keine Insolvenzforderungen darstellen, vorausgesetzt der vorläufige Insolvenzverwalter hat den Vertragspartner zur weiteren "Erfüllung" des Vertrages aufgefordert.[531]

Die Inanspruchnahme durch den vorläufigen Insolvenzverwalter bedeutet nicht, daß sich der vorläufige Insolvenzverwalter für die Erfüllung des gegenseitigen Vertrages im Sinne der §§ 103ff. InsO entschieden hat. Aus der systematischen Stellung der §§ 103ff. InsO im Dritten Teil der Insolvenzordnung ("Wirkungen der Eröffnung des Insolvenzverfahrens") ergibt sich, daß die Vorschriften der §§ 103ff. InsO nur für das bereits eröffnete Verfahren Anwendung finden. Das Sicherungsverfahren der vorläufigen Insolvenzverwaltung ist dagegen abschließend im ersten Teil der Insolvenzordnung geregelt. Sofern sich daher weder in den §§ 21ff. InsO Verweisungen auf die Regeln des eröffneten Verfahrens noch in den §§ 103ff. InsO Verweisungen auf das Eröffnungsverfahren finden, stellt die Eröffnung des Insolvenzverfahrens eine für den Verfahrenszweck relevante Zäsur dar.[532]

Damit steht dem vorläufigen Insolvenzverwalter insbesondere nicht das Verwalterwahlrecht des § 103 InsO zur Verfügung.[533]

---

[531] HK-*Marotzke*, § 105 InsO, Rn.17; *Hess*, § 105 InsO, Rn.8; *Kübler/Prütting-Tintelnot*, § 105 InsO, Rn.10. Entsprechendes gilt für § 108 Abs. 2 InsO, vgl. HK-*Eickmann*, § 55 InsO, Rn.27; heftig umstritten ist dies allerdings für die Einordnung von Entgeltansprüchen derjenigen Arbeitnehmer, die von einem vorläufigen Insolvenzverwalter mit Verwaltungs- und Verfügungsbefugnis weiterbeschäftigt werden, vgl. hierzu ausführlich *Hess*, § 55 InsO, Rn.205-213. Für § 105 Satz 1 InsO spielt diese Kontroverse keine Rolle, weil Dienstverhältnisse des Schuldners gemäß § 108 Abs. 1 InsO nach Verfahrenseröffnung fortbestehen und die §§ 103, 105 InsO keine Anwendung finden.

[532] *Pohlmann*, Rn.488f; *Onusseit*, KTS 1994, 3, 24.

[533] BGH, Urteil vom 30.01.1986, BGHZ 97, 87, 90; BGH, Urteil vom 22.12.1982, BGHZ 86, 190, 195f.; LG Köln, Urteil vom 16.03.1988, ZIP 1988, 931; *Pape*, Kölner Schrift, 531, 539, Rn.9; *Uhlenbruck*, KTS 1982, 201, 207; *Gerhardt*, ZIP 1982, 1, 3.

Die Entscheidung über die Erfüllungswahl eines gegenseitigen Vertrages steht erst dann an, wenn das Verfahren eröffnet ist, weil vor der Verfahrenseröffnung die Möglichkeit besteht, daß mangels Vorliegens eines Eröffnungsgrundes die Verfahrenseröffnung unterbleibt oder daß eine Abweisung mangels Masse gemäß § 26 InsO erfolgt. Es kann somit vor der Eröffnung des Verfahrens noch gar nicht geklärt werden, ob in bestehende Verträge des Schuldners eingegriffen werden soll oder ob diese weiter Bestand haben.[534] Nach der Eröffnung des Insolvenzverfahrens hat der Insolvenzverwalter also nach wie vor die Möglichkeit, den gegenseitigen Vertrag abzulehnen, ohne allerdings die Rechtsfolgen des § 55 Abs. 2 Satz 2 InsO aushebeln zu können.

Aufgrund dieser Erwägungen kann dem vorläufigen Insolvenzverwalter die Befugnis zur Inanspruchnahme der Gegenleistung nur dann eingeräumt werden, wenn sie sich wertend betrachtet als Sicherungs-maßnahme gemäß den §§ 21 Abs. 1, 22 Abs. 1 Satz 2 Nr. 1 InsO qualifizieren läßt. Dies wird zumeist dann der Fall sein, wenn der vorläufige Insolvenzverwalter eine Leistung des Vertragspartners für die Geschäftsfortführung dringend benötigt.[535]

Dies bedeutet aber auch, daß Vorleistungen des Vertragspartners dann keine Masseverbindlichkeiten nach § 55 Abs. 2 Satz 2 InsO werden, wenn sie der vorläufige Insolvenzverwalter nicht in Anspruch genommen hat.[536] Daher werden beispielsweise Ansprüche des Vertragspartners aus Dauerschuldverhältnissen, die vom vorläufigen Verwalter nicht genutzt werden, die aber von ihm etwa wegen laufender Kündigungsfristen noch nicht beendet werden können[537] oder mangels Sicherungsgrundes nicht beendet werden dürfen, nicht von § 55 Abs. 2 Satz 2 InsO erfaßt. Entsprechendes gilt, wenn die Gegenleistung vom Vertragspartner ohne Anforderung des vorläufigen Verwalters aus freien Stücken geliefert oder dem vorläufigen Verwalter gar aufgedrängt wurde. Stellt der Insolvenzverwalter beispielsweise dem Vermieter die Mietsache zur Verfügung, nimmt er die Leistung nicht in Anspruch, so daß die Ansprüche des Vertragspartners keine Masseforderungen werden, sondern nur als Insolvenzforderungen zur Tabelle angemeldet werden können.[538]

---

[534] *Pape*, Kölner Schrift, 531, 539, Rn.9; *Pohlmann*, Rn.490.
[535] *Pohlmann*, Rz.361.
[536] *Smid*, § 55 InsO, Rn.36; Müko-*Hefermehl*, § 55 InsO, Rn.222; FK-*Schulz*, § 55 InsO, Rn.16.
[537] *Kübler/Prütting-Pape*, § 55 InsO, Rn.69.
[538] *Smid*, § 55 InsO, Rn.36.

D. Rechtsfolge des § 105 Satz 1 InsO

Rechtsfolge des § 105 Satz 1 InsO ist, daß der Vertragspartner den seiner Vorleistung entsprechenden Teil seines Anspruchs auf die Gegenleistung trotz Erfüllungsverlangen des Insolvenzverwalters nur als Insolvenzgläubiger gemäß § 38 InsO geltend machen kann. Die noch ausstehenden Teilleistungen des Vertragspartners werden von § 105 Satz 1 InsO nicht berührt. Diese sind bei Erfüllungswahl des Insolvenzverwalters gemäß § 55 Abs. 1 Nr. 2 InsO in voller Höhe aus der Masse zu vergüten. Entscheidet sich der Verwalter für die Ablehnung des Vertrages ist der Vertragspartner ohnehin mit seinem Anspruch auf Schadensersatz wegen Nichterfüllung, in dessen Berechnung seine Vorleistung einfließt, Insolvenzgläubiger.

Im Falle ungleichartiger Teilleistungen ist der Vertragspartner als Schuldner der Sachleistung immer dann mit seinem Gegenleistungs-anspruch gemäß § 105 Satz 1 InsO Insolvenzgläubiger, wenn sich der Sachleistung des Vertragspartners ein konkreter Anteil der Gegenleistung zuordnen läßt. Ist eine Ermittlung des Gegenleistungsanteils nicht möglich, ist die Leistung des Vertragspartners unteilbar und § 105 Satz 1 InsO nicht einschlägig.

Auch wenn § 105 Satz 1 InsO von einem "Betrag" des Anspruchs des Vertragspartners auf die Gegenleistung spricht, ist die Rechtsfolge des § 105 Satz 1 InsO keineswegs von vorneherein auf den Fall beschränkt, daß die Gegenleistung des Vertragspartners auf Geld gerichtet ist.[539]

Wenn der Schuldner Inhaber einer ungleichartigen Sachleistungsverpflichtung und der Vertragspartner Inhaber einer Geldleistungsverpflichtung ist, ist die Rechtsfolge des § 105 Satz 1 InsO aber nur dann angemessen, wenn die noch zu erbringenden Teilleistungen des Schuldners noch von Interesse für den Vertragspartner sind. Sollte dies nicht der Fall sein, ist der Insolvenzverwalter bei Erfüllungswahl verpflichtet, die ihm obliegenden Sachleistungen vollständig zu erbringen. Bei gleichartigen Sachgesamtheiten besteht allerdings kein Grund, die Rechtsfolge des § 105 Satz 1 InsO nicht einschlagen zu lassen.[540]

---

[539] a.A. HK-*Marotzke*, § 105 InsO, Rn.17.
[540] siehe ausführlich oben C. I. 2. f)

E. § 105 Satz 2 InsO

I. Gesetzeszweck

§ 105 Satz 2 InsO soll klarstellen, daß der Vertragspartner des Schuldners die ihm durch § 105 Satz 1 InsO auferlegte Einschränkung seiner Rechtsstellung nicht dadurch kompensieren kann, daß er die Rückgabe der von ihm erbrachten Teilleistung aus der Insolvenzmasse verlangt. Insbesondere ist es dem Vertragspartner des Schuldners verwehrt, soweit ihm für den Fall der Nichterfüllung durch den Schuldner ein gesetzliches oder vertragliches Rücktrittsrecht zusteht, sich durch Ausübung dieses Rücktrittsrechtes nach der Verfahrenseröffnung einen Masseanspruch auf Rückgewähr seiner Teilleistung zu verschaffen.[541]

§ 105 Satz 2 InsO scheint sich nach seinem Wortlaut, nach dem Wortlaut der Begründung des Regierungsentwurfes und seiner systematischen Stellung nur auf Teilleistungen im Sinne des § 105 Satz 1 InsO zu beziehen.[542]

Eine solche Sichtweise des § 105 Satz 2 InsO ist jedoch zu eng. Wie der Verweis in der Regierungsbegründung auf die 26 Satz 1 KO, § 36 Abs. 2 Satz 2 VglO zeigt, hat der Gesetzgeber beabsichtigt, mit § 105 Satz 2 InsO eine Nachfolgebestimmung sowohl für § 26 Satz 1 KO als auch für § 36 Abs. 2 Satz 2 VglO zu schaffen. § 105 Satz 1 InsO will nicht die bei seiner Schaffung vorgefundene Rechtslage ändern, sondern sie für den Sonderfall des § 105 Satz 1 InsO besonders bekräftigen.[543] § 26 KO ist in die Konkursordnung aufgenommen worden, um einen Mißstand der Preußischen Konkursordnung von 1855[544] durch Herbeiführung eines einheitlichen Rechtszustandes zu beseitigen. In den §§ 15, 16 PrKO war geregelt, daß einem Vertragspartner das von ihm Geleistete dann zurückgegeben werden mußte, wenn der Vertrag von beiden Teilen noch nicht vollständig erfüllt war. Das führte zu dem seltsamen Ergebnis, daß ein Vertragspartner, der vollständig geleistet hatte, ein entsprechendes Rückforderungsrecht nicht besaß. Durch die Schaffung des § 105 Satz 2 InsO war nicht beabsichtigt, einen zur Preußischen Konkursordnung spiegelbildlich[545] zersplitterten Rechtszustand dergestalt zu schaffen, daß zwar Vertragspartnern, die vollständig geleistet haben, ein Rückforderungsanpruch zukommen soll, nicht aber Vertragspartnern, die Teilleis-

---

541 Begründung zu § 119 RegE, abgedruckt bei *Kübler/Prütting*, RWS-Dok.18, S.296 mit Verweis auf § 26 Satz 1 KO und § 36 Abs. 2 Satz 2 VglO.

542 *Nerlich/Römermann-Balthasar*, § 105 InsO, Rn.11; HK-*Marotzke*, § 105 InsO, Rn.21.

543 *Marotzke*, Gegenseitige Verträge, Rn.7.27.

544 auszugsweise abgedruckt bei *Marotzke*, Gegenseitige Verträge, Rn.15.1.

545 so auch *Marotzke*, Gegenseitige Verträge, Rn.7.7, Fn.12.

tungen erbracht haben. § 105 Satz 2 InsO ist insoweit durch den Gesetzgeber unglücklich formuliert worden.[546]

Gemäß § 105 Satz 2 InsO soll vielmehr jede vor Verfahrenseröffnung in das Vermögen des Schuldners gelangte Leistung dort verbleiben und der gleichmäßigen Befriedigung sämtlicher Insolvenzgläubiger dienen. § 105 Satz 2 InsO schließt folglich nicht nur die Rückforderung von teilbaren Leistungen im Sinne des § 105 Satz 1 InsO, sondern darüber hinaus die Rückforderung jeglicher Leistungen aus.[547]

Ferner hat § 105 Satz 2 InsO von seinem Wortlaut her auch die Regelung des § 36 Abs. 2 Satz 2 VglO nicht vollständig übernommen. Während in § 36 Abs. 2 Satz 2 VglO geregelt wurde, daß der Gläubiger wegen seiner Teilleistung ein im Vertrage vereinbartes oder als vereinbart geltendes Rücktritts*recht* nach der Verfahrenseröffnung nicht mehr ausüben konnte, heißt es in § 105 Satz 2 InsO, daß der andere Teil nicht berechtigt sei, die Rück*gabe* einer Teilleistung zu verlangen.

Anders als bei § 26 Satz 1 KO, der von § 105 Satz 2 InsO wegen seiner Beschränkung auf *Teil*leistungen nicht vollständig wiedergegeben wurde, ist Marotzke wegen der unvollständigen Übernahme des § 36 Abs. 2 Satz 2 VglO jedoch der Auffassung, daß hierdurch eine Änderung der Rechtslage herbeigeführt wurde: anders als § 36 Abs. 2 Satz 2 VglO schließe § 105 Satz 2 InsO nicht schon die Ausübung etwa bestehender Rücktritts*rechte*, sondern nur eine von mehreren Rücktritts*folgen* aus.[548] § 105 Satz 2 InsO verhindere nicht ein rücktrittsbedingtes Erlöschen der beiderseitigen Erfüllungsansprüche. Diese Sichtweise führe dazu, daß einem Rücktritt des Vertragspartners mit dem Ziel, zu den ursprünglich vereinbarten Konditionen keine weiteren Leistungen mehr an den Verwalter erbringen zu müssen, § 105 Satz 2 InsO nicht entgegenstehe.[549]

Dem kann nicht zugestimmt werden.

---

[546] HK-*Marotzke*, § 105 InsO, Rn.21, der in Rn.22 vorschlägt, § 105 Satz 2 InsO zu einem eigenständigen Paragraphen aufzuwerten und ihm eine neue Fassung zu geben; *Kübler/Prütting-Tintelnot*, § 105 InsO, Rn.18.

[547] *Nerlich/Römermann-Balthasar*, § 105 InsO, Rn.11; *Kübler/Prütting-Tintelnot*, § 105 InsO, Rn.18; *Kepplinger*, S. 253.

[548] in Gegenseitige Verträge Rn.7.23 und 4.163; *ders.* in HK, § 105 InsO, Rn.19; vgl. auch *Marotzke*, Gegenseitige Verträge, 1. Auflage 1985, S.454ff.

[549] *Marotzke*, Gegenseitige Verträge, Rn.4.163; *ders.* in HK, § 105 InsO, Rn.6 und 19. *Marotzke* hält die seiner Auffassung nach bestehende Einschränkung des § 105 Satz 2 InsO für gerechtfertigt. Dies hängt offenbar mit seiner Ablehnung gegenüber § 105 Satz 1 InsO und mit der seiner Ansicht nach bestehenden Nichtigkeit des § 36 Abs. 2 Satz 2 VglO zusammen, vgl. Gegenseitige Verträge, 1. Auflage 1985, S.456; ebenso *Schwörer*, Rn.212, m.E. unter irriger Bezugnahme auf *Tintelnot* in *Kübler/Prütting*, § 105 InsO, Rn.18.

Wie bereits oben unter B. V. 2. c) eingehend beschrieben, würde ein dem Vertragspartner zustehendes Rücktrittsrecht wegen Zahlungsverzuges dazu führen, daß § 105 Satz 1 InsO keinerlei Wirkungen entfalten könnte. § 105 Satz 1 InsO kann seinen Zweck nur dann entfalten, wenn der Verwalter die Möglichkeit zur Erfüllungswahl besitzt. Diese Möglichkeit wird dem Verwalter aber aus der Hand geschlagen, wenn der Vertragspartner sich der Erfüllungswirkung dadurch widersetzen könnte, daß er wegen der nichtbezahlten Vorleistungen (was dem Verwalter durch § 105 Satz 1 InsO ausdrücklich gestattet ist) vom Vertrage, beispielsweise nach § 323 Abs. 1 BGB zurücktritt. § 105 Satz 1 InsO wäre obsolet. Wegen der verfahrensfördernden Wirkungsweise des § 105 Satz 1 InsO[550] ist eine Aushöhlung des § 105 Satz 1 InsO jedoch weder wünschenswert noch geboten.[551]

In der amtlichen Begründung zu § 36 Abs. 2 Satz 2 VglO wird ausgeführt, daß das Rücktrittsrecht des Gläubigers beschränkt wird, um zu verhindern, daß er die Bestimmung des § 36 Abs. 2 Satz 1 VglO durch Ausübung eines Rücktrittsrechtes umgeht.[552] Aus dem Verweis auf § 36 Abs. 2 Satz 2 VglO in der Regierungsbegründung zu § 119 RegE ergibt sich, daß der Gesetzgeber, wie bei § 26 Satz 1 KO auch, diesen Rechtszustand in die Insolvenzordnung übernehmen wollte und keine Änderung beabsichtigt hat.[553] § 36 Abs. 2 Satz 2 VglO schloß aber einen Rücktritt wegen der quotalen Kürzung der Ansprüche aus früheren Teilleistungen und damit ein wechselseitiges Erlöschen der beiderseitigen Erfüllungsansprüche aus.[554] Durch die gegenüber § 36 Abs. 2 Satz 2 VglO offenere Formulierung des § 105 Satz 2 InsO wollte der Gesetzgeber offensichtlich nur zum Ausdruck bringen, daß § 105 Satz 2 InsO nicht nur der Ausübung vertraglicher und gesetzlicher Rücktrittsrechte entgegensteht, sondern daß § 105 Satz 2 InsO darüber hinaus auch Rückforderungsrechte aus sonstigen Gründen erfassen soll. § 105 Satz 2 InsO schließt damit einen Rücktritt wegen nur insolvenzmäßiger Befriedigung des Vertragspartners aus.[555]

---

550 Vgl. oben B. IV. 2.

551 a.A. *Marotzke*, Gegenseitige Verträge, Rn. 4.164; HK-*Marotzke*, § 105 InsO, Rn.7.

552 DJ 1935, 389f.

553 *Kübler/Prütting-Tintelnot*, § 105 InsO, Rn.18.

554 *Kübler/Prütting-Tintelnot*, § 105 InsO, Rn.16 und 18.

555 § 105 Satz 2 entspricht damit der wirtschaftlichen Betrachtungsweise des BGH, wie sie in der „Segelboot"-Entscheidung vom 22.01.2001, ZIP 2001, 1380f. zum Ausdruck gekommen ist und der nunmehr verfolgten rein "insolvenzgemäßen" Betrachtung, vgl. BGH, Urteil vom 27.05.2003, ZIP 2003, 1208f.

II. Voraussetzungen des § 105 Satz 2 InsO

1. Nichterfüllung eines Gegenleistungsanspruches

Die Nichterfüllung eines Anspruchs des Vertragspartners im Sinne des § 105 Satz 2 InsO liegt vor, wenn infolge der Eröffnung des Insolvenzverfahrens die Bewirkung der dem Schuldner obliegenden Leistung ganz oder teilweise ausbleibt.

Diese Voraussetzung ist nicht nur dann zu bejahen, wenn die Eröffnung des Verfahrens unmittelbar die Nichterfüllung hervorruft, wie etwa bei Fixgeschäften im Sinne des § 104 InsO, durch das Erlöschen von Aufträgen und Geschäftsbesorgungsverträgen gemäß den §§ 115, 116 InsO oder in dem Fall, daß der Vertragspartner bereits vor Verfahrenseröffnung seine ihm obliegenden Pflichten vollständig erfüllt hat, er aber noch nicht vollständig befriedigt wurde, sondern auch dann, wenn die Nichterfüllung die mittelbare Folge der Insolvenzeröffnung ist, so etwa durch die Erfüllungsablehnung durch den Insolvenzverwalter gemäß § 103 Abs. 2 InsO oder durch eine Kündigung gemäß den §§ 109, 113 InsO.[556]

2. Vermögen

Voraussetzung für die Anwendbarkeit des § 105 Satz 2 InsO ist ferner, daß eine Leistung des Vertragspartners in das Vermögen des Schuldners gelangt ist. Der Gesetzgeber der Insolvenzordnung hat richtigerweise den in § 26 Satz 1 KO verwendeten Begriff Eigentum durch die Formulierung Vermögen ersetzt, weil die Leistung des Vertragspartners nicht nur in körperlichen Leistungsgegenständen gemäß § 90 BGB, sondern darüber hinaus auch in der Übertragung von Forderungen und Rechten bestehen kann.[557] Erfaßt wird jeder Vermögenswert, der dem Schuldner zugewendet worden ist, selbst wenn dieser nicht als selbständiger Leistungsgegenstand denkbar ist.[558] Voraussetzung ist jedoch stets der Vollrechtserwerb durch den Schuldner. Daher ist § 105 Satz 2 InsO beim Kauf unter Eigentumsvorbehalt nicht anwendbar, weil der Schuldner nicht Eigentümer der Sache

---

[556] RG, Urteil vom 31.01.1908, RGZ 67, 372, 375; RG, Urteil vom 20.02.1915, RGZ 86, 247, 250f.; BGH, Urteil vom 15.04.1955 , BGHZ 17, 127, 129; *Kübler/Prütting-Tintelnot*, § 105 InsO, Rn.19; *Kuhn/Uhlenbruck*, § 26 KO, Rn.1; *Jaeger/Henckel*, § 26 KO, Rn.10; *Kilger/K.Schmidt*, § 26 KO, Rn.1.

[557] *Jaeger/Henckel*, § 26 Rn.12; schon im Geltungsbereich des § 26 Satz 1 KO wurde der Eigentumsbegriff im Sinne von Vermögen verstanden. Die Formulierung in der KO, die nicht an die Terminologie des BGB angepaßt wurde, basiert auf der alten französischen und preußischen Rechtssprache, in der auch von Eigentum an Rechten gesprochen wurde.

[558] RG, Urteil vom 20.02.1915, RGZ 86, 247, 251; *Kübler/Prütting-Tintelnot*, § 105 InsO, Rn.19.

geworden ist. Der Verkäufer kann die Kaufsache gemäß § 47 InsO aussondern, weil der Eigentumserwerb nicht entsprechend der Teilleistungen auf den Schuldner übergeht.[559] Gleiches gilt, wenn der Schuldner lediglich ein Besitzrecht an der Sache besaß und dieses durch die Erfüllungsablehnung des Insolvenzverwalters erloschen ist.[560]

§ 105 Satz 2 InsO findet auch dann Anwendung, wenn der Vertragspartner über sein Eigentum auflösend bedingt auf den Zeitpunkt der Verfahrenseröffnung verfügt hat.[561] Unerheblich ist, ob die auflösende Bedingung auf der Nichterfüllung der Gegenleistung beruht wie etwa in den Fällen der §§ 104, 115, 116 InsO, durch Handlungen des Verwalters gemäß den §§ 109, 113 InsO hervorgerufen wurde oder schlicht auf die Eröffnung des Insolvenzverfahrens abstellt.[562] Gleiches muß nach der Eröffnung des Verfahrens gelten, wenn die auflösende Bedingung auf ein von der Insolvenz des Käufers unabhängiges Ereignis abstellt,[563] weil § 105 Satz 2 InsO gerade verhindern will, daß aufgrund der Nichterfüllung des Anspruchs auf die Gegenleistung vorinsolvenzliche Leistungen des Vertragspartners zurückzugewähren sind, unabhängig davon, auf welchen Gründen die Nichterfüllung beruht. Dies ergibt sich auch aus § 119 InsO, der sämtliche Vereinbarungen umfaßt, die die Anwendung der §§ 103 bis 118 InsO im voraus beschränken.[564] Aus den gleichen Gründen erfaßt § 105 Satz 2 InsO auch einen durch Vormerkung gesicherten bedingten Rückübertragungsanspruch des Vertragspartners. § 105 Satz 2 InsO schränkt insoweit § 106 InsO ein.[565]

---

[559] RG, Urteil vom 22.03.1907, JW 1907, 315; *Hess*, § 105 InsO, Rn 14; *Nerlich/Römermann-Balthasar*, § 105 InsO, Rn.12 und oben unter C. II. 1. a) auch zur Gegenansicht.

[560] *Kübler/Prütting-Tintelnot*, § 105 InsO, Rn.19.

[561] *Kübler/Prütting-Tintelnot*, § 105 InsO, Rn.20; *Nerlich/Römermann-Balthasar*; § 105 InsO, Rn.12; *Jaeger/Henckel*, § 26 KO, Rn.17; *Kuhn/Uhlenbruck*, § 26 KO, Rn.5; *Neuschäffer*, JW 1935, 3516, 3521; differenzierend *Kilger/K.Schmidt*; § 26 KO, Anm.4; HK-*Marotzke*, § 105 InsO, Rn.23, der zwar den Unterschied zwischen auflösend und aufschiebend bedingter Übereignung als eher konstruktiver Art betrachtet und daher die auflösende Bedingung wie die aufschiebende behandeln möchte (§ 47 InsO), der aber auflösende Bedingungen dann als untauglich ansieht, wenn entsprechende schuldrechtliche Rückgewähransprüche oder Rücktrittsrechte vor Eigentumsübergang wegen §§ 112, 119 InsO nicht greifen würden, weil die auflösende Bedingung lediglich einen schuldrechtlichen Rückgewähranspruch insolvenzrechtlich verstärke.
Für § 26 KO a.A. *v.Wilmowski*, § 26 KO, Anm.6; *Bleyer*, § 26 KO, Anm. 3c.

[562] insoweit a.A. *Kilger/K.Schmidt*, § 26 KO, Anm. 4.

[563] *Kuhn/Uhlenbruck*, § 26 KO, Rn.5; insoweit a.A. *Jaeger/Henckel*, § 17 KO, Rn.17; *Kilger/K.Schmidt*, § 26 KO, Anm. 4.

[564] Auf § 119 InsO weisen auch *Kübler/Prütting-Tintelnot*, § 105 InsO, Rn.20 und *Nerlich/Römermann-Balthasar*, § 105 InsO, Rn.12 hin.

[565] OLG Köln, Urteil vom 07.01.1909, LZ 1909, Sp.491, 494; *Kübler/Prütting-Tintelnot*, § 105 InsO, Rn.20; HK-*Marotzke*, § 105 InsO, Rn.23; *Kuhn/*

§ 105 Satz 2 InsO greift dann nicht ein, wenn das Verfügungsgeschäft unwirksam ist. Im Falle der Anfechtung steht § 105 Satz 2 InsO einer Rückgabe der in das Vermögen des Schuldners übergegangenen Leistung dann nicht entgegen, wenn die Anfechtung auch das dingliche Geschäft erfaßt. Grundsätzlich ist aber wegen des Abstraktionsprinzips davon auszugehen, daß eine Anfechtung nur das Kausalgeschäft betrifft. In den Fällen arglistiger Täuschung oder widerrechtlicher Drohung gemäß § 123 BGB wird jedoch häufig eine Anfechtung nicht nur des Kausal- sondern auch des Verfügungsgeschäftes in Betracht kommen.[566] Der Vertragspartner ist im Falle der Anfechtung des Verfügungsgeschäftes gemäß § 142 Abs. 1 BGB ex-tunc Eigentümer der Sache und kann diese aus der Masse aussondern, sofern sie in derselben noch unterscheidbar vorhanden ist.

III. Folgen

§ 105 Satz 2 InsO schließt die Geltendmachung vertraglicher und gesetzlicher Rücktrittsrechte durch den Vertragspartner aus, um die in das Vermögen des Schuldners übergegangene Leistung vom Insolvenzverwalter zurückzuverlangen.[567] Ausgeschlossen ist nur der nach Verfahrenseröffnung erklärte Rücktritt für die vor Verfahrenseröffnung erbrachten Leistungen des Vertragspartners. § 105 Satz 2 InsO schließt weder einen Rücktritt vor Eröffnung des Insolvenzverfahrens[568] noch einen Rücktritt nach Eröffnung des Verfahrens,[569] der sich ausschließlich auf die noch unerfüllten Vertragsteile beziehen kann, aus. Ein nach Verfahrenseröffnung erklärter Rücktritt kann aber nicht dergestalt mit der noch ausstehenden Gegenleistung für die erbrachte Vorleistung verknüpft werden, daß zwar durch den Rücktritt nicht die Rückgabe der in das Vermögen des Schuldners übergegangenen Leistung verlangt wird, daß aber der Vertragspartner berechtigt ist, wegen seines unerfüllten Gegenleistunganspruches die weitere Erfüllung des

---

Uhlenbruck, § 26 KO, Rn.8; *Jaeger/Henckel*, § 17 KO, Rn.7; *Kilger/K.Schmidt*, § 26 KO, Anm. 4; a.A. *v.Wilmowski*, § 26 KO, Anm. 8; *Bleyer*, § 26 KO, Anm. 3c; *Wolff*, § 26 KO, Anm. 3.

566 *Kübler/Prütting-Tintelnot*, § 105 InsO, Rn.20; *Nerlich/Römermann-Balthasar*, § 105 InsO, Rn.12; *Jaeger/Henckel*, § 17 KO, Rn.5f; *Kilger/K.Schmidt*, § 26 KO, Anm. 5; *Kuhn/Uhlenbruck*, § 26 KO, Rn.2b.

567 Begründung zu § 119 RegE, abgedruckt bei *Kübler/Prütting*, RWS-Dok.18, S.296; FK-*Wegener*, § 105 InsO, Rn.16; wegen des engeren Wortlauts des § 36 Abs. 2 Satz VglO war umstritten, ob § 36 Abs. 2 Satz 2 VglO auch für gesetzliche Rücktrittsrechte galt: dafür sprach sich *Bley/Mohrbutter*, § 36 VglO, Rn.50 dagegen *Gutewort*, S.46 aus.

568 FK-*Wegener*, § 105 InsO, Rn.18; *Kübler/Prütting-Tintelnot*, § 105 InsO, Rn.18.

569 BGH, Urteil vom 23.02.1972, NJW 1972, 827f.; FK-*Wegener*, § 105 InsO, Rn.18; *Hess*, § 105 InsO, Rn.16; *Bley/Mohrbutter*, § 36 VglO, Rn.49; *Kilger/K.Schmidt*, § 36 VglO, Anm. 9.

Vertrages abzulehnen. Der Zweck des § 105 Satz 1 InsO verbietet jede Umgehung des § 105 Satz 2 InsO.

Der Vertragspartner ist auch nicht berechtigt, für die von ihm vor Verfahrenseröffnung erbrachten Leistungen Wertersatz zu verlangen.[570] Der Vertragspartner kann daher eine entsprechende Insolvenzforderung nicht zur Insolvenztabelle anmelden. Der Vertragspartner ist lediglich berechtigt, einen Schadensersatzanspruch wegen Nichterfüllung des Gegenleistungsanspruches als Insolvenzforderung geltend zu machen. Wenn der Vertragspartner eine Sache unter Wert veräußert hat, ist der Vertragspartner mit diesem Anspruch schlechter gestellt, weil er eine Insolvenzforderung aus Schadensersatz wegen Nichterfüllung gemäß § 45 InsO nur in Höhe des Kaufpreises besitzt. Aus Sinn und Zweck des § 105 Satz 2 InsO folgt aber, daß dem Vertragspartner die Rückgabe der vor Verfahrenseröffnung in das Vermögen des Schuldners übergegangenen Leistungen insgesamt verwehrt sein soll.[571] § 105 Satz 2 InsO regelt lediglich ein Rückforderungsverbot des Vertragspartners. Die Folgen dieses Verbotes werden von § 105 Satz 2 InsO nicht erfaßt, weil § 105 Satz 2 InsO selbst keinen Ersatzanspruch begründet. Der Ersatzanspruch des Vertragspartners ergibt sich aus dem zugrundeliegenden Rechtsverhältnis, welches von dem Insolvenzverwalter nicht mehr erfüllt wird. Folgerichtig kann der Vertragspartner auch nur diesen Anspruch zur Insolvenztabelle anmelden.

Selbstverständlich ist es dem Vertragspartner durch § 105 Satz 2 InsO auch verwehrt, Zahlungen des Insolvenzverwalters auf nicht erfüllte Gegenleistungsansprüche wegen vorerbrachter Leistungen zu verrechnen.[572]

Auch wenn der Vertragspartner nach § 105 Satz 2 InsO kein Rückforderungsrecht besitzt, hat der Insolvenzverwalter gleichwohl das Recht, dem Vertragspartner die vorerbrachten Leistungen zurückzugewähren, sofern sie für die Masse nicht von Wert sind und der Vertragspartner hiermit einverstanden ist.[573]

---

570 FK-*Wegener*, § 105 InsO, Rn.17; *Kübler/Prütting-Tintelnot*, § 105 InsO, Rn.18; a.A. *Marotzke*, Gegenseitige Verträge, Rn. 7.12 und 7.17, der entgegen der h.M. auch zu § 26 Satz 1 KO die Auffassung vertrat, daß § 26 Satz 1 KO einem Rückgewähranspruch als Insolvenzforderung nicht entgegenstand, vgl. hierzu *Jaeger/Henckel*, § 26 KO, Rn.2; *Kuhn/Uhlenbruck*, § 26 KO, Rn.2.

571 so auch FK-*Wegener*, § 105 InsO, Rn.17.

572 FK-*Wegener*, § 105 InsO, Rn.19.

573 *Smid*, § 105 InsO, Rn.4.

F. Ergebnis

Die (Neu-)Regelung des § 105 InsO in der Insolvenzordnung ist zu begrüßen. § 105 Satz 1 InsO unterwirft sämtliche vorleistenden, ungesicherten Vertragspartner des Schuldners derselben Rechtsfolge. In Höhe ihrer Vorleistung und des damit übernommenen Ausfallrisikos können die Vertragspartner ihre Gegenansprüche zukünftig nur als Insolvenzgläubiger geltend machen. Dem Insolvenzverwalter wird durch § 105 Satz 1 InsO eine Möglichkeit an die Hand gegeben, sein Wahlrecht effektiver und häufiger auszuüben als bisher. Der Insolvenzverwalter hat insbesondere die Möglichkeit, gegenseitige Verträge zu den ursprünglich vereinbarten Konditionen fortzuführen. Die Masse wird davor geschützt, Forderungen erfüllen zu müssen, deren Gegenleistung nicht ihr, sondern dem Schuldner zugeflossen ist. § 105 Satz 1 InsO dient in erster Linie dem Schutz der Masse sowie dem Grundsatz der Gleichbehandlung sämtlicher Insolvenzgläubiger und wird damit den durch die Insolvenzrechtsreform verfolgten Anliegen gerecht. Die Interessen der Vertragspartner des Schuldners werden nicht unangemessen eingeschränkt. Die zum Teil vehemente Kritik an § 105 Satz 1 InsO ist somit nicht berechtigt.

Zentrales Tatbestandmerkmal des § 105 Satz 1 InsO ist die Teilbarkeit der geschuldeten Leistungen. Eine Leistung im Sinne des § 105 Satz 1 InsO ist dann als teilbar anzusehen, wenn sie sich unter Berücksichtigung der jeweiligen Umstände des Einzelfalls unter wirtschaftlicher Betrachtungsweise in verselbständigte Einheiten aufspalten und sich zu einem konkreten Anteil der Gegenleistung in wechselseitige, wirtschaftliche Beziehung setzen läßt. Der Begriff der Teilbarkeit ist weit auszulegen, er ist genausowenig wie der Anwendungsbereich des § 105 Satz 1 InsO auf bestimmte Vertragstypen beschränkt. Mangels höchstricherlicher Entscheidungen auf dem Feld teilbarer Leistungen steht für viele Vertragstypen eine abschließende Klärung noch aus. Es ist aber davon auszugehen, daß der BGH seine bisherige Rechtsprechung konsequent fortführen und der Reichweite der Teilbarkeit weite Grenzen setzen wird. Nur ein allgemein verbindlicher Maßstab für die Teilbarkeit der Leistungen wird aber geeignet sein, für sämtliche Vertragstypen eine sachgerechte und der Rechtssicherheit dienende Bewertung herbeizuführen sowie Abgrenzungsprobleme im Einzelfall zu minimieren.

Den Vertragspartnern des Schuldners ist es nicht möglich, sich den Wirkungen des § 105 Satz 1 InsO durch die Vereinbarung von vertraglichen Lösungsrechten zu entziehen. Auch gesetzliche Rücktrittsrechte können die Vertragspartner nicht ausüben, um dem Insolvenzverwalter die Möglichkeit der Erfüllungswahl aus der Hand zu schlagen. Dies ergibt sich nicht zuletzt aus § 105 Satz 2 InsO, der über den Anwendungsbereich des § 105 Satz 1 InsO hinausgeht und keine Änderung des im Geltungsbereich von Konkurs- und Vergleichsordnung existierenden Rechtszustandes beabsichtigt hat.

Literaturverzeichnis

Baur, Fritz/ Stürner, Rolf: Zwangsvollstreckungs-, Konkurs- und Vergleichsrecht, Band II, Insolvenzrecht, 12. Auflage, Heidelberg 1990

Baur, Fritz/ Stürner, Rolf: Zwangsvollstreckungs-, Konkurs- und Vergleichsrecht, 11. Auflage, Heidelberg 1983 (zitiert: Baur/Stürner, 11. Auflage 1983, Rn.)

Behrens, Heino: Das Wiederkehrschuldverhältnis, Diss. jur., Hamburg 1972

Bendix, Ludwig: Zum Gesetz über den Vergleich zur Abwendung des Konkurses (Vergleichsordnung) vom 5. Juli 1927, JW 1928, 1125f.

Berger, Klaus Peter: Lösungsklauseln für den Insolvenzfall, Kölner Schrift zur Insolvenzordnung, 2. Auflage, Herne/Berlin 2000, 499ff.

Bley, Erich: Der erstreckte Eigentumsvorbehalt, ZAkDR 1937, 41ff.

Bley, Erich: Vergleichsordnung, 2. Auflage, Berlin 1955

Bley, Erich/ Mohrbutter, Jürgen: Vergleichsordnung, Erster Band §§ 1-81, 4. Auflage, Berlin 1979, 1981

Bleyer, Joseph: Die Konkursordnung für das deutsche Reich, 3. Auflage, München 1928

Böhle-Stamschräder, Aloys/ Kilger, Joachim: Vergleichsordnung, 11. Auflage, München 1986

Böhm, Gisela: Sukzessivlieferungsvertrag oder Wiederkehrschuldverhältnis bei Stromlieferungsverträgen, NJW 1953, 166f.

Bork, Reinhard: Einführung in das neue Insolvenzrecht, 3. Auflage, Tübingen 2002

Bork, Reinhard: Zur Dogmatik des § 17 KO, Festschrift für Albrecht Zeuner, Tübingen 1994, 297ff. (zitiert: Bork, FS-Zeuner, S.)

Bork, Reinhard: Anmerkung zu BGH, Urteil vom 04.05.1995, JZ 1996, 51ff.

Bosch, Ulrich: Differenz- und Finanztermingeschäfte nach der Insolvenzordnung, Kölner Schrift zur Insolvenzordnung, 2. Auflage, Herne/Berlin 2000, 1009ff.

Bosch, Ulrich: Finanztermingeschäfte in der Insolvenz - Zum "Netting" im Insolvenzverfahren - WM 1995, 413ff.

Brandes, Helmut: Aktuelle Schwerpunkte der BGH-Rechtsprechung zum Konkursrecht, RWS-Forum 9, Köln 1997, 1ff. (zitiert: Brandes, RWS-Forum 9, S.)

Brandes, Helmut: Höchstrichterliche Rechtsprechung zum Insolvenzrecht, 3. Auflage, Köln 1997

Bräutigam, Axel/ Blersch, Jürgen/ Goetsch, Hans-W.: Insolvenzrecht, Band I, Stand: Februar 2001, Berlin 2001 (zitiert: BBG-Bearbeiter, §, Rn.)

Braun, Eberhard: Insolvenzordnung, Kommentar, München 2002 (zitiert Braun-Bearbeiter, §, Rn.)

Breuer, Wolfgang: Das neue Insolvenzrecht, München 1998

Brox, Hans: Das Anwartschaftsrecht des Vorbehaltskäufers, JuS 1984, 657ff.

Bruns, Alexander: Das Wahlrecht des Insolvenzverwalters und vertragliche Lösungsrechte, ZZP 110 (1997), 305ff.

Büdenbender, Ulrich: Energierecht, Köln 1982

Busche, Jan: Privatautonomie und Kontrahierungszwang, Tübingen 1999

Bydlinski, Franz: Energielieferung und Kaufrecht, Festschrift für Hermann Hämmerle, Graz 1972, S.31ff.

Decker, Ernst: Zinssatz- und Währungsswaps unter rechtlichen Aspekten, dargestellt anhand des Muster-Rahmenvertrages für Swapgeschäfte, WM 1990, 1001ff.

Dickmann, Herbert: Die Rechtsnatur des Energieversorgungsvertrages, Diss. jur., Köln 1950

Gesetz zur Reform des Insolvenzrechtes: Diskussionsentwurf - Entwurf einer Insolvenzordnung (EInsO) und anderer Reformvorschriften mit Begründung und Anhang, hrsg. vom Bundesministerium der Justiz, Band I, Köln 1988

Eckardt, Diederich: Kurzkommentar zu OLG Dresden, Urteil vom 13.05.1998, EWiR 1998, 651f.

Eckert, Hans-Georg: Anmerkung zu BGH, Urteil vom 14.12.1989, ZIP 1990, 185ff.

Eckert, Hans-Georg: Leasingraten - Masseschulden oder Konkursforderungen ?, ZIP 1997, 2077ff.

Eckert, Hans-Georg: Miete, Pacht und Leasing im neuen Insolvenzrecht, ZIP 1996, 897ff.

Ehlers, Henning: Die Problematik des Kontrahierungszwangs in der Wettbewerbsordnung, dargestellt am Beispiel des kartellrechtlichen Diskriminierungsverbotes, Diss. jur., Hamburg 1979

Eickmann, Dieter: Heidelberger Kommentar zur Insolvenzordnung, 3. Auflage, Heidelberg 2003 (zitiert: HK-Bearbeiter, §, Rn.)

Entwurf einer Vergleichsordnung, hrsg. vom Reichsjustizministerium, Berlin 1933

Enneccerus, Ludwig / Lehmann, Heinrich: Lehrbuch des Bürgerlichen Rechts, Band II, Recht der Schuldverhältnisse, 15. Auflage, Tübingen 1958

Erman, Walter: Handkommentar zum Bürgerlichen Gesetzbuch, 1. Band, 10. Auflage, Münster 2000 (zitiert: Erman-Bearbeiter, §, Rn.)

Erne, Roland: Die Swapgeschäfte der Banken, Berlin 1992

Erster Bericht der Kommission für Insolvenzrecht, hrsg. vom Bundesministerium der Justiz, Berlin 1985

Fehl, Norbert: Leasing in der Insolvenz, DZWIR 1999, 89ff.

Fehl, Norbert: Leasingverträge in der Insolvenz nach geltendem und zukünftigem Insolvenzrecht, BB 1998, Beilage zu Heft 5, 12ff.

Fikentscher, Wolfgang: Schuldrecht, 9. Auflage, Berlin 1997

Fischer, Hans-Peter: Nochmals: Sukzessivlieferungsvertrag oder Wiederkehrschuldverhältnis bei Stromlieferungsverträgen, NJW 1954, 379

Fischerhof, Hans: Zur Rechtsnatur des Stromlieferungsvertrages, NJW 1954, 1874f.

Fuchs-Wissemann, Georg: Die Abgrenzung des Rahmenvertrages vom Sukzessivlieferungsvertrag, Diss. jur., Marburg 1980

Fuchs-Wissemann, Georg: Ist § 17 KO auf den Stromlieferungsvertrag anwendbar ?, NJW 1984, 27ff.

Gerhardt, Walter: Inhalt und Umfang der Sequestrationsanordnungen, ZIP 1982, 1ff.

Giesen, Richard: Das Vermieterpfandrecht in der Insolvenz des Mieters, KTS 1995, 579ff.

Gottwald, Peter: Insolvenzrechtshandbuch, 2. Auflage, München 2001 (zitiert: Gottwald-Bearbeiter, §, Rn.)

Gottwald, Peter/ Adolphsen, Jens: Die Rechtsstellung dinglich gesicherter Gläubiger in der Insolvenzordnung, Kölner Schrift zur Insolvenzordnung, 2. Auflage, Herne/Berlin 2000, 593ff.

Graf, Ulrich/ Wunsch, Irene: Gegenseitige Verträge im Insolvenzverfahren, ZIP 2002, 2117ff.

Grunsky, Wolfgang: Grundzüge des Zwangsvollstreckungs- und Insolvenzrechtes, 5. Auflage, Tübingen 1996 (zitiert: Grunsky, Insolvenzrecht, Rn.)

Grunsky, Wolfgang: Das Arbeitsverhältnis im Konkurs- und Vergleichsverfahren, 3. Auflage, Köln 1994

Gutewort, Hans: Eigentumsvorbehalt und Rücktritt bei Teilung gegenseitiger Verträge im Vergleichsverfahren, Diss. jur., Gießen 1937

Haarmeyer, Hans/ Wutzke, Wolfgang/ Förster, Karsten: Gesamtvollstreckungsordnung, 4. Auflage, Köln 1998 (zitiert: Haarmeyer/Wutzke/Förster, § GesO, Rn.)

Haarmeyer, Hans/ Wutzke, Wolfgang/ Förster, Karsten: Handbuch zur Insolvenzordnung, 3. Auflage, München 2001

Häsemeyer, Ludwig: Insolvenzrecht, 3. Auflage, Köln 2003

Häsemeyer, Ludwig: Gegenseitige Verträge im Spannungsfeld zwischen Privatautonomie und Insolvenzrecht, 50 Jahre Bundesgerichtshof Festgabe der Wissenschaft, Band III, Zivilprozeß, Insolvenz, Öffentliches Recht, München 2000, 725ff.

Häsemeyer, Ludwig: Die Gleichbehandlung der Konkursgläubiger, KTS 1982, 507ff.

Häsemeyer, Ludwig: Die Grenzen der Konkursbeständigkeit vorgemerkter Ansprüche, NJW 1977, 737ff.

Häsemeyer, Ludwig: Das funktionelle Synallagma im Konkurs- und Vergleichsverfahren, KTS 1973, 2ff.

Haymann, Franz: Leistung und Gegenleistung im Versicherungsvertrag - Eine Grundfrage des Privatversicherungsrechts, Berlin 1933

Heidland, Herbert: Welche Änderungen ergeben sich für den Bauvertrag durch die Insolvenzordnung im Verhältnis zur bisherigen Rechtslage ? Wie ist der Wortlaut der VOB Teil A und B zu ändern ?, BauR 1998, 643ff.

Heiermann, Wolfgang/ Riedl, Richard/ Rusam, Martin: Handkommentar zur VOB, 10. Auflage, Wiesbaden 2003

Henckel, Wolfram: Anmerkung zu BGH, Urteil vom 27.02.1997, JZ 1998, 155ff.

Henckel, Wolfram: Anmerkung zu BGH, Urteil vom 30.01.1986, JZ 1986, 691ff.

Henckel, Wolfram: Buchbesprechung: Fritz Baur, Zwangsvollstreckungs-, Konkurs- und Vergleichsrecht, 8. Auflage, Karlsruhe 1969, ZZP 84 (1971), 447ff.

Henckel, Wolfram: Gegenseitige Verträge in Konkurs und Vergleich, ZZP 99 (1986), 419ff.

Hermann, Hans-Peter/ Recknagel, Henning/ Schmidt-Salzer, Joachim: Kommentar zu den Allgemeinen Versorgungsbedingungen für Elektrizität, Gas, Fernwärme und Wasser, Band II, Heidelberg 1984

Hess, Harald: Kommentar zur Insolvenzordnung, 2. Auflage, Heidelberg 2001 (zitiert: Hess, §, Rn.)

Hess, Harald/ Binz, Fritz/ Wienberg, Rüdiger: Gesamtvollstreckungsordnung, 4. Auflage, Neuwied 1998 (zitiert: Hess, § GesO, Rn.)

Hess, Harald: Konkursordnung, 6. Auflage, Neuwied 1998 (zitiert: Hess, § KO, Rn.)

Hess, Harald/ Obermüller, Manfred: Die Rechtsstellung der Verfahrensbeteiligten nach der Insolvenzordnung, Heidelberg 1995

Höring, Gustav/ Markowsky, Joachim: Prämienforderungen im Vergleichs- und Vertragshilfeverfahren, VersR 1960, 63

Honsell, Heinrich: Berliner Kommentar zum Versicherungsvertragsgesetz, Berlin 1999

Huber Michael: Gegenseitige Verträge und Teilbarkeit von Leistungen in der Insolvenz, NZI 2002, 467ff.

Huber, Michael: Die Abwicklung gegenseitiger Verträge nach der Insolvenzordnung, NZI 1998, 97ff.

Huber, Ulrich: Die Stellung des Abnehmers im Konkurs des Lieferanten beim Kauf unter Eigentumsvorbehalt, BB 1964, 731ff.

Immenga, Ulrich: Wettbewerbsbeschränkungen auf staatlich regulierten Märkten, Tübingen 1967

Ingenstau, Heinz/ Korbion, Hermann: VOB - Verdingungsordnung für Bauleistungen - Teile A und B, 14. Auflage, Düsseldorf 2001

Jacobson, Günther: Zu § 4 der Vergleichsordnung (VO), JR 1929, 96f.

Jaeger, Ernst: Verträge auf Lieferung von Wasser, Gas und Elektrizität aus städtischen Werken, LZ 1912, Sp. 286ff.

Jaeger, Ernst/ Henckel, Wolfram: Konkursordnung, §§ 1-42, 9. Auflage, Berlin 1997

Jaeger, Ernst/ Lent, Friedrich: Konkursordnung, Erster Band, §§ 1-70 KO, 8. Auflage, Berlin 1958

Jauernig, Othmar: Zwangsvollstreckungs- und Insolvenzrecht, 21. Auflage, München 1999

Jauernig, Othmar: Zwangsvollstreckungs- und Insolvenzrecht, 20. Auflage, München 1996 (zitiert: Jauernig, 20. Auflage 1996, §)

Kepplinger, Henriette-Christine: Das Synallagma in der Insolvenz, Wien 2000

Kiesow, Wilhelm: Das neue Vergleichsrecht, DRiZ 1935, 239ff.

Kiesow, Wilhelm: Gesetz über den Vergleich zur Abwendung des Konkurses (Vergleichsordnung), 4. Auflage, Mannheim 1932

Kilger, Joachim: Konkursordnung, 15. Auflage, München 1987

Kilger, Joachim/ Schmidt, Karsten: Insolvenzgesetze, 17. Auflage, München 1997

Kirchhof, Hans-Peter/ Kreft, Gerhart: Teilbare Leistungen nach § 105 InsO (unter besonderer Berücksichtigung von Bauinsolvenzen), ZInsO 2000, 449f.

Krebs, Andrea: Rechtliche Grundlagen und Grenzen kommunaler Elektrizitätsversorgung, Köln 1996

Kreft, Gerhart: Teilbare Leistungen nach § 105 InsO (unter besonderer Berücksichtigung des Bauvertragsrechts), Festschrift für Wilhelm Uhlenbruck, Köln 2000, 387ff.

Kreft, Gerhart: Die Wende in der Rechtsprechung zu § 17 KO, ZIP 1997, 865ff.

Krieg, Otto: Vergleichsordnung vom 26. Februar 1935, Berlin 1937

Krull, Helge: Teilbarkeit der Leistung, NZI 1998, 66ff.

Krull, Helge: Globalzession, Erfüllungsverlangen und vorkonkursliche Teilleistung, InVo 1998, 180ff.

Krull, Helge: Zur Abwicklung schwebender Vertragsverhältnisse im künftigen Insolvenzverfahren, ZInsO 1998, 291ff.

Kübler, Bruno/ Prütting, Hanns: Das neue Insolvenzrecht, RWS-Dokumentation 18, 2. Auflage, Köln 2000

Kübler, Bruno/ Prütting, Hanns: Insolvenzordnung, Band I, 5. Lieferung November 1999, Köln 1999 (zitiert: Kübler/Prütting-Bearbeiter, §, Rn.)

Künne, Karl: Anmerkung zu LG Hagen, Urteil vom 13.03.1958, KTS 1958, 94.

Kuhn, Georg/ Uhlenbruck, Wilhelm: Konkursordnung, 11. Auflage, München 1994

Kuhnt, Dietmar: Warum geschlossene Versorgungsgebiete in der leitungsgebundenen Versorgungswirtschaft ?, ET 1978, 657ff.

Lambsdorff, Hans-Georg: Handbuch des Eigentumsvorbehalts im deutschen und ausländischen Recht, Frankfurt 1974

Langer, Stefan: Verfassungsfragen des Gesetzentwurfs zur Neuregelung des Energiewirtschaftsrechts, ET 1994, 158ff.

Langhein, Gerd: Der Sonderkundenvertrag im Vergleich, ZIP 1985, 385ff.

Larenz, Karl: Lehrbuch des Schuldrechts, Erster Band, Allgemeiner Teil, 14. Auflage, München 1987 (zitiert: Larenz, Schuldrecht I, §)

Larenz, Karl: Lehrbuch des Schuldrechts, Zweiter Band, Besonderer Teil, 1. Halbband, 13. Auflage, München 1986 (zitiert: Larenz, Schuldrecht II, §)

Larenz, Karl/ Canaris, Claus-Wilhelm: Methodenlehre der Rechtswissenschaft, 3. Auflage, Berlin 1995

Luther, Walter: Darlehen im Konkurs, Diss. jur., Tübingen 1989

Marotzke, Wolfgang: Gegenseitige Verträge im neuen Insolvenzrecht, 3. Auflage, Neuwied 2001 (zitiert: Marotzke, Gegenseitige Verträge, Rn.)

Marotzke, Wolfgang: Anmerkung zu BGH, Urteil vom 27.02.1997, LM Nr.24 zu GesO

Marotzke, Wolfgang: Der Eigentumsvorbehalt im neuen Insolvenzrecht, JZ 1995, 803ff.

Marotzke, Wolfgang: Die Behandlung der "schwebenden Rechtsgeschäfte", Leipold, Insolvenzrecht im Umbruch, Köln 1991, 183ff.

Marotzke, Wolfgang: Das Zurückbehaltungsrecht im Konkurs des Gegners, JA 1988, 117ff.,176ff.

Marotzke, Wolfgang: Gegenseitige Verträge in Konkurs und Vergleich, München 1985 (zitiert: Marotzke, Gegenseitige Verträge, 1. Auflage, S.)

Medicus, Dieter: Schuldrecht I, Allgemeiner Teil, 14. Auflage, München 2003

Mentzel, Franz/ Kuhn, Georg: Konkursordnung, 9. Auflage, München 1979

Meyer, Guido: Die Teilbarkeit von Bauleistungen nach § 105 InsO, NZI 2001, 294ff.

Michalski, Lutz: Zur Rechtsnatur des Dauerschuldverhältnisses, JA 1979, 401ff.

Mohrbutter, Harro/ Mohrbutter, Peter: Erfüllungsverlangen des Insolvenzverwalters und Teilbarkeit der Leistung, DZWIR 2003, 1ff.

Mohrbutter, Harro: Handbuch der Insolvenzverwaltung, 7. Auflage, Köln 1997

Mohrbutter, Jürgen: Zur Einwirkung des Konkurses der OHG auf die persönliche Haftung des Gesellschafters, NJW 1968, 1125ff.

Motive zu dem Entwurfe eines Bürgerlichen Gesetzbuches für das Deutsche Reich, Amtliche Ausgabe, Band II, Berlin/Leipzig 1888 (zitiert Motive II, S.)

Motzke, Gerd/ Pietzcker, Jost/ Prieß, Hans-Joachim: Verdingungsordnung für Bauleistungen Teil A, München 2001

Münchener Kommentar zum Bürgerlichen Gesetzbuch, Band 2, Schuldrecht Allgemeiner Teil, §§ 241-432, 4. Auflage, München 2001; Band 4, Schuldrecht Besonderer Teil II, §§ 607-704, 3. Auflage München 1997 (zitiert: Müko-Bearbeiter, §, Rn.)

Münchener Kommentar zur Insolvenzordnung, Band 1, §§ 1-102, Insolvenzrechtliche Vergütungsverordnung (InsVV), München 2001, Band 2, §§ 103-269, München 2002 (zitiert: Müko-Bearbeiter, §, Rn.)

Musielak, Hans-Joachim: Die Erfüllungsablehnung des Konkursverwalters - Zur Auslegung des § 17 Abs. 1 der Konkursordnung, AcP 179 (1979), 189ff.

Musielak, Hans-Joachim: Leistungsstörungen beim Sukzessivlieferungsvertrag – BGH, WM 1977, 220, JuS 1979, 96ff.

Nerlich, Jörg/ Römermann, Volker: Insolvenzordnung, 2. Ergänzungslieferung November 2000, München 2000

Neuschäffer, Hermann: Der Eigentumsvorbehalt in der neuen Vergleichsordnung, JW 1935, 3516ff.

Nicklisch, Fritz/ Weick, Günter: VOB – Verdingungsordnung für Bauleistungen - Teil B, 3. Auflage, München 2001

Obermüller, Manfred/ Hess, Harald: InsO - Eine systematische Darstellung des neuen Insolvenzrechts, 4. Auflage, Heidelberg 2003

Obermüller, Manfred: Insolvenzrecht in der Bankpraxis, 6. Auflage, Köln 2002

Obermüller, Manfred/ Livonius, Barbara: Auswirkungen der Insolvenzrechtsreform auf das Leasinggeschäft, DB 1995, 27ff.

Oetker, Hartmut: Das Dauerschuldverhältnis und seine Beendigung, Tübingen 1994

Onusseit, Dietmar: Die Umsatzsteuer - ein Dauerthema in der Insolvenz, KTS 1994, 3ff.

Palandt, Otto: Bürgerliches Gesetzbuch, 62. Auflage, München 2003 (zitiert: Palandt-Bearbeiter, §, Rn.)

Pape, Gerhard: Ablehnung und Erfüllung schwebender Rechtsgeschäfte durch den Insolvenzverwalter, Kölner Schrift zur Insolvenzordnung, 2. Auflage, Herne/Berlin 2000, 531ff.

Pape, Gerhard: Behandlung bei Verfahrenseröffnung nicht vollständig erfüllter gegenseitiger Verträge nach der Insolvenzordnung, WPrax 1995, 25ff.

Pilgram, Thomas: Ökonomische Analyse der bundesdeutschen Insolvenzordnung, Frankfurt 1999

Pohlmann, Ulrich: Befugnisse und Funktionen des vorläufigen Insolvenzverwalters, Köln 1998

Prölss, Jürgen/ Martin, Anton: Versicherungsvertragsgesetz, 26. Auflage, München 1998

Referentenentwurf Gesetz zur Reform des Insolvenzrechtes: mit Begründung und Gesamtregister des Verlags zum Referentenentwurf (Artikel 1-3) und zu den "Ergänzungen" des Referentenentwurfs = Ergänzungen des Diskussionsentwurfes (Artikel 4-25), hrsg. vom Bundesministerium der Justiz, Köln 1989

RGRK: Das Bürgerliche Gesetzbuch, Band II, 2. Teil, §§ 414-610, 12. Auflage, Berlin 1978 (zitiert: RGRK-Bearbeiter, §, Rn.)

Rinne, Alexander: Die Energiewirtschaft zwischen Wettbewerb und öffentlicher Aufgabe, Diss. jur. Kiel, Baden Baden 1998

Ruzek, Joseph: Einfluß des dem Abnehmer laufend gewährten Lieferkredites auf die Behandlung von Forderungen der Energieversorgungsunternehmen im Rahmen von § 17 Konkursordnung, Festschrift für Paul Gieseke, Karlsruhe 1958, 375ff.

Scheffler, Frank Rüdiger: Teilleistungen und gegenseitige nicht vollständig erfüllte Verträge in der Insolvenz, ZIP 2001, 1182ff.

Schlegelberger, Franz: Handelsgesetzbuch, 3. Band, §§ 343-382, 4. Auflage, Berlin 1965 (zitiert: Schlegelberger-Bearbeiter, §, Rn.)

Schmidt, Karsten: Darlehn, Darlehnsversprechen und Darlehnskrediteröffnung im Konkurs, JZ 1976, 756ff.

Schmidt-Burgk, Klaus: Leasingraten - Masseschulden oder Konkursforderungen ?, ZIP 1998, 1022f.

Schmidt-Räntsch, Ruth: Insolvenzordnung mit Einführungsgesetz, Köln 1995

Schmitz, Claus: Das Bauunternehmen im Konkurs, ZIP 1998, 1421ff.

Schmitz, Claus: Der Bauvertrag in der Insolvenz, DZWIR 1999, 485ff.

Scholz, Ulrich: Kontrahierungszwang in der Versorgungswirtschaft, Diss. jur., Köln 1996

Schwörer, Frank: Lösungsklauseln für den Insolvenzfall, Diss. jur. Tübingen, Köln 2000

Serick, Rolf: Eigentumsvorbehalt und Sicherungsübereignung, Band I - der einfache Eigentumsvorbehalt, Heidelberg 1963, Band V- Verlängerungs- und Erweiterungsformen des Eigentumsvorbehaltes und der Sicherungsübereignung, Heidelberg 1982

Serick, Rolf: Erweiterter Eigentumsvorbehalt und Kontokorrentvorbehalt im Konkurs des Vorbehaltskäufers, BB 1978, 1477ff.

Siegburg, Peter: Gewährleistung beim Bauvertrag, 3. Auflage, Köln 1994

Sinz, Rolf: Leasing und Factoring im Insolvenzverfahren, Kölner Schrift zur Insolvenzordnung, 2. Auflage, Herne/Berlin 2000, 593ff.

Smid, Stefan: Grundzüge des neuen Insolvenzrechts, 4. Auflage, München 2002 (zitiert: Smid, Insolvenzrecht, §, Rn.)

Smid, Stefan: Insolvenzordnung, 2. Auflage, Stuttgart 2001 (zitiert: Smid-Bearbeiter, §, Rn.)

Smid, Stefan: Grundzüge des neuen Insolvenzrechts, 3. Auflage, München 1999 (zitiert: Smid, Insolvenzrecht, 3. Auflage, §, Rn.)

Smid, Stefan: Kurzkommentar zu OLG Naumburg, Urteil vom 27.02.1997, EWiR 1997, 553f.

Smid, Stefan: Gesamtvollstreckungsordnung, 3. Auflage, Baden Baden 1996/97 (zitiert: Smid-Bearbeiter, § GesO, Rn.)

Soergel, Hans-Theodor/ Siebert, Wolfgang: Bürgerliches Gesetzbuch, Band 2, Schuldrecht I, §§ 241-432, 12. Auflage, Stuttgart 1990 (zitiert: Soergel-Bearbeiter, §, Rn.)

Staudinger, Julius von: Kommentar zum Bürgerlichen Gesetzbuch, §§ 255-292, 13. Bearbeitung, Berlin 1995; §§ 328-361, 13. Bearbeitung, Berlin 1995; §§ 397-432, 13. Bearbeitung, Berlin 1999; §§ 433-534, 13. Bearbeitung, Berlin 1995 (zitiert: Staudinger-Bearbeiter, §, Rn.)

Tegethoff, Wilm/ Büdenbender, Ulrich/ Klinger, Heinz: Das Recht der öffentlichen Energieversorgung, Kommentar, Band I, 13. Ergänzungslieferung, Essen 1993

Thode, Reinhold: Erfüllungs- und Gewährleistungssicherheiten in innerstaatlichen und grenzüberschreitenden Bauverträgen, ZfIR 2000, 165ff.

Tintelnot, Albrecht: Vereinbarungen für den Konkursfall -Vollwertigkeit der Vermögenshaftung und Bedingung des Konkurses, Diss. jur. Göttingen, Bielefeld 1991

Tintelnot, Albrecht: Die gegenseitigen Verträge im neuen Insolvenzverfahren, ZIP 1995, 616ff.

Uhlenbruck, Wilhelm: Insolvenzordnung, Kommentar, München 2003 (zitiert: Uhlenbruck-Bearbeiter, § , Rn.)

Uhlenbruck, Wilhelm: Das neue Insolvenzrecht - Insolvenzordnung und Einführungsgesetz nebst Materialien, Herne/Berlin 1994

Uhlenbruck, Wilhelm: Probleme der Sequestration nach § 106 KO, KTS 1982, 201ff.

Ullmann, Helmut: Der Einfluß des Konkurses auf Wiederkehrschuldverhältnisse, Leipzig 1933

Ullmann, Helmut: Der Stromlieferungsvertrag als Wiederkehrschuldverhältnis im Konkurse des Abnehmers, JW 1933, 2634ff.

Vergleichsordnung vom 26. Februar 1935 (RGB. I, S.321). Amtliche Begründung (IVb 3106/35), Deutsche Justiz 1935, 389ff.

van de Loo, Petra: Devisentermingeschäft - Rücktrittsrecht der Bank nach Antrag auf Eröffnung des Vergleichs- oder Konkursverfahrens über das Vermögen des Bankkunden ?, ZIP 1988, 352ff.

Vogels, Werner: Die Rechtserneuerung im Vergleichsverfahren - Zur Vergleichsordnung vom 26. Februar 1935, DJ 1935, 373ff.

Vogels, Werner: Vergleichsordnung vom 26. Februar 1935, Berlin 1935

Vogels, Werner/ Nölte, Artur: Vergleichsordnung, 3. Auflage, Berlin 1952

Warneyer, Otto: Vergleichsordnung vom 26. Februar 1935, Berlin 1938

Westphalen, Friedrich von: Der Leasingvertrag, 5. Auflage, Köln 1998

Wichmann, Peter: AGB-Gesetz und Elektrizitätsversorgung, Diss. sc. nat., Claustahl 1981

Wilmowski, Gustav von: Deutsche Reichskonkursordnung, 6. Auflage, Berlin 1906

Wimmer, Klaus: Frankfurter Kommentar zur Insolvenzordnung, 3. Auflage, Neuwied 2002 (zitiert: FK-Bearbeiter, §, Rn.)

Wolff, Theodor: Die Konkursordnung, 2. Auflage, Berlin 1921

Zahn, Herbert: Leasingnehmer und refinanzierende Bank in der Insolvenz des Leasinggebers nach der Insolvenzordnung, DB 1995, 1597ff.

Schriften zum Wirtschaftsrecht, Steuerrecht und Zivilprozeßrecht

Herausgegeben von Jürgen Costede

Band 1 Reiner Fu: Die stille Gesellschaft im internationalen Steuerrecht aus deutscher Sicht. 1997.

Band 2 Kirsten Forsblad: Restschuldbefreiung und Verbraucherinsolvenz im künftigen deutschen Insolvenzrecht. 1997.

Band 3 Vassilios Tountopoulos: Die Reichweite der registerrechtlichen Gründungsprüfung einer AG. Eine Untersuchung unter rechtsvergleichendem Aspekt. 1998.

Band 4 Franc Pfahl: Die Maßgeblichkeit der Handelsbilanz, ein dem Steuerbilanzrecht vorgegebenes Grundprinzip? Von der Notwendigkeit einer steuerrechtlichen Begründung der durch § 5 Abs. 1 EStG in das Steuerrecht übernommenen handelsrechtlichen Vorschriften der Gewinnermittlung. 1999.

Band 5 Michael Schröder: Die Wertpapierhandelsaufsicht nach dem Zweiten Finanzmarktförderungsgesetz. 1998.

Band 6 Daniela Hasche: Die Sachgründung der GmbH. 1999.

Band 7 Oliver Wendt: Die rechtliche Problematik von Strahlenschäden. Rechtliche und rechtstatsächliche Aspekte der Haftung für Strahlenschäden unter Einbeziehung der Vorfälle in der strahlentherapeutischen Abteilung des Universitäts-Krankenhauses Eppendorf. 2000.

Band 8 Susanne Matussek: Zum Werbungskostenbegriff im Einkommensteuerrecht. 2000.

Band 9 Klaas Ziervogel: Rufausbeutung im Rahmen vergleichender Werbung. Veränderungen im Zuge der gesetzlichen Regelung vergleichender Werbung. 2002.

Band 10 Sven Wortberg: Lösungsklauseln und Insolvenz. 2003.

Band 11 Eva Ullrich: Die Zurechnung von Buchgutschriften. Zufluß und Leistungsfähigkeit im Einkommensteuerrecht. 2004.

Band 12 Carmen Werner: Einkommensteuerrechtliche Zurechnungen bei mittelbaren Beteiligungen an Personengesellschaften. 2003.

Band 13 Ulf Andreas Nissen: Die Online-Videokonferenz im Zivilprozess. 2004.

Band 14 Oliver Wiegmann: Grund, Grenzen und Wirkungsweise des § 105 InsO. 2004.

www.peterlang.de

Jan Roth

Interessenwiderstreit im Insolvenzeröffnungsverfahren

Eine Untersuchung des Insolvenzeröffnungsverfahrens unter verfahrens- und verfassungsrechtlichen Gesichtspunkten

Frankfurt am Main, Berlin, Bern, Bruxelles, New York, Oxford, Wien, 2004.
187 S., 3 Abb.
Studien zum europäischen Privat- und Prozeßrecht.
Herausgegeben von Manfred Wolf. Bd. 8
ISBN 3-631-52123-5 · br. € 39.00*

Die Arbeit beschäftigt sich umfassend mit den Problemen des Insolvenzeröffnungsverfahrens. Dabei werden die Eröffnungsgründe ebenso eingehend bearbeitet wie etwa die Kostenentscheidung im Falle der Antragsrücknahme oder Erledigungserklärung durch den Antragsteller. Auch die Ausgestaltung der Gläubigerautonomie in der Eröffnungsphase wird ausführlich dargestellt. Die Entscheidung von umstrittenen Einzelfragen erfolgt auf der Basis einer grundlegenden Untersuchung der Natur des Eröffnungsverfahrens, wodurch die Arbeit für Wissenschaft und Praxis gleichermaßen von Interesse ist.

Aus dem Inhalt: Probleme des Insolvenzeröffnungsverfahrens · Fragen bei der Beurteilung der Eröffnungsgründe · Kostenentscheidung im Fall der Erledigungserklärung durch den Antragsteller · Kompetenzen von Gläubigerorganen in der Eröffnungsphase

FSC
www.fsc.org
MIX
Papier | Fördert gute Waldnutzung
FSC® C083411

Kolibri 360 GmbH
Ferdinand-Jühlke-Straße 7
99095 Erfurt, Deutschland
produktsicherheit@kolibri360.de

Druck:
CPI Druckdienstleistungen GmbH
im Auftrag der
Kolibri 360 GmbH
Ferdinand-Jühlke-Str. 7
99095 Erfurt